Tradução e apresentação
ANA CAROLINA MESQUITA

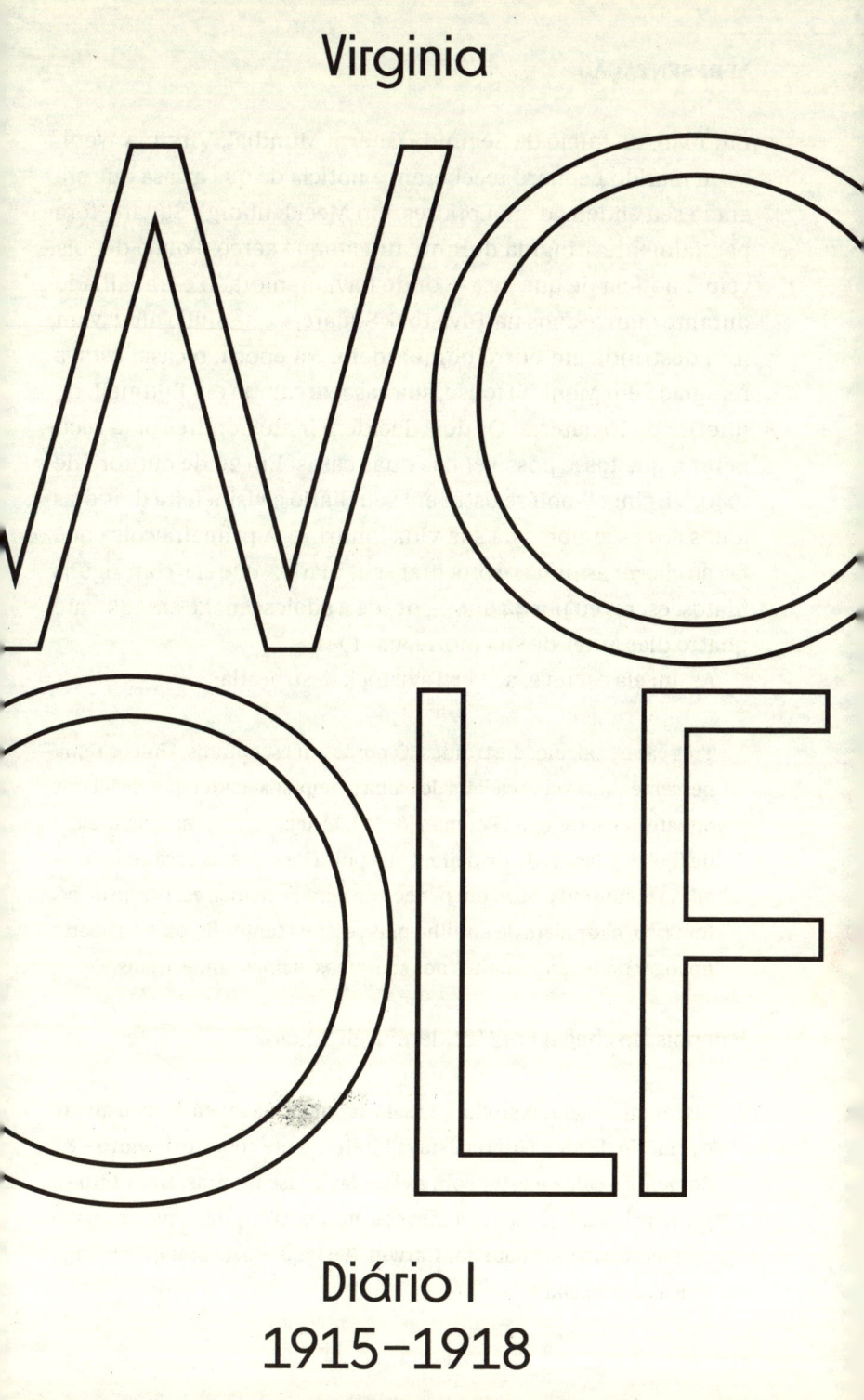

APRESENTAÇÃO

Em 1940, no início da Segunda Guerra Mundial, Virginia Woolf e seu marido Leonard receberam a notícia de que a casa que era então seu endereço em Londres, em Mecklenburgh Square, fora parcialmente atingida durante um ataque aéreo. Pouco depois, veio a notícia de que a casa onde haviam morado e trabalhado durante quinze anos na Tavistock Square, e que ainda alugavam, fora destruída em outro bombardeio. Na época, o casal estava refugiado em Monk's House, sua casa de campo em Rodmell, no interior da Inglaterra. Os dois decidem ir até Londres para recuperar o que fosse possível nas duas casas. Em 20 de outubro de 1940, Virginia Woolf registra em seu diário a visita feita dois dias antes aos escombros da sua vida londrina. A primeira coisa que faz ao chegar às ruínas é procurar seus diários, que ela, com alguns hiatos, escreveu por 44 anos – desde a adolescência, em 1897, até quatro dias antes de sua morte, em 1941.

Assim ela escreve, ao ver Tavistock destroçada:

> Três casas, calculo, destruídas. O porão em escombros. Únicos remanescentes uma velha cadeira de palha (comprada nos tempos da Fitzroy Square) & o letreiro da Penman [& Co.], "Aluga-se". No mais nada além de tijolos & lascas de madeira. Uma porta de vidro da casa ao lado oscilava pendurada. Só vi um pedaço da parede do meu escritório de pé: fora isso, nada além de entulho onde escrevi tantos livros. Céu aberto no lugar onde tantas noites nos sentamos, demos tantas festas.

E depois, ao chegar em Mecklenburgh Square:

> Livros espalhados pelo chão da sala de jantar. Na saleta do meu quarto o armário de Mrs. Hunter estava inteiramente coberto de vidro – &c. Somente a sala de estar com as janelas quase inteiras. Um vento soprava pela casa. Comecei a caçar os diários. O que daria para resgatar naquele carro tão pequeno? Darwin, & o faqueiro de prata, & algumas louças & porcelanas.

Os diários de Charles Darwin – *A viagem do Beagle*, o faqueiro de prata, louças e porcelanas: essas foram as coisas que Virginia resgatou como prioridade em meio ao entulho, vidro quebrado e poeira, e que levou para a relativa segurança de sua casa em Rodmell. Apenas cinco meses após o bombardeio em Londres, em 28 de março de 1941, encheu os bolsos do casaco com pedras e afogou-se no rio Ouse. Tinha 59 anos; estava em plena Segunda Guerra Mundial; sentia um novo colapso mental se aproximando. Atrás de si, além da obra literária magistral já conhecida pelo público, Woolf deixou outra, de impressionante literariedade: 33 cadernos contendo os diários que escreveu regularmente ao longo de 44 anos – ou seja, quase toda a sua vida adulta. Houvessem sido destruídos, como quase chegou a ser o caso, uma parte monumental de sua obra teria se perdido.

Entre sua despedida no Ouse e os dias de hoje, Virginia Woolf tornou-se uma das autoras mais conhecidas da literatura canônica ocidental, famosa por romances como *Mrs. Dalloway*, *Ao farol* e *As ondas*. Foi admirada pela prosa elegante e sensível; criou uma abordagem particular do fluxo de consciência, em que a ação narrativa oscila não apenas entre o interior e o exterior da personagem, mas entre uma personagem e outra; virou libelo do feminismo, sendo precursora dos estudos de gênero; e foi estudada por pontos de vista tão diversos quanto, por exemplo, estudos do modernismo, psicologia, estudos da diferença e estudos pós-coloniais. Seus romances foram traduzidos entusiasticamente e por nomes de peso como Marguerite Yourcenar e Jorge Luis Borges. Woolf virou tema de peça, filme de Hollywood vencedor do Oscar, estampa de canecas e camisetas, deu origem a inúmeras adaptações.

Entretanto, até o momento da escrita deste texto, do ponto de vista literário seus diários ainda permaneciam de certa maneira sob o silêncio condescendente que se relega às obras ditas menores de um escritor, esmagados, sobretudo, pelo peso do gênero. Vistos costumeiramente como um registro fiel, exato e verdadeiro da vida e da subjetividade de quem os escreve, os diários encontram-se acorrentados a um regime de suposta sinceridade absoluta. Como diz o romancista argentino Alan Pauls, "para que o diário diga a verdade, é preciso expulsá-lo da literatura". É como se, em troca do propalado privilégio de "dizer a verdade", tivesse de suportar o safanão que o aparta de outras obras, lhe nega dignidade literária e o degrada à categoria de obra subsidiária – útil talvez apenas pelo conteúdo relevante, para iluminar outras.

A primeira publicação dos diários de Virginia ocorreu em 1953, capitaneada por seu marido, Leonard. Com mão editorial pesada para preservar a intimidade das pessoas citadas (boa parte das quais ainda estava viva), Leonard limou tudo o que não se referia à escrita de Virginia, intitulando o volume apropriadamente de *A Writer's Diary* [Diário de uma escritora]. A íntegra só seria publicada trinta anos depois, no fim dos anos 1980. Dessa maneira, até pouco tempo o único registro dos diários de Virginia Woolf disponível para deleite e análise era parcial. Nos dois sentidos: recortado e, como todo recorte, enviesado.

É importante frisar, contudo, que Leonard foi o primeiro leitor das obras de Virginia durante praticamente toda a vida dela, e, portanto, faz sentido que tenha sido ele o primeiro a editar seu diário. Ela mesma menciona em mais de uma passagem que desejava que ele o fizesse. Em 20 de março de 1926, escreve:

> Mas o que será feito de todos esses diários, perguntei a mim mesma ontem. Se eu morresse, o que Leo faria deles? Dificilmente os queimaria; não conseguiria publicá-los. Bom, devia fazer um livro com eles, eu acho; & depois queimar o corpo. Arrisco dizer que existe um livrinho aí no meio: se os rascunhos & rabiscos forem um pouco organizados. Deus sabe.[1]

Leonard, além disso, era coeditor dos livros de Virginia. Todas as obras dela até o seu falecimento, à exceção de *A viagem* (1915) e *Noite e dia* (1919), vieram a público pela editora dos dois, a Hogarth Press. Isso significa que ela detinha o controle sobre o processo editorial de seus textos – e com mão severa, como o demonstram as até oito provas de um mesmo original. Desse modo, foi uma escritora que não sofreu interferências alheias na publicação de seus livros e pôde conservar neles marcas gráficas pouco usuais, como os longos parágrafos característicos do seu estilo. O mesmo não ocorreu com os textos publicados postumamente, em especial os que não foram editados por Leonard.

Mesmo tão recortados, tão logo foram publicados em sua primeira edição os diários de Virginia Woolf se viram cercados por uma espécie de curiosidade mórbida, comum aos diários de suicidas: encerrariam o segredo do que levou a autora a tirar a própria vida? Foram, igualmente, envolvidos pelo mesmo fascínio despertado por todos os relatos de indivíduos que realizaram coisas extraordinárias, fora do escopo do homem e da mulher comuns: haveria ali as pistas da criação artística, os indícios da genialidade? Os estudiosos, por sua vez, se alvoroçaram na esperança de encontrar sinais que possibilitassem lançar nova luz às obras woolfianas. E o leitor comum, tão celebrado pela autora, esperou encontrar ali não mais a Virginia Woolf enigmática embaçada pela opacidade das suas ficções literárias, e sim a verdadeira Virginia, em toda a sua humanidade.

Quem ler seu diário buscando encontrar uma explicação para o seu gesto final se verá frustrado, porém. Nos períodos que ela chama de "loucura", ela não faz registros, ou, quando os faz, são na melhor das hipóteses lacônicos. O mesmo vale para períodos de intensa dor. Tal maneira enviesada de os narrar, não apenas nos diários, mas em toda a sua literatura, sugere não um descaso com as perdas, e sim que, por vezes, aos grandes momentos só obliquamente conseguimos fazer justiça.

Somente quase trinta anos depois veio a público a versão quase integral do diário adulto de Virginia Woolf.[2] Dividida em cinco volumes publicados entre 1977 e 1984, teve como responsável Anne Olivier Bell (estudiosa de literatura e esposa de Quentin Bell, sobrinho de Virginia, com a ajuda de Andrew McNeillie a partir do terceiro volume). Cobre 26 cadernos manuscritos, muitos dos quais encadernados à mão pela própria Woolf, e engloba os anos de 1915 a 1941. Inicia-se quando a autora tinha 33 anos de idade e estava prestes a lançar seu primeiro romance, *A viagem*, e termina em 24 de março de 1941, quatro dias antes de sua morte e poucos meses depois de ela finalizar seu último livro, *Entre os atos*.[3]

Anne Olivier Bell realizou uma pesquisa hercúlea para iluminar o diário de Virginia Woolf, pois frequentemente só se entende do que ela está falando caso se conheça sua vida e suas obras, ou se conheça o contexto. Seu trabalho primoroso foi a base para a presente edição dos diários de Virginia Woolf em português, que também conservou boa parte das suas notas de rodapé: aquelas que não contêm nenhuma sinalização são todas de Anne Olivier Bell. As ocasionais notas incluídas na edição brasileira foram indicadas como "N. T.", sempre que se julgou pertinente aclarar ou observar algum ponto. No entanto, apesar dos enormes méritos da sua edição cuidadosa, ela suprimiu algumas marcas relevantes de literariedade que estão presentes também em outros textos woolfianos. Por exemplo, foram inseridas quebras de parágrafo em nome da clareza do texto e em detrimento do estilo. Para garantir precisão informativa, dividiram-se as passagens que Woolf escrevia de forma contínua ao longo de vários dias, originando desse modo passagens não existentes nos manuscritos. Virginia com frequência iniciava uma entrada em determinada data, mas só a concluía dias depois, e muitas vezes não existe nenhum indício disso no manuscrito a não ser uma mudança de tinta, um espaço em branco ou, o que é mais raro, alguma espécie de indicação, como marcações entre parênteses ou observações escritas posteriormente nas laterais do texto principal. Para determinar as datas suprimidas, Olivier Bell valeu-se do apoio de documentos – como cartas, o diário de Leonard Woolf, jornais, registros históricos, programas de eventos e exposições, entre outros.

Na presente edição, a primeira integral publicada em português e baseada no cotejo do diário publicado com os manuscritos guardados na Berg Collection, em Nova York, os registros originais de Virginia Woolf foram restaurados e notas de rodapé indicam os pontos onde Olivier Bell quebrou entradas. Isso é um ponto importante porque, de muitas e diferentes maneiras, Virginia escreveu os diários como um texto único e contínuo. Colando uma passagem na outra, anotando à margem as datas (e outras informações) de modo a não influenciar o texto principal, percebe-se como o diário foi fundamental para o seu projeto literário modernista, como era indiferenciado em muitos sentidos da concepção que ela tinha de literatura, alinhando-se com perspectivas que ela expõe, por exemplo, no ensaio "Ficção Moderna". Ali ela diz que, em contraste com o modo de representação vitoriano realista (que ela considera falso por privilegiar a ordem e a linearidade, quando a realidade não possui nem uma nem outra), o modo de representação almejado pelos modernos seria mais verdadeiro, pois tenta "registrar os átomos à medida que eles caem na mente". E é exatamente isso o que seus diários fazem. Neles tudo cabe. Às vezes, em um mesmo parágrafo, misturam-se as insignificâncias do cotidiano, como o preço do ovo; reflexões sobre a sociedade, a arte e a literatura; o registro das leituras que ela fazia, de autores tão diversos quanto Shakespeare, Dante, Proust, Byron, Keats, Dostoiévski ou Tolstói; comentários sobre pessoas e acontecimentos, como as duas grandes guerras; inseguranças; e questionamentos sobre a natureza e os caminhos da crítica, do romance e da ficção. Desse modo, vivido como uma escrita sem fim, os diários de Virginia Woolf representam o seu anseio por um sistema capaz de incluir tudo, sem distinções: o rasteiro e o sublime. E Virginia valeu-se deles para construir a si mesma como escritora e mulher. Assim, o que se vê ao longo de suas centenas de páginas não é o retrato consolidado de uma "única" Virginia Woolf, mas o registro de uma constante mudança.

No entanto, tal como com diversos outros assuntos em sua vida, mantinha com os diários uma relação contraditória. Ela alterna momentos em que o considera "sua obra mais importante" ou sua "verdadeira grande obra" com outros em que o considera "superficial", questiona-se sobre a própria razão de escrevê-los e põe em dúvida o valor de diários de modo geral (muito embora fosse uma assídua leitora do gênero). Seja como for, era ali onde ela sentia poder relaxar a pena, ao contrário da sua escrita ficcional e dos ensaios, que a consumiam imensamente.

Os diários também serviram como um campo muito relevante de experimentos, em que Virginia podia fazer reflexões literárias. Entre outras coisas, assemelham-se a um equivalente literário do que se chama *sketchbook*: um caderno em que os artistas fazem croquis e registram esboços de suas ideias e inspirações. A própria Virginia com o tempo vai adquirindo ciência desse fato, como revelam as seguintes passagens de 1924:

> Acaba de me ocorrer que neste livro eu *pratico* a escrita; treino minhas escalas; sim, & me dedico a criar certos efeitos. Ouso dizer que aqui pratiquei [*O quarto de*] *Jacob* – & *Mrs. D*[*alloway*], e aqui devo inventar meu próximo livro, pois cá escrevo meramente em espírito, & nisso também existe grande alegria, & assim também a velha V. de 1940 enxergará algo aqui. Ela será uma mulher capaz de enxergar as coisas, a velha V.: tudo... mais do que posso imaginar. (17 de outubro de 1924; grifos dela)
>
> Escrever o diário ajudou enormemente o meu estilo, soltou as amarras. (1º de novembro de 1924).

Vemos germes de personagens e cenas inteiras que depois são transpostos para ensaios ou romances e contos – e que curiosamente por vezes reaparecem mais tarde nos diários, revelando uma simbiose muito particular entre eles e o restante de sua obra.

Dessa maneira, os diários podem ser lidos também como uma *forma-cruzamento* entre os diversos textos de Woolf – cuja escrita, repleta de pausas, pontos-e-vírgulas, de silêncios, de afirmações e negações em seguida, já aponta para uma reconstrução da forma literária masculina inglesa herdada do século XIX e a contestação de uma posição de autoridade narrativa categórica. Algo bastante apropriado, aliás, a uma autora que em seus textos botou em xeque justamente a noção de identidade narrativa, de solidez do sujeito e os limites da nossa possibilidade de conhecimento da realidade.

Ernst Jünger reescreveu seu diário antes de publicá-lo, assim como Lúcio Cardoso fez com diversas passagens. Katherine Mansfield escreveu distintas versões de uma mesma anotação, às vezes na mesma página. À maneira de um palimpsesto, Woolf ocasionalmente colava passagens completamente reescritas, elaboradas tempos depois, sobre as originais; e, segundo Clive Bell, crítico de arte e marido de Vanessa, irmã de Virginia, Leonard teria dito, acerca de trechos do diário da esposa: "Não há aqui nem um pingo de verdade".

Não é difícil encontrar sinais de elaboração textual com que, em seus diários, os escritores tentam dar uma rasteira no tal "regime da sinceridade" (com todos os valores que vêm a reboque com ele: espontaneidade, transparência, verdade). Talvez os mais interessantes sejam justamente aqueles que se recusam a aceitar o procedimento que vincula o diário à vida e o desvincula da literatura.

Grosso modo, os escritores de diários do século XX podem ser unidos pelo fato de que, em sua experiência, fundem-se catástrofes mundiais (guerra, holocausto, totalitarismos) e pessoais (alcoolismo, depressão, degradação física). Eles travam guerras secretas dentro de si – contra os vícios, a loucura, a autodestruição – enquanto os conflitos de um mundo em ruínas atravessam e sugam sua subjetividade. Seus diários são terrenos de resistências – falhas e fracassadas, mas quase sempre as únicas possíveis – e, dessa maneira, não podem ser vistos apenas como expressão individual. Por mais íntimo que pareça, seu discurso sempre permite articular as vozes e experiências alheias.

Em Virginia Woolf, essa articulação surge muitas vezes por meio de cenas, que ela aliás considera seu "modo natural" de contar. Navega no intersticial; esfumaça fronteiras de gênero; e não consegue narrar nenhum tipo de texto sem se valer de encenações ou personagens. O exemplo mais notório na não ficção é muito possivelmente *A Room of One's Own* (texto que em português foi publicado com diversos títulos, como *Um teto todo seu* e *Um quarto só seu*), o famoso ensaio em que ela lança mão de uma fictícia irmã de Shakespeare para argumentar por que, historicamente subalternas e relegadas ao lar, as mulheres foram impedidas de desenvolver suas vocações.

Defronte às formas híbridas, como é o caso das escritas de si (autobiografia, diários, memórias), automaticamente vem a pergunta: o que é a ficção e o real vivido; o verossímil e o veraz? Então surgem outras, como: em que circunstâncias quem fala importa mais do que o que se fala? Desde o gesto de ruptura duchampiano de exibir, em 1917, num museu, um urinol, não pode haver mais ingenuidade quanto ao fato de que os discursos são tanto um tipo de texto como um modo de leitura e, socialmente, também delimitados pelo seu espaço de circulação. Se a verdade não é única – são muitas a formar um quadro, dependentes do observador –, por outro lado transforma-se em uma quimera longínqua que está quase sempre pressuposta, mas quase nunca é completamente verificável.

No caso do romance, já no fim do século XIX começa a ruir a posição de autoridade do narrador, que não domina mais seu próprio relato e que com isso desestrutura os dogmas absolutos da certeza e da coerência narrativas. E será precisamente o caráter do narrador das escritas de si – com sua cota de dúvidas sobre a realidade e seu discurso sempre no limiar do que ainda é possível narrar – aquilo que pode aproximá-lo da prática ficcional.

Ficção e literatura, entretanto, não são sinônimos. Há que se perguntar, então, de que modo a ficção não se limita à literatura, e como a literatura, por sua vez, não se apoia completamente na ficção – porque o conhecimento objetivo é duvidoso, mas a representação subjetiva pode ser ilusória. É justamente nesse terreno informe de uma busca incessante por definição, sem jamais encontrá-la, que Virginia Woolf parece caminhar. Para ela, a literatura vem da vida (o "halo" de que fala no célebre ensaio "Ficção Moderna"), mas ao mesmo tempo não vem da vida ("é preciso sair da vida e ir além", "eu desconfio da realidade", diz ela nos diários). O movimento é, portanto, simultaneamente interno, para dentro da linguagem, e externo, voltado para o fora. "Nada é mais fascinante", escreveu no prefácio para a edição americana de *Mrs. Dalloway*, em 1927, "do que enxergar a verdade que habita atrás dessas imensas fachadas de ficção – se a vida é de fato real, e se a ficção é de fato fictícia. E provavelmente a relação entre ambas é extremamente complicada." Woolf desejava encontrar um "sistema que não excluísse", capaz de incluir tudo, sem distinções: o eu e o outro, a vida e o artifício. Nesse sentido, a ficção aparece em seus diários como um meio de passagem, uma travessia entre a representação e o real: sacolejante às vezes; mas, noutras, sutil como um sopro de ar.

ANA CAROLINA MESQUITA

SOBRE 1915-1918

Quando se abre este primeiro volume, Virginia e Leonard, que haviam se casado em 1912, estão morando em Richmond, cidade a meia hora de trem de Londres. Alugavam cômodos em uma casa no lado leste do Green Park, número 17, cuja dona era a belga Mrs. Le Grys, e em março alugariam a Hogarth House, onde fundariam sua editora dois anos mais tarde. No primeiro dia do ano de 1915, Virginia, uma jovem de 33 anos, recém-casada e ainda não publicada, retoma a escrita de um projeto de diário que havia interrompido no final da adolescência.

As lacunas são um dos principais traços desse início. A vontade de usar o diário como terreno para se consolidar como escritora vê-se agora barrada por dois colapsos mentais que sofreu, primeiro em 1913 (e do qual mal estava recuperada em 1915, quando começa o volume) e em seguida um mês e meio depois de iniciá-lo. Virginia ainda está encontrando, com grandes dificuldades, sua voz literária e uma forma para o seu diário. Até 1919, ele assumirá o rosto que terá nos anos posteriores, abarcando às vezes em um mesmo parágrafo comentários domésticos, análises literárias e dos acontecimentos da época, trivialidades e trechos de extrema beleza – a aridez do cotidiano lado a lado com o questionamento do espírito. Grande leitora do gênero que é, e com um projeto muito claro para seu diário, Virginia o retira do estereótipo de texto confessional e o transforma em um campo de testes para seus experimentos, usando-o principalmente para *observar sempre*: o mundo, os outros e, em especial, a si mesma. O diário neste início é inclusive muitas vezes lido por Leonard, a pedido da própria Virginia, e há uma ocasião em que ele chega a escrever uma das passagens.

Virginia Woolf está prestes a publicar seu primeiro romance, *A viagem*, mas só menciona o assunto uma vez. Isso não significa que não fosse fonte de angústia. Supõe-se que a expectativa da publicação tenha sido, até mesmo, um dos gatilhos do seu segundo colapso, em fevereiro de 1915, seis semanas depois de iniciar esse diário. O hiato que se segue na escrita será de quase dois anos, uma vez que esse colapso foi um dos piores para Virginia.

Ela tenta o suicídio e é internada. Leonard chega a duvidar se um dia ela se recuperaria, mas então em 1916, aos poucos, Virginia começa a se recobrar.

A escrita é retomada apenas em 1917. No início do verão desse ano, o casal fora passar uma temporada em Asheham, a casa de campo que alugavam no interior da Inglaterra. Ali ficaram até outubro. Durante todo esse período, Virginia manteve um pequeno caderno. As anotações beiram o taquigráfico e são assombrosamente diferentes das entradas de 1915. Quase nunca ultrapassam um ou dois parágrafos e são frequentemente formadas por frases curtas em períodos simples. À maneira de um boletim, resumem-se a registrar o tempo, a natureza, as atividades cotidianas – como comprar mantimentos e outras relacionadas à Primeira Guerra (como buscar cogumelos no bosque para enfrentar o racionamento de alimentos). De certa maneira, a voz narrativa que ela vai reencontrando após o colapso de 1915 nasce em Asheham, nesse discurso resumido e colado aos fatos.

Um fato relevante a se observar é que em 1917 Virginia e Leonard Woolf fundam a Hogarth Press. A Hogarth foi não apenas uma maneira de editarem os próprios textos e os de amigos, mas também de publicarem livros que, pela sua ausência de apelo comercial, teriam poucas chances de serem aceitos nas grandes editoras. Como membro do grupo de Bloomsbury[4], Virginia Woolf ocupava agora um ponto de vista privilegiado, no centro da produção literária da Inglaterra de sua época – e não apenas como escritora, mas também como fomentadora. As atividades da Hogarth Press contribuíram para aprofundar a circulação de concepções artísticas e ideias que, de outro modo, dificilmente encontrariam canal de difusão. Do ponto de vista pessoal, Woolf se viu envolvida em diversas organizações, como os Omega Workshops de Roger Fry, a Women's Co-operative Guild e o Women's Institute de Rodmell.

O presente volume termina em 1918, em meio à epidemia de gripe espanhola e com o fim da Primeira Guerra Mundial. A quatro anos de distância do romance que primeiro a consagrou entre os autores modernistas, *O quarto de Jacob*, Virginia Woolf perseguia uma forma literária que melhor se adequasse às suas concepções de vida e de arte.

Uma nota sobre o diário de Asheham

No ano de 1917, o processo de escrita do diário foi um tanto confuso, pois Virginia manteve quatro cadernos diferentes – do qual Asheham foi apenas o primeiro. Em outubro desse ano ela volta a Richmond e deixa em Asheham aquele caderno. Portanto, abre em Hogarth House um novo volume, que escreve até 3 de janeiro de 1918. Em 4 de janeiro ela abre um novo volume, que escreve até 23 de julho, e por fim, de julho a novembro, escreve ainda em outro caderno. Porém, ao longo de todo esse período, sempre que vai a Asheham faz anotações no diário que deixara ali – até que este acabe, em 6 de outubro de 1918. Isso significa que ela continua escrevendo em Asheham ao mesmo tempo em que escreve em seus outros diários "principais", cujas entradas possuem um estilo bastante diverso do dele: são mais alongadas, e muito mais parecidas com o rosto que seu diário viria a assumir com firmeza a partir de então. O resultado é que muitas vezes, no mesmo dia, existem entradas escritas em mais de um caderno, com estilos diferentes.

A edição de Anne Olivier Bell excluiu mais da metade das entradas do caderno que Virginia Woolf escreveu em Asheham, conservando apenas as que são anteriores ao processo de escrita concomitante. A partir do momento em que Virginia começa a escrever em outros diários, as entradas de Asheham são desconsideradas e muitas vezes não há menção a elas. Asheham é, portanto, um caderno que não foi publicado comercialmente nem mesmo em inglês. A Editora Nós pretende editá-lo como um volume separado, a partir do trabalho com os manuscritos originais.

NOTA SOBRE A TRADUÇÃO

Em seu ensaio "Da tradução como criação e como crítica", de 1962, Haroldo de Campos afirma que ao tradutor criativo caberia a criação de um projeto de leitura que apresente uma crítica do texto original ao mesmo tempo em que se insira no tempo, em sua própria época. Em consonância com essa visão, o poeta, tradutor e ensaísta Henri Meschonic afirma que a teoria, a crítica, a prática são na tradução inseparáveis, uma vez que traduzir não é enfrentar uma língua, mas seu acontecimento enquanto discurso, passível da crítica do sujeito que o interpreta e traduz.

Do ponto de vista pessoal, tais questões literalmente tomaram corpo quando me vi diante dos originais de uma obra que conhecia na forma de um texto impresso e impessoal. Ter a oportunidade de estar frente a frente com a escrita de Virginia Woolf em uma obra que, em princípio, tinha cunho íntimo e não fora destinada à publicação, transformou radicalmente o trabalho que eu vinha realizando até então. Diante das pausas, dos borrões (de choro? de tinta?), da fisicalidade dos volumes encadernados à mão, da letra que falha, desaba pela página ou corre livre com capricho e enlevo, o distanciamento já não era mais possível para mim. Entendi, talvez pela primeira vez de modo concreto, a *apropriação literária* de um texto por um tradutor, necessariamente subjetiva. Isso me levou a assumir (e não mais esconder) a posição de uma intérprete do século XXI, de um país à margem e de uma língua não canônica, para um texto do século XX, escrito por uma autora canônica de um país colonizador. Como não poderia deixar de ser, o texto que ora se apresenta aqui é fruto exatamente desse corpo a corpo.

Isso não me levou a abandonar a minha opção (aparentemente contraditória) de manter a maior proximidade que me fosse possível daquele original. Procurei reproduzir a velocidade, o ritmo, a beleza sonora, a estranheza, a dificuldade e o impacto dos diários de Woolf. Escolhi resgatar a sua forma gráfica original, devolvendo a continuidade que Woolf mantinha entre parágrafos e, muitas vezes, entre um dia e outro. Esse seguimento foi quebrado na edição integral dos diários, que insere novas chamadas de entradas e quebra parágrafos. Trata-se de um procedimento válido na edição da maior parte dos diários, sejam eles de escritores ou não, que vêm a ser publicados. O caso de Virginia Woolf, contudo, é singular, uma vez que ela se valia dos diários para realizar experimentos formais de ininterrupção entre ideias e temporalidades – tão característicos do procedimento de fluxo de consciência, ou discurso indireto livre, que ela começaria a desenvolver com mais método justamente a partir de 1919. De modo que evidenciar essa escrita ininterrupta no próprio aspecto formal e gráfico com que os diários de Virginia Woolf são trazidos a público é uma maneira de chamar a atenção para uma certa indissociação entre o modo como ela escrevia diferentes obras e gêneros, e, ao mesmo tempo, enfatizar o estatuto literário desses diários. É, ainda, uma maneira de apontar o entrecruzamento singular de todas as obras woolfianas.

Cumpre ressaltar que muitos dos procedimentos estilísticos e formais de Woolf talvez só tenham podido vir à tona da maneira como vieram porque ela mesma passou a editar as obras de sua autoria, também a partir de 1919 (de 1917 a 1919, ela só publicara contos isolados pela Hogarth Press). Logicamente não é possível saber com exatidão como ela editaria os próprios diários, caso pudesse tê-lo feito em vida. No entanto, utilizei como norteadores nesta obra os indícios que a própria Virginia Woolf deixou nos processos de edição dos demais textos que escreveu – não o fazendo por preciosismo ou idiossincrasia, mas porque são procedimentos que informam os modos de Woolf pensar o próprio fazer literário e suas ideias sobre escrita e literatura.

Para denotar a rapidez da escrita, mantive o uso de "&" do original, em vez de "e", fazendo assim uma escolha estrangeirizante, posto que no português não faz sentido tal abreviação feita nos textos escritos velozmente na língua inglesa: a grafia de "e" já é pequena o suficiente e não constitui um impedimento para o fluir da caneta. Da mesma maneira, como o texto do diário não foi revisado por Virginia Woolf, e se trata de um texto inacabado, busquei reproduzir no português suas repetições; o uso de numerais grafados como algarismos e não por extenso; o uso ocasional de abreviações ("Ly" em vez de "Lady", "Sqre" em vez de "Square", o uso de iniciais para se referir a pessoas etc., inserindo o termo completo entre colchetes ou notas de rodapé se considerava que isso deixava o texto misterioso demais); a pontuação estranha (com ausência de vírgulas, ou profusão de vírgulas em lugares não convencionais); e os parênteses que por vezes são abertos e esquecidos por fechar.

Gostaria de encerrar com uma breve observação sobre a velocidade com que o diário foi escrito. É assombrosa a quase ausência de rasuras e o acabamento primoroso desse texto, que do meu ponto de vista só se explicam pela história pessoal de Woolf – pelo fato de ela escrever muito, diferentes gêneros, e desde uma tenra idade (no mínimo desde os 8 anos de idade). Mary Hutchinson, amiga da autora, comenta algo que pode iluminar esse aspecto. Ao conhecer Virginia Woolf, em 1918, ela assim escreve para Lytton Strachey: "Para mim, o maior encanto de Virginia é que ela falava frases que em geral só encontramos por escrito. Frases perfeitamente literárias, ditas sem a menor hesitação ou embaralhamento. Sentíamos empolgação em ouvi-la mesmo quando ela só estava pedindo por mais leite. Por mais estranho que pareça, era como estar dentro de um romance".[5]

NOTA SOBRE A TRADUTORA

Ana Carolina Mesquita, tradutora, é doutora em Letras pela Universidade de São Paulo (USP) e autora de tese que envolveu a tradução e análise dos diários de Virginia Woolf. Foi pesquisadora visitante na Columbia University e na Berg Collection, em Nova York, onde estudou modernismo britânico e trabalhou com os manuscritos originais dos diários. É dela também a tradução do ensaio *Um esboço do passado* (2020), bem como de *A morte da mariposa* (2021), *Pensamentos de paz durante um ataque aéreo* (2021) e *Sobre estar doente* (2021, cotradução com Maria Rita Drumond Viana). E, ainda, do conto *Mrs. Dalloway em Bond Street* (2022).

AGRADECIMENTOS

Este trabalho foi, em sua maior parte, fruto de seis anos de pesquisa acadêmica de doutorado realizada na Faculdade de Letras e Ciências Humanas da Universidade de São Paulo (FFLCH-USP), e não teria vindo à luz sem o apoio fundamental das instituições de pesquisa científica CNPq e Capes. Contou ainda com o suporte decisivo da Universidade de Columbia (Nova York, EUA), onde parte da pesquisa foi realizada sob a supervisão da Prof. Dra. Sarah Cole, e da Berg Collection, localizada na Biblioteca Pública de Nova York, que abriga os originais dos diários de Virginia Woolf. Nossos sinceros agradecimentos a todos os pesquisadores que dele participaram direta e indiretamente, bem como às instituições que valorizam as pesquisas no âmbito da ciência, da arte e da cultura, sem as quais trabalhos como este não seriam possíveis.

1915

Sexta,
1 de janeiro

Tivesse este diário se iniciado do jeito correto, começaria no último dia do ano passado, quando, durante o café da manhã, recebi uma carta de Mrs. Hallett. Ela informava que fora obrigada a dispensar Lily[1] sem sobreaviso, devido a seu mau comportamento. Naturalmente desconfiamos que se referisse a um tipo específico de mau comportamento; um jardineiro casado, arrisquei. Passamos o dia inteiro incomodados com nossas especulações. Agora de manhã escuto a história da própria Lily. Ela escreve, bastante calma, que saiu da casa de Mrs. Hallett porque fora "insultada"; tendo recebido um dia e uma noite de folga, voltara às 8h30 da manhã, "não cedo o suficiente". Qual a verdade? Esta, imagino: Mrs. H. é uma velha rabugenta, meticulosa, de fato tirânica com os criados, como sabemos; & Lily honestamente não fez por mal. Mas escrevi para mais detalhes – outra senhora deseja uma carta de recomendação imediatamente. Então tive de escrever para Mrs. Waterlow[2] sobre as taxas da limpeza da chaminé que nos foram empurradas, uma carta tal como é própria de um caráter forte, mas não do fraco. Então caminhamos até a Co-Ops[3] em meio ao frio e à chuva para protestar contra a contabilidade deles. O gerente, um rapaz entediado & lânguido, repetia coisas em vez de se defender. No caminho de volta escutamos "encouraçado inglês... encouraçado inglês" & descobrimos que tinham afundado o *Formidable* no canal. Não conseguimos dormir na noite passada por causa dos sinos do Ano Novo. De início pensamos que estivessem tocando devido a uma vitória.

Sábado,
2 de janeiro

Este é um daqueles dias que eu haveria de selecionar, se fosse possível escolher uma amostra perfeitamente comum da nossa vida. Tomamos o café da manhã; converso com Mrs. Le Grys. Ela se queixa do enorme apetite dos belgas & do gosto deles por comida frita na manteiga. "Eles nunca dão *nada* a ninguém", comentou ela. O conde, que esteve com eles na ceia de Natal, insistiu em comer um terceiro prato depois do porco e do peru. Portanto, Mrs. Le G. torce para que a guerra termine logo. Se comem assim no exílio, como não devem comer na terra deles?, pergunta-se ela. A seguir, L. & eu nos acomodamos para a nossa escrevinhação. Ele termina a resenha de Folk Story [*Village Folk Tales of Ceylon*], & eu redijo cerca de quatro páginas da história da pobre Effie;[4] almoçamos; & lemos os jornais, concordando que não há nenhuma novidade. Leio *Guy Mannering* lá em cima por uns vinte minutos; & então levamos Max [o cachorro] para passear. A meio caminho da ponte, vimo-nos impedidos de cruzar por causa do rio, que subia visivelmente em um leve ondear, como o pulsar de um coração. Dito & feito: a rua de onde viéramos se viu atravessada, cinco minutos depois, por um regato com vários centímetros de profundidade. Uma das coisas estranhas do subúrbio é que as mais horrendas dessas casinhas vermelhas estão sempre alugadas, & não há uma que tenha uma janela aberta ou sem cortina. Suponho que as pessoas devam se orgulhar dessas cortinas, & que exista uma grande rivalidade entre os vizinhos. Uma das casas tinha cortinas de seda amarela, entremeadas de renda. Lá dentro os cômodos deviam estar quase na escuridão; & imagino que tenham um fedor de carne & de seres humanos. Creio que ter cortinas deva ser sinal de respeitabilidade – Sophie costumava insistir nisso.[5] Em seguida fiz minhas compras. Sábado à tardinha é a melhor hora para as compras; & alguns balcões ficam cercados por três filas de mulheres.

Sempre escolho as lojas vazias, onde suponho que pagamos ½ [*pence*] a mais por quilo. E então tomamos o chá, com mel & creme; & agora L. está datilografando seu artigo; & devemos ler à noitinha & depois ir nos deitar.

Domingo, 3 de janeiro

É estranho como as antigas tradições há tanto tempo enterradas, como se poderia julgar, de súbito irrompem novamente. Em Hyde Park Gate costumávamos reservar as manhãs de domingo para limpar o faqueiro de prata. Aqui eu me vejo reservando as manhãs de domingo para estranhas tarefas – hoje foi digitação – & arrumar o quarto – & fazer as contas, que estão um tanto complicadas esta semana. Tenho três saquinhos de moedas, & cada um deve ao outro alguma coisa. Fomos a um concerto no Queen's Hall à tarde. Considerando que meus ouvidos estavam virgens de música há algumas semanas, creio que o patriotismo é uma emoção baixa. Com isso quero dizer (estou escrevendo apressada, esperando Flora[6] para jantar) que tocaram um hino nacional e outro religioso, mas senti apenas uma total ausência de emoção em mim & nos outros. Se os britânicos falassem abertamente sobre a cópula & os banheiros, então talvez fossem capazes de se afetar com as emoções universais. Porém, do jeito como estão as coisas, qualquer apelo de união acaba inevitavelmente sufocado pela interferência de sobretudos e casacos de pele. Começo a odiar meu semelhante, principalmente quando olho seus rostos no metrô. É fato: dá-me mais prazer olhar para a carne vermelha crua & os arenques prateados. Mas enfim, tive de esperar quarenta minutos de pé na estação de Charing Cross, & portanto cheguei tarde em casa, & não vi Duncan [Grant], que veio visitar. Ademais,

Londres agora nas noites de domingo, com todas as suas lâmpadas elétricas embaçadas de tinta azul, é o mais lúgubre dos lugares. Tem ruas compridas de cor lamacenta, & a luz do dia mal é suficiente, & a luz elétrica nem isso, para ver o céu desnudo, que é inexpressivamente frio e insípido.[7]

Segunda,
4 de janeiro

Não gosto da voz judia; não gosto da risada judia: fora isso acho (parafraseando Saxon [Sydney-Turner]) que Flora Woolf tem seus méritos. Ela sabe datilografar, estenografar, cantar, jogar xadrez, escrever artigos que às vezes acabam publicados, & ganha 30 xelins por semana como secretária da Igreja da Escócia em Londres. E por praticar essas diversas artes viverá até uma idade bem avançada, como um homem que joga com cinco bolas de bilhar.

O mundo exterior estourou sobre nós num clamor esta manhã. 1. Recebi uma carta de Mrs. Hallet. 2. Recebi uma carta de Lily. 3. L. recebeu um documento de Sydney Waterlow. Segundo Mrs. Hallet, Lily escondeu um soldado na copa; também se encontrou com soldados no portão; & portanto a casa de Mrs. Hallet ficou malfalada na cidade, além disso a própria Mrs. Hallet se alarmou, "visto que só há mulheres em casa". Lily confessa apenas que falou com um irmão, mas acrescenta que Mrs. H. está muito doente e muito velha. Quanto à carta de Sydney – estou tão irritada que nem consigo descrevê-la. A casa estava suja – quatro pessoas esfregando sem parar durante uma quinzena conseguiram apenas deixá-la habitável & blablablá – mas tudo isso ele teria sofrido em silêncio se não fosse meu bilhete. Portanto escrevi para ele, & escrevi para Lily – & só depois de passar algum tempo fraseando sentimentos virtuosos com linguagem nobre é que vejo com clareza como os funcionários públicos vão se tornando insensíveis e envernizados. Para Lily eu disse que ela precisa me prometer que irá se comportar melhor se eu lhe escrever outra carta de recomendação – pois tenho certeza de que a pobre Mrs. Hallet & sua velha irmã trêmula devem estar ouvindo vozes de soldados sempre que um vento atravessa os loureiros. Philip [Woolf] veio depois do almoço, pois tem quatro dias de dispensa. Está farto de combater – contou-nos histórias de estupidez militar inacreditáveis. Outro dia decretaram um homem culpado por deserção & o condenaram; depois descobriram que o tal homem não existia. O coronel diz "gosto de jovens bem-vestidos – cavalheiros" & se livra dos recrutas que não atingem esse nível. Além disso, a demanda por cavalaria no front esgotou-se, & portanto eles provavelmente terão de ficar em Colchester para sempre. Outro dia escuro & chuvoso. Um avião passou acima.

Terça,
5 de janeiro

Esta manhã recebi uma carta de Nessa, chamando Mrs. Waterlow de *hausfrau* alemã & aconselhando-nos a não pagar nem um centavo: o asseio é um fetiche que não se deve idolatrar, diz ela. Certamente nenhuma de nós duas o idolatra; suponho que Mrs. W. tenha corrido pela casa com um espanador & passado o dedo embaixo das camas. Bem posso imaginar a lista de descobertas que terá apresentado a Sydney, enquanto ele fumava lendo a filosofia dele; & como deve ter xingado a maldita vaca da Virginia Woolf. Por outro lado, para os criados é uma questão de honra achar imunda a casa onde entram & deixá-la brilhando como um brinco. Mas basta dos Waterlow & de seus penicos.[8] Trabalhamos como de costume: como de costume, choveu. Depois do almoço demos uma volta no Old Deer Park, & notamos o quanto o nível do rio tinha subido graças a uma fileira de palha cortada; & que uma grande árvore caíra no caminho de sirga, esmagando o gradil. Três corpos foram encontrados ontem em Teddington deslizando rapidamente rio abaixo. Será que o clima inspira suicídio? O *Times* trouxe um artigo estranho sobre um acidente ferroviário, no qual dizia que a guerra nos ensinou um senso adequado da proporção da vida humana. Sempre pensei que dávamos a ela um valor excessivo; mas nunca pensei que o *Times* fosse dizê-lo. L. foi a Hampstead para a primeira de suas palestras na Women's Guild.[9] Não parecia nervoso: está falando nesse exato momento. Acreditamos que o velho Mr. Davies[10] esteja nas últimas – mas tenho a impressão de que ainda irá resistir anos a fio, muito embora deseje morrer & sua vida poupe Margaret de muito trabalho. Comprei minha carne e meu peixe na High Street – uma tarefa degradante, mas um tanto recreativa. Não gosto da visão de mulheres indo às compras. Elas as levam a sério demais. Depois comprei um ingresso na Biblioteca, & vi todos os atendentes & modistas esfarrapados folheando os jornais ilustrados, parecendo abelhas muito acabadas sobre flores muito acabadas. Ao menos estavam aquecidos & secos: & hoje vai chover de novo. Os belgas de baixo estão jogando cartas com alguns amigos & conversando – conversando – conversando – enquanto seu país é destruído. Afinal, não têm mais nada o que fazer...

Quarta,
6 de janeiro

Os Waterlow de novo: Lily de novo. Dessa vez Mrs. W. escreve para Leonard, sobre o forno, & conclui dizendo o quanto se sente aborrecida de pensar que estamos contrariados – haja vista o quanto eles consideram Asheham adorável. É esquisito que as duas senhoras dessa correspondência escrevam para os dois senhores – instintivamente pressentindo, creio eu, que caso escrevessem uma para a outra todo esse incidente acabaria se tornando muito mais ácido. A carta de Lily continua a história do soldado escondido. Ela faz com que eu enxergue Lily com muita clareza à minha frente, com seus olhos encantadores, bobos, de cachorro, incapaz de ferir uma mosca ou de ter um pensamento grosseiro, & contudo eternamente condenada a sofrer pelos pecados das personalidades mais fortes. Nesse caso, Lily estava à mercê de uma das arrumadeiras, que convidava os soldados, & não teve presença de espírito nem para ser rude com eles quando eles vinham, nem para "contar histórias sobre uma colega criada". "Prefiro fazer qualquer coisa menos isso" – & assim, imagino, foi como aliás ela teve seu filho. Enfim, "falei" em prol dela mais uma vez, & ela me prometeu que não irá mais se meter com soldados. L. saiu às 10h da manhã para dar sua segunda palestra em Hampstead. A primeira foi um grande sucesso, como eu sabia que seria. Ele considera as mulheres muito mais inteligentes do que os homens; de certa maneira inteligentes demais, & por isso tendem a não enxergar o cerne das questões. Dará mais uma esta tarde, portanto ficará em Hampstead, almoçará com Lilian & talvez se encontre com Janet [Case]. Ninguém, a não ser uma pessoa bastante modesta, trataria essas trabalhadoras, & Lilian & Janet & Margaret, como ele trata. Clive [Bell], ou melhor, qualquer outro jovem culto, se arrogaria ares de importância; & por mais que as admirasse fingiria o contrário. Escrevi a manhã inteira, com infinito prazer, o que é estranho, pois o tempo todo sei que não existe motivo para me sentir satisfeita com aquilo que escrevo, & que daqui a seis semanas ou mesmo dias irei odiá-lo. Então fui para Londres, & perguntei sobre cômodos no Gray Inns. Tinham um conjunto vago; & eu no mesmo instante vislumbrei toda espécie de encantos, & deixei-me entrar com um estremecimento de empolgação. Porém, o lugar seria perfeito para uma pessoa, & impossível para duas. Há dois quartos perfeitos, que dão de frente para os jardins, mas basicamente é tudo. A Grays Inn Road troveja atrás de um deles. Em seguida vi um apartamento na Bedford Row que prometia maravilhas, mas ao inquirir os agentes, disseram que tinham instruções para somente o alugarem mobiliado – & agora, logicamente, estou convencida de que não existe apartamento igual em Londres! Eu poderia vagar pelas ruas anoitecidas de Holborn e Bloomsbury durante horas. As coisas que se vê – & se adivinha – o tumulto & a confusão & a pressa... Ruas apinhadas são os únicos lugares que me fazem, como-diria-na-falta-de-uma-palavra-melhor, pensar. Agora preciso decidir se volto para lá novamente, para uma festa na Gordon Square, onde as Aranyi irão tocar. Por um lado, encolho-me diante da viagem & de ter de me vestir; por outro sei que ao primeiro lampejo de luz no saguão da entrada & do burburinho das vozes me sentirei embriagada; & concluirei que nada na vida se compara a uma festa. Verei gente bonita & terei a sensação de estar na mais alta crista da maior das ondas – bem no centro & no movimento de tudo. Por outro lado ainda, por fim, as noites aqui lendo à lareira – lendo Michelet & *O idiota*, fumando & conversando com L. no que pode se passar por camisola & chinelos – são divinas também. E como ele não irá insistir que eu vá, sei muito bem que não irei. Além do mais tem a vaidade: não tenho roupa para ir.

Quinta, 7 de janeiro

Não – não fomos à festa na Gordon Square. Leonard voltou muito tarde, & chovia, & no fundo não queríamos ir. As palestras foram um enorme sucesso. Uma senhora de idade disse a Leonard que elas hão de considerá-lo um amigo para o resto da vida; outra disse que ele era o único cavalheiro que falava de um modo que as mulheres da classe trabalhadora conseguiam entender. Ele explicou o que são letras de câmbio & coisas do tipo durante uma hora; & depois respondeu perguntas, que, de novo, foram espantosamente inteligentes. Saí depois do almoço hoje, primeiro para ir ao Foundling Hospital perguntar se podemos ficar com Brunswick Square – ou mesmo metade da casa; depois para a Omega comprar um xale para Janet, & depois para tomar o chá com Janet.[11] Mr. Chubb abriu a porta para mim no hospital. Estava sentado a uma escrivaninha numa sala bastante aquecida & confortável, com vista para o jardim; enquanto um funcionário desenhava plantas de casas numa mesa altíssima. Mr. Chubb está engordando. Ele me reconheceu & imediatamente tornou-se cortês ao extremo. Brunswick Square já está praticamente alugada para um funcionário público do Ceilão chamado Spence que, no entanto, talvez se interesse em alugar os dois andares superiores, que nos serviriam muito bem. Logicamente fiquei possuída pelo desejo de ficar com Brunswick Square. Mr. Chubb, que tem uma tranquilidade infinita & gosta de conversar, discutiu cada possibilidade. Pessoalmente ele não admirava os afrescos de Adrian, mas disse que a maioria das pessoas sim. O cavalheiro do Ceilão propôs cobri-los com uma cortina, sendo aparentemente da opinião de que eram bons demais para serem destruídos, embora não o bastante para serem olhados.[12] Nesse momento veio um secretário, também com um ar excessivamente educado ao ouvir o meu nome. "Mrs. Woolf certamente tem forte direito à casa", ele disse. "E pessoalmente não creio que Mr. Spence tenha razão..." "Mas eu sim", retrucou Mr. Chubb com firmeza. "Procurei o nome dele no diretório médico... além do mais, ele parece ser um bom homem". "Certamente parece um bom homem", concordou o secretário, "mas não sei... Contudo, com certeza seria contra as regras do jogo dar para trás na última hora." "No último segundo, o senhor quer dizer", disse Mr. Chubb. Finalmente saí, depois de apertar as mãos de todos & implorar a Mr. Chubb que se esforçasse ao máximo e nos mantivesse informados. Eles me aconselharam a dar uma espiada numa casa na Mecklenburgh Square, coisa que fiz. É um lugar amplo, com um grande saguão, uma vasta escadaria; & poderíamos ficar com um apartamento no andar de cima – a única objeção seria o fato de que a Grays Inn Road fica nos fundos... Quando saí, chovia. Mesmo assim caminhei até a Omega & comprei das mãos de uma moça tola de túnica pós-impressionista o que necessitava. Fui a Hampstead, descobri que lá já estava uma senhora idosa, & fui até a estação, a fim de evitar tomar chá com Emphie; depois me deixaram subir para ver Janet. Ela está de cama, & terá de ficar de cama por semanas. Seus nervos estão totalmente deteriorados. Não consegue mais ler, nem fazer coisa alguma – calculo como deve ser – & como tantas vezes ela deve se sentir infeliz, principalmente porque está ficando velha, & Emphie deve ser cansativa, com suas repetições & suas imprecisões generalizadas & entusiasmadas, & depois, as cinzas do fim da vida... Mesmo assim, ela foi educada para ter coragem & é tão desprendida por natureza que se interessa verdadeiramente pelos outros. Conversamos sobre

Leonard, & Lily, & a vida em Londres & os poemas de Hardy, que ela não consegue reler – melancólicos & sórdidos demais – & os temas não muito interessantes. Não concordo. Ficou tarde; & ela sugeriu que eu jantasse ali & fosse com L. ao debate pacifista na Women's Guild. Não fui capaz de enfrentar o jantar, por isso bati em retirada para a Biblioteca Pública. No caminho peguei um dos piores aguaceiros da minha vida. Parecia mais uma chuveirada do que chuva normal. Meus sapatos chapinhavam tanto enquanto eu caminhava pela Biblioteca que senti vergonha. Então jantei num restaurante para cocheiros – o único que havia, & muito bom. Rústico, mas limpo & sóbrio. Às 8h encontrei L. no 28 da Church Row. As salas são velhas & cobertas com painéis de madeira brancos & antiquados; uma delas estava cheia de mulheres da classe trabalhadora. Foi um alento (depois de haver lido umas cartas horríveis sobre parto)[13] ver as mulheres gargalharem alto, como meninas de escola. Mr. Hobson [John Atkins Hobson, sufragista] palestrou – foi excelente. – As mulheres, impressionantes como de costume – porque parecem de fato sentir, & ter um enorme senso de responsabilidade. Outra carta de Mrs. Waterlow.

Sexta,
8 de janeiro

Sydney Waterlow veio almoçar conosco hoje para "ter certeza", como ele disse, "de que não nos havíamos desentendido por esses assuntos detestáveis". Não falamos de muito mais coisas durante uma hora & meia. Minha primeira carta o fez passar a noite insone, segundo contou, muito embora Mrs. Waterlow, apesar da gravidez, dormisse a sono solto. Pelo que pudemos perceber, Mrs. W. age & escreve impulsivamente; quando Sydney parou para pensar, apavorou-se ao perceber que a atitude deles não fora ética & sensata. Refletiu muito tempo, dedicou uma manhã inteira à resposta, & aconselhou-se com diversos amigos, que por acaso concordam com ele que a limpeza das chaminés fica geralmente a cargo dos proprietários. "Mas devíamos ter pedido sua permissão – nisso concordo totalmente – é apenas que..." & blablablá; tudo isso no estilo simples & sólido que é tão típico dele. Seu corpo gordo & rosado sempre me dá a impressão de não ter ossos nem pelos, como o de uma criança gigantesca, & sua mente também. Mas ele tem certo encanto. Ele & L. saíram para um passeio. Fui à Chancellors, para saber se havia alguma novidade quanto à Hogarth.[14] De início o homem disse que não. Quando eu lhe contei que talvez alugássemos uma casa em Londres, ele de pronto admitiu que vira duas vezes Mrs. Wontner, a atual inquilina, & que ela não gosta da casa. Terá isso sido inventado, &, se não, haverá algum bom motivo para ela não gostar da casa? Parece provável que teremos de escolher entre Brunswick & Hogarth – a menos que as duas nos falhem. Sydney voltou para o chá, & contou que Alice fora vê-los, & que ele imediatamente lamentou-a, "da mesma maneira que alguém se lamenta de uma bengala excelente – Ela estava tão bonita & feliz, com um bebê gordo & grande. A casa estava cheia de móveis nossos – como uma casa dos mortos para mim".[15] Mas quando sugeri que a atual Mrs. W. sentiu-se incomodada, ele ficou surpreso. "Ela não é esse tipo de pessoa, de modo algum", disse. "Ela é perfeitamente sensata..." Pode ser, mas se ela visse Sydney cobiçando a bengala, creio que... Sydney retrucou que Marg (como ele a chama) significava tão infinitamente mais para ele do que a bengala que ela não poderia sentir nada do tipo. Foi-se para Asheham. Eles desejam alugá-la por mais seis meses... Ele não tem nenhum trabalho, mas Asheham é tão agradável que ele se sente perfeitamente feliz de não fazer nada.

Sábado, 9 de janeiro

Às duas da manhã diversas barcaças atracadas no rio se soltaram. Uma bateu na ponte de Richmond & derrubou boa quantidade das pedras de um dos arcos – As outras foram a pico ou deslizaram correnteza abaixo. Menciono isso não por ter visto ou ouvido nada a respeito, mas porque notamos o estrago na ponte quando caminhávamos até Kingston esta tarde. A pedra está mais amarela na face de dentro do que na de fora, o que torna isso mais óbvio. Fizemos um ótimo passeio. Os campos arroxeados nos arredores de Kingston lembraram-me não sei por que de Zaragoza. Há certo ar estrangeiro numa cidade que se ergue contra o poente & por onde se chega por uma trilha bastante percorrida que atravessa um campo. Por que instintivamente sentimos que estamos elogiando Kingston de um jeito descabido ao dizer que se parece com uma cidade estrangeira, eu não sei. No caminho de sirga topamos com uma longa fila de imbecis, por quem tivemos de passar. O primeiro era um rapaz altíssimo, estranho o bastante para nos fazer olhar para ele duas vezes, mas não mais que isso; o segundo arrastava os pés & olhava de soslaio; & então é que se percebia que cada criatura daquela longa fila era deplorável, imprestável & idiota, arrastando os pés, sem testa nem queixo, com um sorriso imbecil ou um olhar fixo insano & desconfiado. Foi absolutamente horrível. Eles deviam ser mortos com toda certeza. Encontramos uma feira em Kingston, como se fosse Marlborough. Compramos um abacaxi por 9d. O homem disse que todos tinham amadurecido em suas mãos

&, como esperava um novo carregamento na terça, teve de vendê-los a preço de custo. Tomamos um chá horrendo em um lugar extremamente pretensioso. Voltamos de trem com um operário & dois meninos pequenos. O operário começou a nos contar sobre os escândalos do contrato de carne da Lyons;[16] & nos disse que trabalhava no departamento de aviação de Hounslow. Era muito inteligente, & poderia ter sido um parlamentar ou no mínimo um jornalista. Vi que Will Vaughan foi citado no *Times* afirmando que os professores negligenciam a gramática das línguas modernas & falam demais em estilo & literatura, mas que nada fortalece tanto o caráter & o espírito quanto a gramática. Tão típico dele!

Domingo, 10 de janeiro

Estava sentada datilografando esta manhã quando ouvi baterem à porta; & surgiu alguém que de início julguei ser Adrian: contudo, era Walter Lamb, recém-chegado de uma visita ao rei. Sempre que encontra o rei ele vem aqui nos contar. Insistiu que fôssemos dar um passeio com ele no Richmond Park. Sobre o que conversamos? Esquecemos o rei, & Walter nos contou uma história comprida & de uma inexpressividade pavorosa que o professor Houseman lhe contara, sobre a ineficiência dos soldados franceses. Tudo o que Walter diz tem a mesma superfície plana, lisa & cinzenta; bastaria a sua voz para embotar a poesia mais inflamada do mundo. Não que ele lide com poemas inflamados. Sua vida agora é entre os respeitáveis, semi-inteligentes & ricos, que ele de certo modo despreza, de modo que seus relatos são sempre um pouco condescendentes. A única paixão de sua vida são os edifícios do século XVIII. O tempo inteiro esta manhã ele nos convidava a admirar uma sanca ou esquadria de janela ou mesmo uma "claraboia". Aparentemente "inspeciona" qualquer casa para alugar & repara nas decorações do interior. Sabe quem hoje mora nos casarões & quem um dia os habitou. Adequa-se perfeitamente a Kews, & à Academia Real, & à Família Real. À porta de nossa casa ele desatou um longo relato sobre sua última visita à realeza, quando o rei, que agora o trata como um amigo (ou antes, segundo Leonard, como um lacaio de ordem superior), parou subitamente de admirar os quadros & perguntou à princesa Victoria onde ela conseguia sua dentadura. "A minha", George exclamou, "está sempre caindo no meu prato: da próxima vez vai escorregar pela minha garganta abaixo. Meu dentista é um malandro. Vou desistir dele." Victoria então deu um puxão nos seus dentes de cima & disse a ele que melhores que isso impossível – eram perfeitamente brancos & úteis – O rei então retornou a seus quadros. O estilo de conversa dele me lembra o de George III no diário de Fanny Burney – & portanto é preciso agradecer a Walter por alguma coisa – Ele recusou-se a almoçar conosco, dizendo que passara à base de faisão a semana inteira & que não podia comer ruibarbo, por conta da acidez. Choveu pesado a tarde inteira, & agora Marjorie Strachey,[17] que vinha jantar conosco, não pode mais vir por causa de um resfriado. Soube ontem à noite por Mr. Chubb que o velho Spence não irá alugar parte alguma de Brunswick...

Segunda,
11 de janeiro

Leonard estava tomando banho esta manhã, & eu deitada na cama, decidindo se esticava ou não o braço para apanhar o *Rob Roy*, quando ouvi uma comoção no vizinho & depois alguém correndo escada abaixo gritando numa voz estranha & anormal, "Fogo! Fogo!". Como era óbvio que a casa não estava pegando fogo, não extensamente pelo menos, vesti meu impermeável & os chinelos antes de espiar pela janela. Então senti cheiro de papel queimado. Então fui ao corredor, & vi fumaça escapando pela porta aberta do quarto ao lado. Como era evidente que havia tempo para escapar, recuei; então ouvi Lizzy voltando com o inquilino, & a ouvi dizer, "Eu só botei um papelzinho para acender o fogo...", & disso adivinhei o que havia acontecido. "Mais dez minutos & o quarto estaria em chamas", disse o inquilino. L. voltou; & pela nossa janela vimos um enorme biombo japonês coberto de chamas, ardendo no gramado. Mais tarde, soube que o papel tinha pegado fogo; que a tapeçaria da prateleira da lareira tinha pegado fogo; que o biombo tinha pegado fogo; que o madeiramento tinha pegado fogo. Como todos os cômodos da casa são revestidos de madeira seca & velha, coberta ligeiramente com papel de parede, creio que dez minutos bastariam para que o fogo passasse do nível das jarras d'água – O inquilino estava apavorado, também, por causa de seus tapetes incalculáveis, que "valem centenas & centenas", segundo Mrs. Le Grys. Espantoso é termos escapado, considerando-se Lizzy. Ontem ela destroçou duas peças maravilhosas de porcelana para nós. Fomos a Londres à tarde: L. para ver o editor do *New Statesman* a respeito de um artigo sobre diplomacia – eu para ver um apartamento na Mecklenburgh Square. Nós nos encontramos inesperadamente na Mecklenburgh Square. Ao chegarmos à casa, porém, o ocupante recusou-se a nos deixar entrar para vê-la. Portanto, tivemos de apelar à proprietária, que mora a algumas casas dali. Fomos apresentados a um lindo cômodo terrivelmente desfigurado por cortinas de veludo, gigantescas almofadas cor de púrpura & o

enxame costumeiro de objetos dourados & amarelo-
-limão. A mulher em questão estava sentada numa
cadeira de rodas, como se estivesse num cadeirão
de bebê, com uma barra protetora. Seu cabelo (uma
peruca de linho) estava emplastrado dos dois lados
da cabeça & ela exibia a típica aparência gorducha
empoada & cheia de ruge das senhoras de Bloomsbury. Isso sempre nos deixa fisicamente desconfor-
táveis. Era bastante sensata, no entanto; suponho
que uma mulher de negócios, dona de diversas casas
que, tenho certeza, gerenciava a um bom lucro. Fomos conduzidos por uma velhinha encarquilhada
bastante simpática, que desfigurara a parte dela da
casa até que beirasse o irreconhecível – A sala de estar, principalmente, onde ela afiara suas extravagâncias, fazia os olhos dispararem com tantas coisinhas
inumeráveis, díspares & tenebrosas – dois montes
de bandeiras dispostas sobre as mesas impressionaram-me particularmente. Havia bandeiras de todas as nações, imagino; & todas as fotos de todas as
famílias reais. Era como olhar num caleidoscópio,
devido aos inumeráveis pontos distintos de cor – que
não eram cor, entretanto. Fui à biblioteca Days & L.
à London Library. Ele precisa escrever um artigo de
1200 palavras até quarta à tarde sobre diplomatas –
Um assunto maravilhoso, seja como for.

Terça,
12 de janeiro

Hoje o dia não começou com um incêndio. Porém
Leonard teve de repreender Mrs. Le Grys severa-
mente pelos pecados de Lizzy. A coitada da mulher
só pôde concordar. Uma vez que sabe que vai ser
dispensada, não dá importância a quantos pratos
quebra – ah, se pudesse ser logo dispensada. Mrs. Le
Grys acha impossível arrumar outra criada; porém
ela só lhes paga £16 por semana.

Cecil[18] veio almoçar, à paisana, reparei. A verdade é que os dois estão completamente fartos do exército & não veem chance de irem para o front. Cecil, no entanto, pensa em seguir carreira militar, porque a vida é melhor do que a de um advogado. Por outro lado, ele & Philip talvez acabem sendo enviados às colônias. O mais estranho na família Woolf, para mim, é sua extrema frouxidão. Na minha família, as conversas & alvoroços em relação à menor das mudanças no modo de vida de alguém eram infindáveis; já para os W. tornar-se fazendeiro, fugir com a mulher de outro homem ou casar-se com a filha de um alfaiate judeu polonês parece não ter importância. Lembro como tia Mary escondeu com todo o cuidado o fato de que a garota de Hervey era uma espécie de comerciante, & o quanto ela não descansou até o noivado terminar.[19] Talvez os W. não tenham uma tradição familiar. Enfim, existe nisso uma sensação de liberdade. De tudo isso, obviamente não tenho nada a dizer. L. & Cecil foram a pé até Kingston depois do almoço; eu dei umas voltas comprando pequenos fragmentos de carne & legumes, & emprestei alguns livros da biblioteca. Creio que iremos achá-la mais útil do que a London Library, já que ninguém exceto nós dois lê livros volumosos. L. agora está escrevendo seu artigo sobre diplomacia & eu preciso datilografar. Um dia inteiro bom, para nosso espanto.

Quarta,
13 de janeiro

Provoquei uma pequena discussão (com L.) esta manhã tentando cozinhar o café da manhã na cama. Acredito, no entanto, que o bom senso desse procedimento irá prevalecer; isto é, desde que eu consiga me livrar das cascas de ovo. L. saiu para o escritório da *New Statesman* de manhã com seu artigo. Almocei aqui, & depois fui à Days apanhar mais livros. A Days às 4h da tarde é o refúgio das senhoras elegantes, que querem orientações quanto ao que ler. Grupo mais desprezível de criaturas nunca vi. Chegam cobertas de pele como focas & perfumadas como gambás, dignam-se a atirar ao balcão alguns romances ao acaso & depois exigem saber languidamente se ali tem *alguma coisa* interessante. Os funcionários da Days são os homens mais humildes e servis que existem – Rebocam essas condessas envelhecidas & essas jovens milionárias arrumadas atrás de si, sempre deferentes & em meio a uma profusão de "vossas senhorias". O West End londrino enche-me de aversão; olho os carros a motor & vejo os figurões gordos ali dentro, como joias corpulentas em estojos de veludo. As tardes agora têm uma aparência pálida & alongada, como se não fosse nem inverno nem primavera. Volto para o chá. L. chega – depois de ir a Gordon Square & ver o Maynard [Keynes] (que diz que a economia alemã está em ruínas) & o Saxon, que está se recuperando da gripe. Como ele estava com dor de cabeça, em vez de ir à reunião da Co-op. ficaremos em casa.

Quinta, 14 de janeiro

Fomos despertados esta manhã (já vejo que isso se tornará uma frase feita, como "Era uma vez" num conto de fadas) por um barulho surdo & pulsante, como se um ônibus estivesse no teto, tentando dar a partida. A experiência nos diz agora, contudo, que Lizzy simplesmente acendeu um fogo enorme na cozinha, ao ver que não havia água nos canos. Quando L. abriu a torneira saiu fumaça, como se fosse o dragão de Siegried em Covent Garden, & depois pedacinhos de cano vieram flutuando, & a água era de um tom vermelho ferruginoso – Ninguém, no entanto, pareceu achar que o aquecedor poderia explodir. Escrevemos a manhã inteira. A propósito, recebi notícias de Adrian,[20] que foi morar em alguns cômodos em Cambridge sem um único lençol. Nesse momento, começo a dar telefonemas & escrever cartas sobre lençóis, agora que os Waterlow continuam quietos. Após o almoço, fomos a Kingston comprar xícaras de louça decorada, que ali se podem comprar a 1d cada. Se Lizzie não for dispensada, & continuar se comportando como se cada dia fosse seu último, precisaremos dar-lhe alguma coisa barata onde descarregar sua raiva. Voltamos para casa no alto de um ônibus, inventando frases à maneira & com o tom de Walter Lamb. Leonard vai assistir o discurso dos fabianos;[21] creio que eu me darei o luxo de um cinema – mas por quê? Com certeza sairei de lá dizendo a mim mesma, "Nada jamais me fará ir ao cinema novamente". Também recebi notícias de Annie, que evidentemente deseja ser nossa cozinheira fixa pelo excelente motivo, creio eu, que a nossa casa é a menos exigente da Inglaterra. Os Waterlow dizem que o namorado dela foi para Willesden – ou substituído por alguém de lá. O artigo de L. sobre a diplomacia deve sair no sábado. Ele, é claro, tinha certeza de que seria rejeitado (esta é uma anotação para uso e citação futuros).

Sexta, 15 de janeiro

Fui ao meu cinema; L. aos seus fabianos; & ele achou, no geral, que sua mente & espírito & corpo teriam se beneficiado mais dos filmes do que dos Webb[22] & dos médicos, que conversaram sobre a etiqueta deles. Houve dois ou três filmes soberbos; um de uma barcaça carregada de madeira flutuando diante de Bagdá – outro de um palácio oriental, repleto de macacos & vira-latas – outro de um iate naufragado. Mas como de costume o drama é tedioso demais. Bom seria gostar do que todos gostam. O lugar estava cheio, risadas estrondosas, aplausos etc.

Tive notícias de Emphie Case esta manhã, ela pede que eu averigue sobre a casa em Lewes onde Lily teve seu filho – pois conhece uma jovem que também deseja ter um filho. Não sei como Emphie se inteira desses assuntos. Ou Janet. Caminhamos até Hogarth esta manhã, para ver se o barulho das crianças na escola é de fato um ponto contrário. Aparentemente, afeta apenas Suffield.[23] Bem... não sei o que devemos fazer. Quanto eu não daria para pular umas trinta páginas & descobrir o que acontecerá conosco. Caminhamos pelo parque, & vimos Territorials[24] açoitando & esporeando seus cavalos; & também uma imensa árvore. Vamos jantar cedo & ir ao Hall – um esbanjamento sem precedentes – muito embora tenha havido um tempo em que eu costumava ir a óperas, concertos noturnos etc., pelo menos três vezes por semana... E sei que nós dois pensaremos, quando tudo isso terminar, "que de fato uma boa noite de leitura teria sido melhor". L. continua lendo os diplomatas; eu lendo sobre 1860 – os Kemble – Tennyson etc.; para captar o espírito daquela época para *A Terceira Geração*[25]. Eles eram extremamente científicos: sempre desencavando monstros extintos, observando as estrelas, & tentando descobrir uma religião. Neste exato momento, sinto como se a raça humana não tivesse nenhuma personalidade – como se perseguisse o nada, acreditasse no nada, & combatesse apenas por um monótono senso de dever.

Hoje comecei a tratar meu calo. Há uma semana precisava fazê-lo.

Sábado, 16 de janeiro

Creio que ontem à noite o teatro (Coliseum) acabou valendo a pena – apesar dos pesares. O que me agrada neles são os "atos" – cantores cômicos, ou homens imitando *prima donnas*, ou malabaristas.

Levo um ato inteiro para entrar em uma peça, & portanto peças de um único ato são quase sempre um tédio absoluto. Daí que fiquei desapontada ao ver que seriam três peças de um só ato; a primeira, *Barrie Der Tag* – um palavrório completo do tipo mais raso sobre o imperador alemão; depois uma peça sobre uma mulher que queria dizer prataria quando dizia pirataria; a terceira, *Dr. Johnson*. Dr. Johnson começa espirrando lugares-comuns & termina paternal, sentimental & tão terno quanto uma mulher – o que, claro, era o que ele deveria ser no palco. No entanto, teve um homem que cantava como uma *prima donna*, & uma *revue* patriótica – as pessoas aplaudiram para o Grey mais do que para qualquer outro. Saímos justamente quando um vaso oriental cinza & violeta foi atirado no meio do palco – não vi meus filmes de guerra, mas saí mansa como um carneirinho.

De manhã, escrevemos. O artigo de L., a propósito, ficou muito bem na *New Statesman*. Adrian escreveu pedindo talheres, louças, artigos de cozinha. Eles parecem ter montado uma casa sem um objeto sequer. Ele me escreveu à luz de uma vela sobre um pires. L. foi à London Library; eu passeei com Max [o cachorro] ao longo do rio, um percurso um tanto interrompido – por um osso que ele roubou, pelas minhas ligas que caíram, por uma briga de cachorros da qual ele saiu com uma orelha machucada que sangrava horrivelmente. Pensei no quanto sou feliz, sem nenhuma das agitações que um dia me pareceram constituir a felicidade. L. & eu discutimos sobre isso durante algum tempo. E também sobre a falta de sentido de qualquer trabalho humano, exceto enquanto uma maneira de fazer feliz quem trabalha. Agora me alegro com o que eu escrevo, unicamente porque adoro escrever & porque, para ser sincera, não dou a mínima para o que os outros dizem. Em que mares de horror mergulhamos para apanhar essas pérolas... no entanto elas valem a pena.

Domingo, 17 de janeiro

Hoje a manhã não teve nada de memorável – à tarde, Herbert veio & saiu com L. para um passeio. Fui ao concerto no Queen's Hall, fiquei durante três lindas melodias & ao voltar encontrei Herbert, que ficou até a hora do jantar. M.S. [Marjorie Strachey] veio jantar; à primeira vista parecia mudada, de certo modo. Para melhor, achei, apesar de visivelmente mais magra. Ela queixou-se de insônia, &, à maneira típica dos S., de "estar devastada"; & de a vida ser "amedrontadora demais". Mas conversou sobre trivialidades, até que, depois do jantar, começou a insistir muito incisiva no assunto casamento... (eu diria que nos disse do nada: "Tenho um amigo que me acha muito linda & muito burra" – & eu, meio que desconfiada de alguma coisa estranha, disse: "Ah ele deve ser um operário, melhor não se casar com ele". Bem, ela nos pressionou cada vez mais com perguntas sobre a vida de casados, se deveria ou não se casar, como gostaria tanto de se casar, & por vezes achei que estivesse apenas falando como tanta gente solteira faz, & noutras desconfiei que existia outra coisa. Por fim um de nós (eu, talvez) disse: "Bem, Marjorie, mas o que você deseja ser?". "Uma mulher casada", ela respondeu tragicamente. "Mas existe alguém com quem você deseje se casar?" "Sim!" – "Quem é ele?" Ela enterrou o rosto entre as mãos & em seguida exclamou: "Um homem casado! Jos Wedgwood!"[26] Ficamos espantados, em silêncio. E depois não se falou de outro assunto por uma ou duas horas. Deve ser o negócio mais estranho que já ouvi... Aqui vai mais ou menos o que aconteceu.

No verão passado, Jos abandonou a mulher, ou ela o abandonou, esse ponto não está claro. Desde então, ele passou a morar sozinho em Londres, & queixava-se amargamente da sua solidão a Philip Morrell,[27] entre outros. Philip lhe recomendou uma prostituta. Ottoline logo procurou Marjorie. Eles a convidaram para jantar, & depois do jantar, Ottoline saiu volteando para trás das portas-camarão, deixando Marjorie num tremendo *tête à tête* com Jos. Embora fosse a primeira vez que se encontravam, ele lhe contou toda a sua história & suas amarguras. No dia seguinte ele foi à casa de Lady Strachey. Passaram a se ver constantemente & mais ou menos uma semana antes do Natal ele a pediu em casamento no Lockeridge.[28] Àquela altura ela estava muito apaixonada & aceitou... mas o que eles irão fazer? Ela se recusa a deixar que ele peça o divórcio, argumentando que um divórcio é uma ignomínia; além do mais, ele mesmo afirma que um divórcio acabaria com sua carreira política. É tremendamente ambicioso. Ela quer morar com ele como sua esposa, mas isso, é claro, também significaria uma ruína política completa. Ser uma amante comum é algo fora de questão para ela. Lady Strachey complica ainda mais o caso, pois ficaria horrorizada ante qualquer coisa que fuja do convencional & não pode nem ouvir falar disso. Depois, ainda há o medo de Mrs. Wedgwood. Se ela ficar sabendo, será que tentará reconquistar Jos? Será que conseguirá? Metade dos Strachey (Lytton entre eles) aconselha M. a deixar esse assunto de lado. Ela obviamente está apaixonada, mas também bastante nervosa & esgotada. Vai viajar para o sul da França; Jos, enquanto isso, vai para o front. Bem... que se há de pensar de tudo isso? Ao ver M. apaixonada, & seu amor correspondido, senti que o único curso de ação seria o mais extremo; mas ao refletir melhor, particularmente sobre a maneira como tudo aconteceu, a brevidade do caso & as manobras de Ottoline, tive minhas dúvidas... em relação a Jos, principalmente. Não será o mesmo caso de Sydney Waterlow, repetindo-se? Será que o seu sentimento irá durar, ainda que o dela dure? Ele esteve casado com Ethel durante vinte anos & os dois têm sete filhos. Leonard está pessimista, & com razão, acho. Acredita que M. escolheu o pior caminho dentre suas possibilidades & ressalta o horror que é a posição de amante, sem nenhum laço com um homem que francamente se importa mais com a carreira do que qualquer outra coisa, & a quem ela foi entregue para satisfazer necessidades que podem se extinguir depressa... Mas agora que eles ficarão separados por algum tempo, talvez as coisas se ajeitem sozinhas. Sinto que é o maior romance da vida dela, seja lá o que aconteça. Esta manhã, obedecendo a um impulso noturno, escrevi a Thomas Hardy! agradecendo o poema que escreveu sobre meu pai & suas obras!

Segunda,
18 de janeiro

Continuamos sob a influência de Marjorie esta manhã. Algumas pessoas passaram a noite inteira (assim pareceu) arrastando caixas aqui ao lado. Foi a mulher do vizinho que voltou de Nova York. À tarde fomos ver as casas em Mecklenburgh Square; o que levou a uma longa discussão sobre nosso futuro & a um novo cálculo da nossa renda. O futuro é sombrio, o que no geral é a melhor coisa que o futuro pode ser, acho eu. L. foi aos Webb, & eu voltei para casa – & nada digno de nota aconteceu desde então a não ser o fato de que tão logo comecei esta página L. afirmou ter desistido da incumbência de escrever um panfleto sobre arbitragem... e agora devo interromper este diário para discutir essa loucura com ele.

Em parte, isso é por causa do meu hábito egoísta de falar sempre em nome do argumento do meu livro. Quero ver o que se pode dizer *contra* todas as formas de atividade & assim dissuadir L. de seu trabalho, falando na verdade não como eu mesma, mas como Effie. Claro que é absolutamente necessário que L. faça um trabalho imensamente bom.

Terça,
19 de janeiro

A melancolia de L. continua, tanto que ele declarou de manhã que não conseguia trabalhar. O resultado foi um dia um tanto melancólico. Lá fora está muito frio & cinzento também. Caminhamos pelo Richmond Park à tarde; as árvores todas negras & o céu pesado sobre Londres; mas há cor suficiente para tornar este dia ainda mais bonito do que os dias claros, acho eu. Os veados têm exatamente a mesma cor das samambaias. Mas, como eu ia dizendo, L. estava melancólico. A única coisa que posso fazer é desdizer o que eu disse, & dizer o que de fato eu queria dizer. É um mau hábito escrever romances – falsifica a vida, acho. No entanto, depois de elogiar muito sinceramente o que L. escreve por 5 minutos, ele disse: "Pare"; diante do que eu parei, & não há mais nada o que dizer. Quando analiso o humor dele, atribuo grande parte à sua completa falta de confiança na potência de sua escrita, como se talvez ele não fosse um escritor; & sendo ele um homem prático, sua melancolia é bem mais profunda do que a melancolia meio fingida dos que se preocupam com o que os outros podem pensar, como Lytton & Sir Leslie & eu. Não há como discutir com ele.

Bem, estou lendo *O idiota*. Muitas vezes não consigo suportar o estilo; ao mesmo tempo, ele parece ter o mesmo tipo de vitalidade que tinha Scott; só que Scott criava apenas magníficas pessoas comuns, enquanto D. cria maravilhas, com inteligências muito sutis & sofrimentos medonhos. Talvez a semelhança com Scott se deva em parte ao estilo solto, livre & fácil da tradução. Também estou lendo Michelet, caminhando a duras penas pela monótona Idade Média; & a vida de Fanny Kemble. Ontem no trem li *The Rape of the Lock*,[29] que me parece "supremo" – quase sobre-humano em sua beleza & brilhantismo – não dá para acreditar que tais coisas tenham mesmo sido escritas. Acho que um dia eu deveria escrever um livro sobre "os excêntricos". Mr. Grote pode ser um. Lady Hester Stanhope. Margaret Fuller. Duquesa de Newcastle. Tia Julia?[30]

Quarta, 20 de janeiro

Tendo concluído um capítulo, saí para comprar coisinhas durante uma parte da manhã – Por exemplo, vi uma massa rosada na peixaria & a comprei: ovas de bacalhau. Então fiz cópias de carbono de algumas anotações de L. sobre arbitragem. O efeito da natureza aliviou o estado de espírito dele mais do que os argumentos de sua mulher – além disso, o dia estava bonito. Enfim, agora podemos esperar que ele comece, o que é o mais importante. Ele foi até a School of Economy[31] depois do almoço; & eu para Westminster. Quero ver o máximo possível de casas. Mas na Barton Street o aluguel é £130 – & isso é um preço baixo, por causa da guerra. Westminster, silencioso & sombreado pela abadia, é praticamente o coração de Londres. Àquela altura chovia. Fui para a Days & descobri que meus livros já tinham sido enviados. Quando tentei lembrar o nome de um deles, foi um fracasso total; deve ser isso que se sente ao prestar um exame. Li *Essay upon Criticism*[32] esperando meu trem em Hammersmith. Os clássicos fazem o tempo passar muito melhor do que a *Pall*

Mall Gazette. Maynard Keynes veio jantar. Nós lhe servimos ostras. Ele é como mercúrio numa prancha inclinada: um pouco inumano, mas de um modo gentilíssimo, como as pessoas inumanas são. Fofocamos um pouco a toda velocidade sobre Adrian & Karin (Adrian faz amor num volume alto & judicioso)[33] &, é claro, sobre Marjorie & Jos. Nesse ponto, embora amistoso & muito divertido, achei K. meio inumano. Ele enxergava a esquisitice & a graça, mas não parecia ver que a coisa podia ser séria. Foi tudo uma trama de Nessa & Ottoline, disse ele. Então falamos sobre a guerra. Não estamos combatendo agora, diz, apenas aguardando a primavera. Enquanto isso, esbanjamos dinheiro numa escala que deixa os franceses, que estão num canto amedrontados, boquiabertos de admiração. Estamos destinados a vencer – & em grande estilo, aliás, depois de por fim ter dedicado todos os nossos cérebros & riquezas ao problema.

Quinta, 21 de janeiro

Maynard na noite passada estava cético quanto ao valor de se escrever sobre arbitragem. Estava cético quanto ao valor de praticamente qualquer trabalho, salvo pelo prazer que dá a quem trabalha. Ele só trabalha porque gosta. Isso, é claro, deprimiu o pobre L. mais uma vez. Estava muito melancólico pela manhã & teve de ir passar o dia no British Museum, o que em si já é ruim o suficiente, mesmo quando se acredita no próprio trabalho maçante. Ainda assim, acho que será um enorme sucesso & que, mesmo que não evite outra guerra, há de colocá-lo entre os jovens eminentes de hoje, o que não é de se desprezar. Fui à London Library – um espaço cultural estagnado defumado que eu detesto. Ali li Gilbert Murray sobre a imortalidade, peguei um livro para L., & depois, fui para casa; perdi o trem & li a carta do dr. Arbuthnot na Hammersmith Station. L. chegou tarde, pois foi a Hampstead ver Janet, que parece continuar na mesma, mas creio que será assim mesmo durante meses. Emphie chateada com Margaret, que aconselha uma cura de repouso como se deve, "coisa que a paciente não faz por conta própria". Sylvia Milman veio jantar – Depois de um bom tempo reverenciando a China (que ela diligentemente visitou, em sua missão de estar na vanguarda) passamos às lembranças de infância, o que me divertiu, mas, receio, entediou L. Ninguém teve lar mais tedioso que o dela; mas graças unicamente ao trabalho duro, sem uma gota de talento, ela conseguiu arrastar-se atrás dos vanguardistas, i.e. Nessa, & hoje mora num apartamento, guarda dinheiro para viajar & colabora na Omega. Ida está trabalhando como enfermeira na França; Enid & Maud criando galinhas. Obviamente tinha coisa boa no deão;[34] embora nunca uma faísca sequer de entusiasmo. Ela foi ficando, ficando, até L. estar a ponto de se levantar da sua cadeira.

Sexta,
22 de janeiro

Quando L. abriu as cortinas esta manhã, praticamente não entrou nenhuma luz; lá fora havia uma espécie de confusão cinzenta – neve macia rodopiando, incessante. Assim foi durante quase o dia inteiro, às vezes mudando para chuva. O Green está adorável; & ilumina o quarto com seu clarão branco & puro. Mas as ruas logo ficam marrons. Claro que, nesta Casa da Confusão, os canos explodem; ou entopem; ou o teto se abre em dois. Seja como for, no meio da manhã ouvi um barulho de água correndo no lambril; & desde então Mrs. Le Grys, Lizzie & diversas pessoas têm subido no telhado. A água ainda pinga do teto numa fileira de penicos. Mrs. Le Grys grita histericamente: "Ah, não se preocupem, temos seguro!". O encanador se recusa a sair de casa num tempo desses. Vamos escutar os fabianos no Essex Hall. Aposto que seremos arrastados das nossas camas esta noite. É um inverno esquisito – o pior que já vi, muito apropriado para a guerra & todo o resto. Ontem não disse que recebi resposta de Thomas Hardy! Ele escreveu uma carta muito gentil, muito característica, & ficou muito satisfeito por eu ter-lhe escrito. Então aquele impulso noturno veio de Deus.

Sábado, 23 de janeiro

Valeu realmente a pena ter ido escutar os fabianos: & mais ainda vê-los. Mrs. Atkinson falou longamente sobre a paz – consegui entender tudo, em todos os momentos, & em termos gerais refutar o que ela disse; de modo que acho que deve ter sido bem ruim. O interessante foi ver Mrs. Webb, sentada como uma aranha industriosa à mesa, tecendo suas teias (um trocadilho!)[35] incessantemente. O lugar estava lotado de mulheres sérias & desmazeladas, que em casa são consideradas "esquisitas" & se orgulham disso; & de rapazes amarelados de cabeleira farta & narizes largos em ternos marrons de tweed. Todos pareciam doentios & singulares & impotentes. O único discurso que valeu qualquer coisa veio de Squire, que usa uma camisa de tom azul vivo & cultiva uma aparência divertida. Ele disse que tudo aquilo era muito maçante & sensato – & era mesmo; & a ideia de que essas aranhas frágeis possam vir a afetar o destino das nações me parece fantástica. Mas valeu muito a pena ter ido – & agora me declaro uma fabiana. Ficamos em Richmond o dia inteiro. Caminhamos rio acima & nos sobressaltamos com a queda repentina de uma avalanche de neve de um telhado. Estava muito frio & enevoado. Jean nos pediu para ir escutar alguém do VAD[36] cantar, mas a lareira após o chá estava tentadora demais. Oliver & Ray[37] jantaram conosco. Oliver o de sempre, muito rápido, impaciente & um tanto irritadiço. Ray sólida & capaz & apaziguadora. Conversamos sobre a guerra, & Marjorie. "Não consigo nem *pensar* nisso. É revoltante *demais*", O. estremeceu, depois de dizer que M. deve é claro ir morar com Jos como sua amante. Ray diz que para ela o mundo se divide entre aqueles que são bons o bastante para nos apaixonarmos & os que não são – & Marjorie não é. Eles acham que ela está apaixonada – mas apaixonada também pelo drama da situação. Também compartilham de nossos receios – mas concordam que qualquer coisa no caso dela é melhor do que nada.

Domingo, 24 de janeiro

Ontem à noite no meio do jantar, Molly nos telefonou para saber se ela & Desmond podiam vir almoçar aqui hoje. Oliver exclamou que ele por acaso sabia que Desmond tinha prometido almoçar com Henry James.[38] Informamos isso a Molly. Para ela era novidade. De modo que ela veio sozinha, por volta das 12h30. Mergulhamos é claro nas fofocas de Gordon Square. Ela sofreu tremendamente este inverno, graças a uma série de confusões com Clive, cuja natureza bem posso imaginar; mas se foi ele que se entediou primeiro ou se foi ela que se indignou, já não sei. Seja como for, como eu poderia prever, depois de violentas cenas que perduraram por quase dezoito meses, os dois romperam relações, & ele fala mal dela, & ela fala mal de si mesma – por ter lhe dado ouvidos um dia. Mas acha que serem conhecidos que saem de vez em quando não vai servir para ele – "conversa de festa de jardim", é como ele chama isso – & sente que a intimidade nesses círculos leva a uma espécie de empoeiramento da alma. Bem, ela terminou; & agora levará Desmond a Freshwater por nove meses, para que viva com pouco dinheiro & escreva um romance. Essa é a última tentativa – & parece um pouco desesperada. Ele virá para a cidade uma vez a cada seis semanas. Ela deverá cuidar de três crianças & da casa contando apenas com uma criada. E faz votos de nunca mais voltar ao turbilhão. Para completar, eles brigaram com a mãe dele, & perderam o direito a £100 por ano; de modo que precisam viver com £350, o que inclui o artigo semanal de Desmond na *New Statesman*. Ela foi incoerente, desatenta & fragmentária como de costume; como uma tracinha cinzenta em meio às máquinas. L. foi visitar a mãe dele; eu fui ver Jean, que encontrei sentada de veludo preto num quarto parecido com um restaurante barato com luzes brilhantes. E teve a velha Mrs. Thomas também, tricotando incessantemente, & conversamos sobre encanamentos & soldados; & então, voltei para casa, para uma noite tranquila graças a Deus.

Segunda, 25 de janeiro

Meu aniversário – & deixe-me contar todas as coisas que ganhei. L. tinha jurado que não me daria nada, & como boa esposa acreditei. Mas ele veio sorrateiro até minha cama com um pacotinho que era uma linda bolsa verde. E trouxe o café da manhã, com um jornal que anunciava uma vitória naval (afundamos um navio de guerra alemão) & um embrulho marrom quadrado com o *The Abbott* dentro – uma primeira edição linda – Portanto tive uma manhã muito feliz & agradável – que realmente só foi superada pela tarde. Fui então levada à cidade, de graça, & mimada, primeiro no cinema, depois no [salão de chá] Buszards. Acho que havia dez anos que eu não era mimada no meu aniversário, & a sensação era exatamente esta – pois era um lindo dia gelado, tudo animado & alegre, como deve ser, mas nunca é. O cinema foi um pouco decepcionante – pois não conseguimos ver os filmes da Guerra mesmo depois de esperar uma hora & meia. Mas em compensação apanhamos um trem direto no último segundo & tenho estado muito satisfeita lendo o que papai escreveu sobre Pope, que é muito espirituoso & inteligente – não há uma única frase mortiça. Sinceramente não sei quando desfrutei tanto de um aniversário – pelo menos não desde que era criança. Durante o chá decidimos três coisas: em primeiro lugar ficar com Hogarth [House], se pudermos; em segundo, comprar uma prensa móvel; em terceiro, comprar um buldogue, que provavelmente se chamará John. Estou muito empolgada com a perspectiva das três – especialmente da prensa. Também ganhei um pacote de caramelos para levar para casa.

Terça, 26 de janeiro

L. foi até a School of Economics pela manhã; escrevi, como de costume, junto à lareira, com uma ou outra interrupção de Lizzy, que parece um cavalo novo de carroça, de pelo grosseiro & cascos enlameados. Depois do almoço, encontrei L. nos portões de Kew Gardens & voltamos a pé para Richmond pelos jardins, que agora parecem estar fervilhando de brotos & bulbos, embora não se veja nem uma folhinha. Ele já pegou o tom da arbitragem dele – assim é a mente masculina – &, bem vejo, seguirá direto agora, & (aqui faço minha profecia) será um grande sucesso & lhe trará tanto trabalho quanto ele deseje. Conforme Molly suspirou: "Deve ser maravilhoso ter um marido que trabalha!". Acho que seria estranhíssimo ter um que não trabalhasse... Mrs. Woolf & Clara[39] vêm para o jantar, portanto preciso parar aqui.

Quarta,
27 de janeiro

Mrs. Woolf & Clara vieram para o jantar. Não sei o que há nelas... ouso dizer que é melhor não tentar definir o quê. Talvez suas vozes, em parte? – talvez em parte suas maneiras. Enfim, elas nos trouxeram flores & chocolates. Mrs. W. ficou sentada, tricotando. Clara fumou. Acho que as judias são de certa maneira insatisfeitas. Clara é. Mrs. W. tem a mente de uma criança. Diverte-se com tudo, & no entanto não entende nada – diz o que quer que lhe venha à cabeça – tagarela sem parar, ora de bom humor, ora de mau humor. Parece gostar de todos igualmente, como se todos fossem iguais. Contou-nos como costumava ir se deitar com um cesto de meias ao seu lado, para poder começar a cerzir assim que acordava de manhã.

Leonard foi até a School of Economics hoje. Escrevi, & em seguida fui ver Janet. Emphie & a cozinheira estão com gripe – fui recebida por uma irmã mais velha – uma senhora de idade sagaz & sensata, que vem cuidando das coisas. Janet parecia melhor, & disse que se sentia melhor. Conversamos sobre meu romance (que todos, assim prevejo, jurarão que é a coisa mais brilhante que já leram; & secretamente irão reprová-lo, como de fato ele merece ser reprovado)[40] & sobre Shelley, & os poetas & sua imortalidade. Ela disse que na juventude teria desaprovado as relações de Shelley com as mulheres... Mas a irmã mais velha vinha espreitar de quando em quando, o que tornava constrangedor conversar sobre moral. Para casa & terminei Pope, & então, cama.

Quinta,
28 de janeiro

Leonard saiu de novo para almoçar com os Webb, & terá reunião do comitê. Mais uma vez escrevi. Todos esses dias, devo observar, têm sido meio escuros, clareando um pouco por volta das 3h da tarde, antes do seu mergulho derradeiro na escuridão; no entanto, acho que essa escuridão é a escuridão do início da primavera, & não mais a escuridão do inverno. Decidi ir a Londres só para escutar o rugido da Strand, o que bem se pode querer, eu acho, depois de um ou dois dias de Richmond. De certo modo, não se pode levar Richmond muito a sério. Sempre é preciso vir até aqui para um passeio, suponho, & isso faz parte do seu encanto, mas de vez em quando desejamos vida de verdade. Enquanto me vestia, meu relógio de pulso caiu no chão, & ao me sentar para tomar o chá na Strand, percebi que os ponteiros estavam parados às 4h30, embora o relógio continuasse ticando. De modo que o levei à Frodsham's, na South Molton Street, onde fiz muita troça com os McCabe & o fato de o relógio estar há mais de 60 anos na minha família.[41] Frodsham afirma ser o único relojoeiro genuíno de Londres: o resto são joalheiros. Vi uma mulher linda no ônibus, que mal conseguia conter o riso porque um enorme cavalheiro de uniforme militar foi atirado em seu colo como um saco de carvão, o que aparentemente lhe dava muitas cócegas, & quanto mais ela ria, mais bonita eu a achava. Só cerca de uma pessoa me parece bonita a cada quinze dias – a maioria não me parece nada. Para casa & encontrei L. triunfante em relação à sua reunião de comitê. Ele pode fazer o que quiser: & Squire está dando indiretas de que gostariam que ele editasse o suplemento dos "Blue Books".[42] Bem, "eu te disse..." Hoje chegou uma nova criada. Lizzy se foi, carregando um embrulho de papel pardo & assoviando alto... para onde terá ido?

Sexta,
29 de janeiro

Devo dizer "hoje nada aconteceu", como costumávamos fazer quando nossos diários começavam a morrer? Não seria verdade. O dia se parece muito com uma árvore desfolhada: tem toda espécie de cores, se olharmos bem de perto. Mas o contorno é simples. Trabalhamos: depois do almoço caminhamos até o rio, até aquela enorme construção medieval que avança rio adentro... Acho que é um grande moinho de água. E voltamos cedo, para que L. pudesse tomar o chá antes de ir a um comitê em Hampstead. Depois disso comprei comida, & não observei nada de muito interessante. Mas o fato principal do dia para mim foi um certo incômodo vago causado pelo caráter excêntrico da nova criada, Maud. Quando se fala com ela, estaca onde está & olha para o teto. Irrompe no quarto "só para ver se os senhores estão ali". É uma mulher angulosa de uns quarenta anos, que nunca fica no mesmo lugar por muito tempo. Acredito que esteja sempre com medo de alguma coisa. Põe os pratos sobressaltada. Mrs. Le Grys disse que ela mesma está enlouquecendo com as peculiaridades de Maud. Ela acabou de anunciar que é filha de um coronel. Estou certa de que sua cabeça está cheia de ilusões, pobre criatura; & nada me surpreenderia. A pergunta é como ela consegue existir.

Sábado, 30 de janeiro

L. foi à Chancellors esta manhã pela Hogarth. Agora estão sugerindo que Mrs. Wontner deseja ficar – mas darão a resposta na segunda-feira com certeza. Que grande aborrecimento. Tenho faro para casas, & essa era a casa perfeita, se é que um dia existiu uma. Fomos a Wimbledon à tarde, motivados pela informação de Savage de que havia uma bela casa para alugar. Wimbledon é um subúrbio triste, elevado, sombrio & ventoso, à beira de um charco degradado. E a casa de Savage, um casarão enorme, com aluguel de £150, mobiliado, na passagem dos ônibus a motor, de frente para a estrada. Portanto, não nos serve em nenhum aspecto. Voltamos para casa de ônibus; & o mundo foi se tornando gradualmente mais agradável à medida que nos aproximávamos de Richmond. Certamente esse é o melhor dos subúrbios, de longe, pois não é um ramo de Londres, não mais do que Oxford ou Marlborough. O dia estava gelado; tive a presença de espírito de lembrar que muitos motoristas de ônibus estão tremendo de frio, mas somente os cutucões no meu conforto me fazem lembrar dos outros – diferente de L. A obsessão secreta de M., creio eu, é ser uma dama. Ela tenta falar de modo refinado sobre o tempo, como bem faria uma filha de coronel, & quando vem trazer o carvão murmura qualquer coisa sobre estar acostumada ao trabalho doméstico. Com certeza é mais asseada que Lizzie. Espero que sua mania não piore. Meu calo se curou. Não consigo avançar na Idade Média de Michelet. L. tem de revisar "Blue Books" indianos. Ficou até tarde em Hampstead: só chegou em casa às 10h15, quando então tomamos chocolate quente junto à lareira. Leu "Three Jews" para Janet.[43]

Domingo, 31 de janeiro

Minha nossa! Brigamos praticamente a manhã inteira! & que linda manhã estava, mas agora se foi para sempre ao Hades, marcada com os sinais de nosso mau humor. Quem começou? Quem continuou? Deus sabe. O que sei é: eu explodo: L. fumega. Porém rapidamente fizemos as pazes (mas a manhã fora perdida) & depois do almoço passeamos pelo parque, passando na volta por Hogarth, & tentamos dizer que não ficaríamos muito desapontados caso não conseguíssemos a casa. De todo modo, não tem o Green em frente. Depois do chá, como ninguém veio nos visitar (mal vimos alguma pessoa essa semana) comecei a ler *The Wise Virgins*,[44] & li sem parar até terminá-lo, na hora de dormir. Na minha opinião é uma obra memorável; péssima em algumas partes; excelente em outras. É um livro para escritores, acho, pois talvez somente um escritor consiga enxergar por que as partes boas são tão boas, & por que as partes péssimas não são tão ruins. Parece-me ter o recheio de 20 *Duke Jones*, apesar das gafes que deixariam Mrs. Sidgwick de cabelo branco.[45] Lê-lo me deixou felicíssima: gosto do lado poético de L., que acaba ficando meio abafado com tantos Blue Books & organizações.

Segunda,
1 de fevereiro

Tive de fazer compras essa manhã, portanto passei na Chancellors. Disseram que Mrs. Wontner está impondo condições para permanecer com a Hogarth, portanto "é possível que não continue com a casa" – ou seja, mais uma vez estamos numa gangorra. E Mrs. Le Grys me contou essa manhã de uma casa no Green, a três portas de distância, que estará vaga em março. O aluguel é £65 & estão pedindo fiança de £75. Fomos vê-la depois do almoço, mas, por ser uma pensão, não pudemos entrar. O que vimos foi uma casa arruinada de todos os modos que se possa imaginar, mas ainda assim uma boa casa, substancial, sem os encantos da Hogarth, mas por outro lado com o bônus do Green. Fomos a Londres – L. à London Library: eu à Days. Atravessei o Green Park com ele. Na St. James houve uma explosão terrível; as pessoas saíram correndo dos clubes & quedaram imóveis, olhando ao redor. Mas não era nenhum zepelim ou avião – apenas um grande estouro de pneu, acho. Mas realmente é instintivo para mim, & para a maioria das pessoas, acho, transformar qualquer barulho repentino ou objeto escuro no céu em uma explosão ou avião alemão. E sempre parece absolutamente impossível que alguém termine ferido.[46]

Fiquei irritada como sempre fico na Days com a reunião de senhoras elegantes atrás de livros. Acabaram de nos telefonar da Chancellors, querem que vejamos o proprietário da Hogarth amanhã, pois possivelmente nossa presença & respeitabilidade superarão a de Mrs. Wontner, cujas exigências irritaram a Chancellors. Para falar a verdade, nesse momento parece bastante provável que a Hogarth seja nossa! Queria que já fosse amanhã. Tenho certeza de que é a melhor casa para nós.

Terça,
2 de fevereiro

Bem, já é amanhã, & com certeza estamos mais próximos da Hogarth do que antes. Não fizemos mais nada nem pensamos em mais nada o dia inteiro, portanto bem poderíamos lucrar –[47]

Sábado,
13 de fevereiro

Essa manhã tivemos um aguaceiro daqueles. Tenho certeza de que por mais anos que eu escreva este diário, jamais acharei um inverno que chegue aos pés deste. Parece completamente descontrolado. Escrevemos; & depois do almoço L. foi à Biblioteca & eu a um concerto no Queen's Hall. Encontrei Oliver Strachey por acaso, de pé no hall como um Strachey, porque não lhe agrada ficar sentado aguardando a música. Por sorte consegui um lugar excelente, pois o lugar estava quase lotado – & o concerto foi divino. Mas uma das coisas que decidi enquanto o escutava (é difícil não pensar em outras coisas) é que todas as descrições de música são um tanto inúteis, & bastante desagradáveis; tendem a ser histéricas & a dizer coisas que as pessoas sentirão vergonha de ter dito depois. Tocaram Haydn, Mozart n.8, o *Concerto de Brandemburgo*, & *A Inconclusa*. Ouso dizer que a performance não foi grande coisa, mas o fluxo de melodia era divino. Como era estranho tudo aquilo – essa caixinha de pura beleza incrustada no meio das ruas de Londres, & as pessoas – todas tão comuns, aglomeradas ali para ouvir música, como se não fossem nem um pouco comuns & tivessem ambição de algo melhor. À minha frente estava Bernard Shaw, agora um velho grisalho benevolente, & mais adiante na orquestra Walter Lamb, fulgurante em sua careca alabastrina como uma fonte de mármore. Fiquei irritada com um rapaz & uma moça ao meu lado que se aproveitaram da música para apertar as mãos um do outro & ler *A Shrosphire Lad* olhando umas ilustrações abjetas. E outras pessoas comiam chocolates & faziam bolinhas com o papel prateado. Fui ao banheiro na estação de metrô & encontrei uma festinha acontecendo naquele casto recinto. Uma velha tinha uma cadela enorme que bebia água de um copo, & suas filhas lhe faziam uma visita vespertina, & fomos todas muito amáveis naquele ambiente estranho – achei muito sensato não mostrarmos falsos pudores. Encontrei L. na Spikings & tomamos o chá, & estávamos felicíssimos, & paramos em Earls Court & passamos para ver a mãe dele, mas ela não estava. Fomos conduzidos a uma enorme sala de espera, onde estava uma senhorinha minúscula, à meia-luz, sentada na beirada de um sofá. Não poderia haver desamparo maior. L. acabou de conseguir do *Times* outro livro de viagens pela Índia. Ele estava crente de que seria dispensado.

Domingo, 14 de fevereiro

Chuva novamente hoje. Limpei a prataria, o que é algo fácil e proveitoso de se fazer. Philip veio, & ele & L. saíram para dar um passeio. Ele almoçou conosco & ficou conversando até as 3h30. Agora eles têm cada vez menos esperança de chegar ao front. Todos os oficiais de carreira são promovidos antes deles. Cecil tem uma metralhadora, o que talvez colabore para que ele seja chamado; & se for este o caso, quase certamente acabará sendo morto. Achei o pobre Philip bastante inquieto com essas perspectivas. Que irá fazer quando a guerra acabar? Ele acha que é melhor imigrar. Cecil gostaria de continuar no exército, algo que não se pode fazer, a menos que se tenha dinheiro, & nenhum dos dois tem um tostão. Quinhentas libras por ano valem muito mais do que beleza ou posição. Ele continuou conversando, desejando talvez falar sobre si mesmo, mas precisava voltar a Colchester, onde a única coisa suportável são as ostras. Os soldados, diz ele, estão sempre fazendo piada; & quanto piores vão as coisas mais piada fazem. Depois passeamos ao longo do rio, contra uma ventania gelada (que agora uiva lá fora) & felizmente voltamos para o chá; & agora estamos sentados como de costume rodeados por livros & papéis & tinta, & assim devemos ficar até a hora de dormir – mas tenho costura a fazer, ontem minha saia rasgou-se em duas. L. está escrevendo uma resenha do seu livro indiano. Agora estou lendo um volume seguinte de Michelet, que é soberbo, & a única história tolerável. Os vizinhos do lado estão cantando a mesma música que vêm praticando nos últimos 3 meses: um hino religioso. Por tudo isso bem se vê que não estou com vontade de consertar meu vestido & que não tenho mais nada a dizer.

Segunda, 15 de fevereiro

Não há nada a registrar dessa manhã, a não ser a minha convicção de que Mrs. Le Grys é a mulher de melhor temperamento da Inglaterra & que, se conseguir sua casa de vinte cômodos em Southampton, será um gigantesco sucesso. Basta dar a entender que queremos sabão de cachorro & ela dá um banho em Max (que estava precisando muitíssimo de um).

Nós dois fomos a Londres à tarde; L. à Biblioteca, & eu a dar umas voltas no West End, comprando roupas. Estou verdadeiramente em trapos. É muito divertido. Com a idade passamos a ter menos medo das atendentes das lojas elegantes. Essas grandes lojas agora mais parecem palácios de contos de fadas. Perambulei pela Debenhams & pela Marshalls & outras do tipo, comprando, imagino, com grande discrição. As atendentes são quase sempre muito amáveis, apesar dos seus cachinhos de cabelo preto. (Falando nisso, encontrei Walter Lamb na estação da Dover Street – Um cavalheiro de fraque, cartola, *slip*,[48] guarda-chuva &c. me abordou. Quase ri. Era o velho Wat. que tinha acabado de ir almoçar com a mulher de um parlamentar & de ver todos os figurões. A satisfação dele é impressionante: derrama-se por todas as partes.) Depois tomei o chá & dei umas voltas em Charing Cross no escuro, criando frases & situações sobre as quais escrever. Imagino que seja a melhor maneira de acabar morta. L. tomou chá na Gordon Sqre & lá encontrou Mrs. Hutchinson, que é a atual chama da vez, embora uma chama um tanto enfumaçada.[49] Enfim, Clive aprova nosso plano de criar um periódico,[50] & ele é um homem de negócios, não importa o que ele seja como artista. Comprei um vestido azul de dez [xelins] e onze *pence*, com o qual estou vestida neste exato momento.

1917

Agosto

Asheham

Sexta,
3 de agosto

Viemos a Asheham. Caminhamos desde Lewes. Parou de chover pela primeira vez desde domingo. Estão consertando o telhado & o muro de Asheham. Will revolveu o canteiro da entrada, deixando somente uma dália. Abelhas na chaminé do sótão.

Sábado,
4 de agosto

Choveu muito forte a manhã inteira. Jornais enviados a Telescombe, mas o sinaleiro emprestou-nos o *Daily News*. Correio em Southease à tarde. Na volta passei pelos Downs. Muito chuvoso. Trigo amassado pela chuva. Fiz estantes.

Domingo,
5 de agosto

Manhã cinzenta, que aos poucos foi-se abrindo numa tarde muito quente & ensolarada. Fiz um passeio pela trilha do M.[1] Vi três borboletas-pavão perfeitas & uma violeteira prateada; além de inumeráveis azuis comendo esterco. Todas recém-saídas enxameando a colina. Florzinhas desabrochadas em grandes quantidades. Encontrei cogumelos, a maioria nos vales, o bastante para um prato. Barbara & Bunny depois do jantar ficaram para o chá & o jantar.

Segunda,
6 de agosto[2]

Dia muito bonito & abafado. (Feriado bancário.) Som de banda em Lewes a partir dos Downs. De vez em quando se ouvem disparos. Caminhei pela colina mais atrás. Consegui muitos cogumelos. Borboletas em quantidade. Rubiácea, rapúncio-redondo, tomilho, manjerona. Vi um falcão cinzento – não o avermelhado de costume. Algumas ameixas no pé. Começamos a cozinhar maçãs. Ovos 2/9 a dz. de Mrs. Attfield.

Terça,
7 de agosto

Dia enevoado & estranho. Sol não estava forte o bastante para aparecer. Fui a Brighton depois do almoço. Prisioneiros alemães trabalhando no campo perto de Dod's Hill. Prisioneiros alemães trabalhando no campo perto de Dod's Hill riam com o soldado, & uma mulher passava. Fui ao píer, chá no Booth's; homens horríveis à nossa mesa; parei em Lewes na volta. Voltei de bicicleta a partir de Glynde. N. & L. foram apanhar cogumelos, & encontraram vários, & também amoras madurando, só não tem açúcar para geleia.

Quarta,
8 de agosto

Névoa de novo. Fui ao correio em Southease. Pé de L. péssimo. Vi bancos de madeira da igreja de Rodmell sendo colocados na locomotora agrícola; um homem sem mão, no lugar um gancho. Encontrei Mrs. Attfield com uma galinha morta num embrulho, achou morta nas urtigas, a cabeça torcida, talvez por uma pessoa. Para casa pelos Downs. Boa colheita de cogumelos mais uma vez, melhor nos vales. Alix veio; tempestade depois do chá, depois tempo bom.

Quinta,
9 de agosto

Fui apanhar cogumelos com Alix: L. ficou serrando lenha, pois o pé estava ruim. Bunny veio, & subiu no telhado para ver abelhas; não as levou: devem ficar até o outono.

Sexta,
10 de agosto

L. à conferência do Trabalhista em Londres. Dia bonito de novo. Alix & eu aos morros pelas amoras. Nós as encontramos em trechos bastante abundantes. As criadas apanharam cogumelos enormes chamados de cogumelos "prato"; os outros são "nativos", dizem os Wooler.

Sábado,
11 de agosto

Piquenique perto de Firle, com os Bell &c. Passaram prisioneiros alemães, cortando trigo com foices. Policial & mulher com servente galoparam pelos morros. A chuva veio depois do chá, portanto acendi uma lareira com a lenha. Henry [o cachorro dos Bell] nos seguiu até em casa, mordeu Will & assustou as criadas.

Domingo,
12 de agosto

Caminhei por aí colhendo cogumelos. Perna de L. continua ruim. Vi uma enorme lagarta verde no vale, com três manchas roxas de cada lado da cabeça. Cogumelos velhos & pretos. Cogumelos do cavalo afloraram em grandes círculos, mas muito poucos dos autênticos. N. & Lot. para Charleston.

Segunda,
13 de agosto

Fui a Lewes com Alix: ela nos deixou na High St. L. foi ver a perna; provavelmente uma torção. Feira em Lewes. Bezerros enrolados em estopa sobre a plataforma. Voltei a pé a partir de Glynde. Saí a apanhar cogumelos antes do jantar; praticamente cada folha de grama tinha borboletas-azuis sobre ela. Encontrei pouquíssimos cogumelos, depois de ver o pastor trazer uma saca de manhã. L. avisou que Will ia explodir vespeiros depois do jantar, portanto fomos ver: muito fedor, explosão, enxames de vespas. Isso foi feito duas vezes no vespeiro perto do buraco no muro.

Terça,
14 de agosto

A apanhar cogumelos & amoras; os círculos de cogumelos do cavalo parecem dar fim nos outros: só conseguimos uns poucos. Encontramos G.L.D. [Goldsworthy "Goldie" Lowes Dickinson] ao chegarmos. Pastor nos ofereceu uma saca de cogumelos, mas eram todos do cavalo, inofensivos, mas fomos medrosos demais para experimentar. Muro concluído agorinha – nenhuma maravilha.

Quarta,
15 de agosto

Nessa, Mabel & as crianças vieram para o chá. Nossa flor rosa, diz ela, é flox: não goivo. Fui ao vale sem sucesso, mas Nelly encontrou mais cogumelos no alto. As Co-ops vão permitir mais açúcar, portanto agora podemos fazer geleia. Eles voltaram para casa às 10h pelos Downs. Quentin comeu até quase passar mal durante o chá.

Quinta,
16 de agosto

L. & G.L.D. jogaram xadrez a tarde inteira. Fui ao correio em Southease; a igreja está rodeada de andaimes & os velhos painéis de madeira encostados junto à parede; pedreiros sentados ao portão. Mulher me pediu para chamar seus filhos remando no rio: eles não queriam voltar para casa. L.S. [Lytton Strachey] chegou. Foi ao vale.

Sexta,
17 de agosto

Todos esses dias têm sido muito bonitos, quentes, céu azul, vento um tanto forte. O mesmo hoje. L.S. escreveu no terraço pela manhã. G.L.D. & L. jogaram xadrez aqui à tarde. G.L.D. decidiu ir a Guilford, portanto caminhamos até Beddingham com ele. O pé de L. está melhor, mas piorou com a caminhada. Não encontramos cogumelos, achamos que a chuva os fez brotar prematuramente. Nada de fermento, portanto tivemos de comer pão da padaria, q. é mto sem graça & seco.

Sábado,
18 de agosto

Fui a Lewes, com um prisioneiro, fui ao cinema; comprei diversas coisas. Fui apanhar K.M. [Katherine Mansfield] – o trem dela muito atrasado. Comprei uma dúzia de raízes de lírio & umas plantas de folhas vermelhas que colocamos no grande canteiro.

Domingo,
19 de agosto

Sentei no vale & encontrei a lagarta agora se transformando em crisálida, a que vi outro dia. Uma visão horrenda: a cabeça virando-se de um lado para o outro, a cauda paralisada; cor marrom, manchas roxas mal identificáveis, como uma cobra em movimento. Nada de cogumelos. Caminhei pelas colinas com L.S. B[unny] & Mr. [Edward] Garnett para o jantar.

**Segunda,
20 de agosto**

(English Maryland. 11d., Estação S. Kensington)³

Para Firle depois do chá pelas colinas. O vento anda soprando a lanugem do cardo esses últimos dias. Pastor disse que os cogumelos vêm por uma quinzena & somem por uma quinzena. Ainda muito bonito o tempo, sempre o vento S.E., bastante forte. Para casa pelos campos. Boa parte do trigo teve de ser cortado à mão. Os homens ainda trabalhando & as mulheres também às 7h.

**Terça,
21 de agosto**

L. para Londres para segunda conferência. Muito quente. L.S. foi a Charleston depois do chá. K.M. & eu passeamos na trilha do M. Começa a soprar a lanugem do cardo. Vi *Silver Queen* na colina, indo na direção de Brighton & voltando em seguida.[4] Uma grande quantidade de aviões sobrevoou a casa. A maioria das borboletas tem manchas vermelhas no pescoço – algum parasita. Plantei uma flor vermelha com bulbo que Mrs. Wooler deu a Nelly – alguma espécie de lírio.

**Quarta,
22 de agosto**

L. comprou dez maços de cigarro para mim: suspenderam a importação.

L. foi para Londres novamente para ver o homem do Ministério das Relações Exteriores. Muito calor & vento novamente. Cardos florindo em frente à casa & no campo, em abundância. K.M. partiu depois do almoço no cabriolé do Ram,[5] que também levou a mala de Lytton [Strachey]. Dois cortadores de grama, com 3 cavalos cada, ceifando o trigo do outro lado da estrada. Ceifando & ceifando em círculos: terminaram o último trecho por volta das 5. Trigo já colhido & posto nos campos em frente ao rio. Comemos batatas da horta. Houve um ataque aéreo hoje. Ramsgate.

Quinta,
23 de agosto

Feliz de estar sozinha. Perna de L. curada agora. Lottie enjoada de comer ameixas em Charleston. Caminhamos pelo topo, encontramos alguns cogumelos, & descemos pelo vale seguinte, na esperança de alguns, mas nada. Estranho que eles se limitem a Asheham. Névoa & chuva; mas no geral tempo bonito, vento muito forte. Urze crescendo no topo, fazendo com que pareça roxo: nunca vi isso ali antes.

Sexta,
24 de agosto

Vento ainda mais forte. Nelly foi a Lewes apanhar livro enviado para resenhar; quase foi soprada para longe da ponte. Caminhamos, assustamos falcão no vale, & encontramos as penas de um pombo, ele havia carregado o pássaro.

Sábado,
25 de agosto

Madeira da igreja tão carcomida que deixava serragem na grama onde a colocaram.

Fui ao correio em Southease. L. trabalhou no jardim. Outro dia de vento. Vendo a igreja rodeada de andaimes, entrei, encontrei o assoalho levantado, os bancos levados embora, escadas por toda parte. Um aviso dizendo que o restauro custará £227. A igreja está ali desde 966 d.C. Buracos na torre & teto à mostra. Homens carregando o trigo em carrinhos no campo ao lado da estrada.

Domingo,
26 de agosto

Queríamos fazer um piquenique em Firle, mas começou a chover quando estávamos nos aprontando, portanto fomos ao correio em Beddingham em vez disso. Deixei meu impermeável na sebe &, como a chuva estava muito forte, ficamos ensopados. Choveu muito & sem parar a noite inteira; ainda estava chovendo violentamente quando fomos nos deitar. É o primeiro dia de mau tempo que tivemos; apesar disso, a manhã foi bonita. O vento forte dos últimos dias fez caírem as folhas, embora apenas umas poucas árvores tenham começado a mostrar cores de outono. Andorinhas voando em grandes números muito baixo & depressa no campo. O vento derrubou algumas nozes, mas estão verdes; as vespas abrem buracos nas ameixas, por isso teremos de colhê-las. Meu relógio parou.

Segunda,
27 de agosto

Tencionávamos ir a Eastbourne, para consertar meu relógio, entre outras coisas, mas por volta das 12 não só ventou muito forte como também choveu. O campo repleto de andorinhas, & folhas caídas em grandes quantidades, daí que as árvores já parecem mais finas. L. acha que as andorinhas são atraídas até o vale pelo vendaval, na esperança de haver moscas abrigadas naquele esconderijo. Andorinhas & folhas rodopiando parecem quase a mesma coisa. L. levou manuscrito ao trem para Londres em Glynde. Depois passeamos pela trilha do M. até a colina; apanhamos algumas amoras: os arbustos coalhados delas; & alguns cogumelos. Tanto era o vento & a chuva entretanto que ficamos encharcados & tivemos de voltar para casa. Acendemos lareira depois do chá. Nós a temos acendido depois do jantar, mas não depois do chá. Choveu constantemente; entrou água pela porta do jardim.

Terça,
28 de agosto

Outro dia tenebroso. Folhas & andorinhas arrastadas pelo vento no campo; o jardim descomposto. Galhos caídos pela estrada; agrostemas no chão; chuva de ensopar. Criadas iam a Brighton, mas desistiram. Esquecemos de pedir carne, portanto tivemos de caminhar até Firle. Ventania às nossas costas sem parar. Uma árvore caída num canto perto do lago; fazia um som amedrontador quando passávamos por baixo. Mas a chuva parou, & havia um trecho de céu azul sobre as colinas. Comércio fechando mais cedo em Firle. Quitandeiro separando cupons sob a luz do poste. Linha telefônica quebrada pela ventania. Para casa com o vento às costas, mas tempo seco. Prisioneiros alemães agora trabalhando para Hoper:[6] trabalham muito bem, dando-lhes o chá às 4h30, algo em que insistem, trabalham uma hora a mais. Impossível transportar trigo com um tempo desses. Gunn vem muito raramente. Colheita que estava ótima agora dizem estar arruinada. Chuva começou de novo à noitinha. Precisamos de uma vela para terminar o jantar. Lareira acesa antes do jantar.

Quarta,
29 de agosto

Outro dia horrível, apesar do vento menos furioso. Andorinhas voando mais alto. Jornais dizem que a tempestade se estendeu por toda a Inglaterra. Chuva tremenda à tarde, mas parou, & fomos ao correio em Southease, discutindo sobre educação; voltamos pelo morro; uma bela noite – um enorme sol surgiu enquanto jantávamos, & pôr do sol pela primeira vez desde sábado.

Quinta,
30 de agosto

Não está exatamente chovendo, mas escuro, daí que as criadas foram a Brighton. Fui aos Downs; L. cortou a grama do jardim. Árvores tornaram-se marrons de repente & enrugadas nos seus lados expostos, porém continuam verdes onde estão protegidas; como se tivessem secado pelo sol escaldante. Nenhum sinal de outono. Borboletas azuis desbotadas & esfarrapadas. L. foi picado no tornozelo por uma vespa. Ele cortou o ninho delas sem querer. Barbara & Nick Bagenal vieram para o chá & o jantar, que tivemos de dar um jeito de preparar para eles, estando as criadas fora. A chuva caiu depois do jantar novamente, mas o vento cedeu bastante.

Sexta,
31 de agosto

Último dia de agosto muito bonito. Vento suave, & o tempo gradualmente melhorando & ficando mais quente de modo que nos sentamos lá fora no terraço depois do chá. L. cortou o gramado novamente, & eu fui aos campos alagadiços & depois os rodeei até a estrada, por cima das colinas, arrastando-me atrás do velho Bosanquet. Vi um rebanho de vacas no alto da colina conduzidas por um soldado & um homem num grande cavalo preto. Visão estranhíssima. O cogumelo parece estar extinto. Depois do jantar, como ainda estava quente & claro, apanhamos o vespeiro & deixamos que queimasse por muito tempo, mas quando saímos vespas ainda enxameavam na boca. Grande questão a do frango de Mrs. Wooler; que o oferece por 2/6. Ovos agora aumentaram para 3/– a dúzia. Linguiças chegaram.

Sábado,
1 de setembro

Apesar de uma noite enluarada perfeita, escuridão sobre os Downs esta manhã. Horrível como de costume. Porém ventou tão forte que parou de chover à tarde. Fomos ao vale, assustamos uma grande lebre & depois vimos um homem atirar. Na verdade, tinham atirado em pombos muito próximos de nós. Demos a volta & subimos até o topo. Agora parece meados de outono ou mesmo início de inverno, pela aparência das coisas. Árvores de uma feia cor de chumbo, como se enrugadas, flores destruídas & marrons; mal voam borboletas. L. para Lewes encontrar Mrs. W[oolf]. & B[ella Woolf] que chegaram aqui por volta das 7. Outra linda noite. Uma grande coruja branca, como uma gaivota, sentou-se no gradil & saiu voando. Cogumelos começaram a brotar no meu canteiro. L. levou vespas.

Domingo,
2 de setembro

Tempo incerto, ventoso, com chuvas pela manhã; mas o sol pareceu ganhar a melhor aos poucos & a tarde foi bonita. Pela trilha do M., numa ventania, com as visitas. Falcões, mas não vi mais nada. Uma noite magnífica, quente no terraço, & luz sobre os Downs até depois das 9. Previsões de um setembro de bom tempo. Segundo os jornais, na maioria dos lugares choveu em todos os dias de agosto – um dos piores registrados, portanto tivemos sorte. H.W. [Herbert Woolf, irmão de Leonard] & M.A. [Martin Abrahamsom] se foram depois do chá.

Segunda,
3 de setembro

Dia perfeito; totalmente azul & sem nuvem ou vento, como se estável para sempre. Vi um cão pastoreando ovelhas. Gralhas começando a voar sobre as árvores, tanto pela manhã quanto à tarde, às vezes com estorninhos. Mrs. W. & B. se foram depois do almoço. Levaram-nos a Lewes com elas. Perguntei do relógio; mas não poderão consertá-lo antes de 3 meses. Botas aumentaram para 40/– mas encontrei um velho par por 15/ numa lojinha, q. comprei; depois encontrei um bom par no armário da cozinha em casa. Voltei de trem; L. de bicicleta. Foi numa linha reta atravessando os campos de Glynde, um caminho ótimo. Encontrei Nelly trazendo caixa da Co-op, portanto caminhei com ela. Noite tão boa que fomos novamente ao vale. Vi um ponto brilhante, que não conseguimos encontrar quando nos aproximamos. Bela Dama [*Vanessa Cardui*] vista perto de Glynde.

Terça,
4 de setembro

Acordei com a casa numa névoa. Já tínhamos visto isso nos prados à noite. Clareou, & o dia foi perfeito, quase sem vento. À tarde começamos a colher as maçãs; eu as mais baixas & L. as altas, com uma escada de fazendeiro. No meio, chegaram Clive & Mary, portanto tive de parar. Ficaram para o chá & o jantar, & voltaram a pé pelas colinas.

Quarta, *5 de setembro*	Outra manhã bonita. Caminhei, & L. cuidou do jardim. Vi uma cólia amarela [borboleta] no topo – de um amarelo muito profundo a primeira em muito tempo. Nuvens formaram-se sobre o mar, & começou a chover na hora do chá; depois grandes trovoadas, & relâmpagos. Difícil distinguir o trovão dos tiros. Prisioneiros alemães atravessaram o campo a pé. Agora estão ajudando na fazenda. Trigo na estrada ainda em medas por transportar. Criadas ficaram em Charleston a noite inteira; disseram que houve tiros além dos trovões.
Quinta, *6 de setembro*	Ao correio em Southease. Um dia bonito, mas nada específico a se observar.
Sexta, *7 de setembro*	Para Lewes, via Glynde, & o novo caminho atravessando os campos, até a estação. Fiz compras, & voltei esperando encontrar Pernel [Strachey], mas ela não veio. Um dia muito quente, abafado. Uma cobra, de grama, com uns 60 cm, retorcia-se na trilha à nossa frente.
Sábado, *8 de setembro*	Fomos apanhar amoras no topo. Encontrei o bastante com folga para um pudim. Uma nuvem cobriu os campos todo o dia, a não ser no fim da tarde, quando o sol se pôs por baixo dela de um modo estranho. Pernel veio, depois Philip M[orrell]., depois Sydney W[aterlow]. quando nos sentávamos para jantar.
Domingo, *9 de setembro*	Um dia quase imóvel; nada de céu azul; quase como um dia de inverno, a não ser pelo calor. Muito silencioso. Piquenique em Firle à tarde. Nessa & cinco crianças chegaram depois que terminamos; sentaram em frente às árvores. Voltei a pé para casa pelas colinas. Céu vermelho sobre o mar. Bosque quase tão ralo quanto no inverno, mas com pouquíssima cor.

Segunda,
10 de setembro

Ao correio em Southease, mas minhas botas doíam nos pés, por serem tão grandes, daí que nos sentamos, & L. seguiu caminho. Um dia perfeito um tanto enevoado, mas sem nuvens, tranquilo & muito quente. Um som como o de chuva com frequência: eram folhas caindo. Prisioneiros alemães empilhando trigo nos fundos da casa. Assoviam bastante, melodias muito mais completas do que as de nossos trabalhadores. Uma jarra marrom imensa no chá deles.

Terça,
11 de setembro

Fui até as colinas pela fazenda; vi duas cólias amarelas perto da coelheira, & outro par em direção a Bishopstone. Ouvi tiros & vi dois aviões manobrando sobre o mar & o vale. Encontrei orquídeas de outono & genciana do campo nos Downs. Dia muito quente mas frio à tardinha, portanto acendemos a lareira. Andorinhas praticamente abandonaram o campo. L. encontrou uma nogueira brotando & a plantou no jardim.

Quarta,
12 de setembro

Fui de bicicleta a Charleston, cheguei às 12h30. Um trecho longo & um tanto monótono entre Glynde & Charleston – mas indo devagar é possível fazê-lo em menos de uma hora. L. chegou depois do chá & voltamos de bicicleta por outro caminho pela trilha de Beanstalk, provavelmente descobrimos um atalho. Sol gigantesco; esfriou & está ventando mais que antes. Trigo no campo em frente carregado agora há pouco.

Quinta,
13 de setembro

Um dia de vento. Fui às colinas, depois de ir a Southease. Retiraram uma fatia da torre da igreja; dá para ver a estrutura de madeira por dentro. Caiu uma tempestade, acendemos a lareira depois do chá; criadas a Charleston, para casa pelas colinas sob a tempestade.

Tomamos o chá na cozinha & vimos um velho que está fazendo as medas de palha apanhando as maçãs da árvore com um balde. L. gritou, "Só depois que o senhor terminar!", & ele saiu correndo.

Sexta,
14 de setembro

Ia a Lewes, já que o tempo abriu, mas minha bicicleta tinha um pneu furado; muito irritante; mas era inútil insistir, portanto Nelly foi na Mrs. Hammond & nos trouxe muitas coisas. Tempo muito quente & abrindo gradualmente; parece que custa a firmar de verdade. Fomos atrás de cogumelos, mas não encontramos nenhum – Uma temporada extremamente frustrante. Cortei um grande fungo que parecia queijo.

Sábado,
15 de setembro

Um dia perfeito para nos mimar. Fomos a Eastbourne. Sentamos no Devonshire Park & assistimos uma partida de tênis & ouvimos uma banda. Vi um avião no campo perto de Glynde. Parecia um brinquedo. Crianças o rodearam: homens giravam a hélice. Tomamos chá & sorvete; compramos uma Kodak; para casa por Lewes, onde compramos coisas &c. Lord Hugh Cecil saiu do trem em Glynde, com um membro da Guarda Real &c, muito interessante de se assistir: levava 3 malas de couro, vestia-se como oficial da aeronáutica, um tanto grisalho.

Domingo,
16 de setembro

Um dia quase sem sol, mas bonito. Nuvens altas demais para chover. Caminhamos até Firle & fizemos piquenique. L. foi com a Kodak até Charleston. Esperei por ele perto das árvores. Depois de um tempo, Robin Mayor & Bobo M. vieram, para minha surpresa: estavam passando o fim de semana em Talland[7] (q. ainda ocupam) no fim de semana: tinham a alugado para belgas. L. voltou; N[essa]. achou que a Kodak causaria muita inveja portanto a guardou. Silver Queen sobre o mar; uma listra vermelha cruzava o mar, como no domingo passado. Will trouxe seus furões & apanhou um coelho para as criadas.

Segunda, 17 de setembro[8]

Criadas seguiram numa carroça baixa conduzida por Will às 10h. Mrs. Hammond veio. Hora mudou às 3h para horário de inverno. Um dia ventoso & instável. Telegrama dos MacC depois do almoço. Molly não pode vir, D[esmond MacCarthy] chega amanhã. Fomos ao correio em Southease & voltamos pelo caminho usual pelas colinas, conversando sobre regiões do ártico. Chuvoso. Fiz capa de cadeira depois do chá. Uma noite muito escura, sob o novo horário.

Terça, 18 de setembro

Dia de chuva & fúria, chuva caindo com força na horizontal, neblina no mar quando para o aguaceiro. Mesmo assim partimos para Lewes; mas no desvio perto do moinho d'água fomos obrigados a voltar. Passamos a tarde dentro de casa, um luxo. Depois do jantar fomos imprimir fotos, depois de decidirmos que D. não vinha, mas ele chegou às 8h; veio de cabriolé; tivemos de arrumar jantar para ele.

Quarta, 19 de setembro

Telegrama para cancelar piquenique. Dia muito feio, choveu & ventou a tarde inteira. Caminhamos com D. até Rodmell para procurar uísque. Bar fechado; homem apareceu & só podia nos vender um pouco após as 6h. Ficamos conversando sobre a guerra "Qual o sentido dela?" & como os soldados quebravam as janelas se voltavam para casa & não encontravam cerveja. Encontramos prisioneiros alemães na estrada. D. lhes disse *Guten Tag* & todos responderam. Sentinela não disse nada. O inverno agora chegou de verdade.

Quinta,
20 de setembro

Outro dia cinzento & de vento, embora sem tanta chuva. Sol brilhante & céu azul por uns 10 minutos à tarde. L. teve de arrumar uísque em Rodmell. Apanhamos maçãs, ele em cima de uma mesa. Depois fomos apanhar leite na casinha, & rodeamos até o fundo do vale, onde encontramos 3 cogumelos; & a coluna & as pernas de um pássaro, recém-devorado por um falcão – pombo ou perdiz. Muito vento, mas uma noite estrelada.

Sexta,
21 de setembro

Felizmente um dia bom, embora com vento. L. foi a Lewes cortar o cabelo. Eu caminhei pela trilha do M. com Desmond. Ficamos um bom tempo deitados ao sol, conversando sobre a sociedade nos anos 70. Cinco *Silver Queens* sobre o mar rodeando Newhaven em busca de submarinos, diz D.

Sábado,
22 de setembro

Outro dia muito lindo, embora agora estejamos bem no meio do outono. As gralhas acomodam-se nas árvores & fazem uma algazarra de manhã cedo. Algumas nozes maduras. Dália completamente desabrochada no canteiro. Árvores agora tão magras que consigo ver o carteiro por entre elas no alto do morro. Trevos no campo em frente foram cortados & deixados sobre o campo. Ainda resta um pouco de trigo disposto nas colinas. Sentamos no terraço após o almoço: L. cuidou do jardim. D. foi a Glynde depois do chá; sentamos em frente à lareira.

Domingo,
23 de setembro

Dia bom. Apanhamos maçãs à tarde, roubamos palha & as colocamos sobre a palha no sótão. Passeamos depois do chá. Ficou muito frio de repente. Um poente mais invernal – colorido ao extremo. Frio demais para ficar lá fora até tarde. História de Desmond depois do jantar.

Segunda,
24 de setembro

Desmond partiu às 9h no cabriolé. Um dia de outono absolutamente perfeito. Lewes parcialmente sob névoa, que aos poucos foi cedendo. Sem vento. Para Lewes. Eu a Glynde, L. de bicicleta o caminho todo para comprar plantas. Encontrei Duncan em Glynde, de férias. Comprei duas peras. Multidão para o trem de Londres. Parece que minha carta a Nessa se perdeu. Fiz compras em Lewes. Voltei a Glynde & fui de bicicleta para casa, no meio de um rebanho de Alderneys [carneiros]; bode ficou na frente & correu parte do caminho. Poente magnífico. Homens trabalhando até bem tarde transportando os trevos em carroças. Uma debulhadora trabalhando atrás do bosque.

Terça,
25 de setembro

O dia parecia tão bonito que planejamos um piquenique em Telscombe. Porém veio um vento, & uma estranha névoa negra cobriu o sol – como uma neblina marítima tornada preta, mas apenas em alguns trechos, pois em Lewes estava lindo. Mas parecia frio demais para um piquenique muito longe, daí que fomos ao vale pela fazenda abandonada. Vi uma mulher pintando, & pedi que olhasse minha bicicleta. Descemos no vale, subimos um pouco do outro lado. Tomamos o chá ali. Encontramos um campo de flores de trigo & papoulas, aparentemente semeadas em fileiras. Apanhei um punhado, além de algumas raízes q. L. plantou no jardim da frente.

Quarta,
26 de setembro

Dia um tanto frio, embora bonito. L. apanhou maçãs, depois de pegar emprestada a escada do pastor. Fui ao correio em Southease. Passei por duas tropas de cadetes, cada qual encabeçada por um oficial & um capelão. Para casa pelas colinas – um cavalo perdido que corria ao longo da estrada o único outro incidente. Nossos girassóis desabrocharam agora. Um grupo de caçadores caminhava por aí, atirando com frequência.

Quinta,
27 de setembro

Dia bonito & tranquilo. Caminhei ao longo do topo, depois de apanhar algumas maçãs com uma rede de borboletas, & encontrei os melhores grupos de cogumelos de há muito tempo no vale. Dia ainda nebuloso, perfeitamente bom. Os Wooler apanharam maçãs; ganhamos metade.

Sexta,
28 de setembro

Outro dia bastante calmo, q. depois escureceu, embora quente & tranquilo. Fui de bicicleta até Charleston. Roger estava lá. Bela fileira de flores. [*ilegível*] é o nome do lírio laranja. A artemísia desabrochou.

Sábado,
29 de setembro

L. chegou às 3h30. Manhã muito agradável – um tempo perfeito parece ter se estabilizado agora. Tiramos uma grande quantidade de fotos. Aviões sobrevoando a casa cedo, o q. pode significar outro ataque. Noites claras de luar. Para casa de bicicleta atravessando os campos por todo o caminho – mais de uma milha a menos do que pelo outro caminho. Grande sol vermelho se pôs por volta das 6h. L. disse que as gralhas vieram & apanharam as nozes da árvore esta manhã – viu uma delas voar com noz no bico. Plantou as anêmonas japonesas &c. nos canteiros da frente, no terraço & no jardim dos fundos. Queremos abolir o grande canteiro redondo.

Domingo,
30 de setembro

Dia perfeito. Ao topo, & lá enchi um lenço de cogumelos. Encontrei Nessa & Roger vindo nos encontrar. Ouviram disparos em Londres & viram luzes na noite passada. Outro ataque. Não ouvimos nada; mas Mrs. Hammond ouviu disparos muito fortes quando voltava para casa. Noites claras de luar. Voltaram depois do chá.

Segunda,
1 de outubro

Fui de bicicleta até Lewes – ida & volta. Passei por um bêbado sendo levado até Lewes em sua carroça de frutas por um policial. Vi outra gritaria entre dois policiais em Lewes. Feira, presumivelmente. Fiz compras. Encontrei Roger. Ansioso sobre os ataques. Outro na noite passada entre 7 & 8: ouvimos [a notícia] mas não vimos nem escutamos nada. Tempo ainda perfeitamente bonito quente sem vento. Vieram homens & apanharam árvores caídas, que arrastaram com cavalos.

Terça,
2 de outubro

Outro dia bonito. Comecei a trilha no jardim murado esta tarde, & o canteiro de flores ao lado. Fazemos a trilha com pedrinhas brancas do muro, & misturamos com o velho cimento. Uma diversão, & já fica muito bonito da sala de estar. As crianças vieram para o chá. Espiaram toda a casa; nós lhes demos duas das cabeças de veado de L., de que tanto gostam. Caminhamos um pouco de volta & pelas colinas atrás de cogumelos, que começaram a dar de novo. Tivemos de nos deitar no chão para fugir de Henry, que corria no alto. Nublado depois do chá. Ouvimos disparos.

Quarta,
3 de outubro

Dia não muito bonito. Vento aumentou & ficou nublado. No entanto, os ataques deverão parar. Trabalhei na trilha do jardim toda a tarde. Plantei algumas flores, margaridas, dedaleiras. Ao vale depois do chá, quando quase escuro. Tive de mandar Will apanhar livro em Lewes. Vento aumentou ainda mais. Só voltou às 10h; bateu à porta, mas não houve jeito de nos fazer ouvir (foi o que ele disse).

Quinta,
4 de outubro

Nosso último dia um dia completamente ruim do ponto de vista do tempo. Vento & chuva; céu completamente preto. L. teve de ir, caminhando aqui & ali, até Lewes para pedir um carro para nós para amanhã. Fui à trilha do M. pela última vez. Chuva parou, mas vento tão tremendo que Nessa & Duncan não conseguiriam vir como combinado. Temporada dos cogumelos evidentemente se firmando. Encontrei vários no alto. Tive de me inclinar contra o vento na volta. Grande outono de nozes. Homens atiravam pauzinhos para as derrubar. Não pude trabalhar na trilha. Uma bela noite estrelada, contudo.

Outubro

**Hogarth House
Paradise Road
Richmond**

Segunda, 8 de outubro

Esta tentativa de diário se inicia graças ao impulso causado pela descoberta, em uma caixa de madeira no meu armário, de um velho volume, escrito em 1915, & que ainda é capaz de nos fazer rir de Walter Lamb.[9] Este portanto seguirá o mesmo plano: ser escrito após o chá, escrito indiscretamente, & aliás observo aqui que L. prometeu acrescentar a esta página quando tiver algo a dizer. Sua modéstia há de ser superada. Planejamos hoje comprar-lhe um traje de outono & estocar-me com papel & canetas. Este é o dia mais feliz da existência para mim. Choveu sem parar é claro. Londres parece inalterada, o que me faz pensar na mudança que havia quando se era criança. Tinha um homem que comprava botas com tal gosto para botas que conhecia os diferentes cortes & a disposição dos pregos na sola; & ficava furioso quando lhe diziam que seu par era "bom & resistente". "Odeio botas boas & resistentes", rosnava. É evidente que existem gostos & gostos para botas. Caminhamos pela Gough Square; a casa do Dr. Johnson bonita & bem cuidada, não tão desmantelada quanto eu esperava. Uma pracinha, escondida atrás de Chancery Lane, & dedicada a prensas móveis. É a melhor região de Londres para se ver – não que eu agora pense em morar aqui. Levando meu manuscrito ao *Times*, eu me senti como uma farsante que ainda não foi desmascarada. Nós o deixamos na recepção & topamos com Bruce Richmond, resplandecente como um perfeito cavalheiro, com luvas brancas, na plataforma de Ludgate Hill. Fez um floreio com o chapéu & desapareceu. Liz teve um filho, portanto nossos temores quanto à paternidade podem se acalmar.

Terça, 9 de outubro

Tivemos um choque horroroso. L. chegou num bom humor tão exagerado que imaginei ter acontecido um desastre. Ele foi convocado. Embora eu tenha ficado um tanto abatida por vinte minutos, meu estado de espírito foi-se animando ante a certeza de que, salvo pelo aborrecimento, não temos o que temer. Mas o aborrecimento – ter de aguardar uma semana, exame às 8h30 em Kingston – visitas a Craig & Wright para atestados – é considerável.[10] Dava pena vê-lo tremer, tremer fisicamente, de modo que acendemos o aquecedor a gás & somente aos pouquinhos nosso ânimo foi mais ou menos melhorando; ainda assim, como seria uma benção acordar & descobrir que nada disso tinha de fato acontecido. Fizemos uma prova da primeira página da história de K.M., Prelúdio. Ficou muito bonita, composta solidamente com os novos tipos. Quantidades imensas de material de encadernação chegaram esta manhã de Emma Vaughan – uma prova & tanto dos caprichos dela, pois é tudo de boa qualidade & eu suponho que ela nunca encadernou um livro na vida. Mas esses comentários não são nada caridosos de minha parte. Como está fazendo uma noite bonita & razoavelmente serena, talvez amanhã eu tenha um ataque aéreo para descrever. Fizemos um passeio breve ao longo do rio. Trissie[11] vai vir passar as férias conosco. Esqueci quantas pessoas nos telefonaram esta manhã, Alix por exemplo, que pelo visto deseja começar logo a trabalhar; & temos um Clumber [spaniel] acastanhado em vista, que mora em Wimbledon, de um homem que foi convocado pelo exército. Os K. Shuttleworth anunciam o nascimento de um menino, dizendo ser "Sua Dádiva Perfeita", um bom título para um quadro da academia, ou um romance de Mrs. Ward, & uma prova um tanto quanto terrível da ribalta que agora os ricos desejam para seus sacrifícios.

Quarta,
10 de outubro

Nada de ataque aéreo; nem mais inquietações provocadas pelas necessidades de nosso país; na verdade L. chegou à conclusão em seu banho de que ele merecia boa sorte & ao abrir sua correspondência descobriu um cheque de £12 de um jornal sueco que nunca chegou a nascer mas que paga o que deve. E eu recebi 4/. Ontem tarde da noite me pediram que terminasse meu Henry James até sexta se possível, de modo que tive de dar cabo dele esta manhã, & como é com rancor que gasto meu tempo com artigos, apesar de não conseguir deixar de gastá-lo quando o tenho, fiquei bastante satisfeita por agora a questão já não estar mais nas minhas mãos. E me sugeriram outro artigo sobre o campo na obra de Hardy & E. Brontë. Caminhamos ao longo do rio, pelo parque, & voltamos para tomar chá mais cedo. Neste momento L. está inaugurando o 17 Club[12]. Estou sentada à lareira, & devemos receber K.M. para o jantar, quando havemos de discutir sobre tantas coisas delicadas. Notamos como as folhas aqui demoram bem mais a cair & amarelecer do que em Asheham. Podia muito bem ser agosto ainda, se não fossem as bolotas de carvalho espalhadas sobre a trilha – o que nos fazem lembrar das misteriosas leis da Providência que as fazem morrer, de outro modo seríamos um bosque de carvalhos.

Quinta,
11 de outubro

O jantar de ontem à noite terminou: as coisas delicadas foram discutidas. Ambos queríamos que a primeira impressão que se tem de K.M. não fosse a de que ela fede como uma... bem, uma civeta que deu para andar solta pela rua. Na verdade, fiquei um pouco chocada com a vulgaridade dela à primeira vista; uns traços tão duros & ordinários. Mas quando isso se atenua, ela é tão inteligente & insondável que sua amizade compensa. Murry exagerou minha fala

– "casta & incasta" – por motivos próprios dele; motivos que o fazem de repente desejar romper com Garsington.¹³ Discutimos Henry James, & K.M. foi iluminadora, eu achei. Uma funcionária de uma fábrica de munição chamada Leslie Moor veio apanhá-la – outra dessas mulheres às margens da propriedade, q. naturalmente habita o submundo – bastante viva, de pele amarelada, sem qualquer apego a um lugar ou outro. Hoje o pobre L. teve de fazer a ronda dos médicos & comitês, com direito a uma visita ao Squire. Seus atestados repetem a mesma coisa. Ele pesa apenas 9.6. Comprei meu estoque de luvas de inverno, apanhei um livro de referência na London Library, & encontrei L. na Spikings para o chá. Os céus nos abençoaram enviando um trem rápido, & voltamos para casa, felicíssimos de estar aqui, perto da nossa lareira, embora tenhamos tido de acendê-la & de prepararmos nosso jantar, pois era folga das criadas.

Domingo,
14 de outubro

Uma terrível confissão, que parece demonstrar que os sinais da morte já se espalham por este livro. Mas tenho uma desculpa. Telefonaram para nos convidar para jantar com os Bell no Soho, o que, infelizmente, levou a uma grande discussão; adiamos ir a Kingston; a noite estava chuvosa & L. não queria ir – as velhas discussões, em suma, foram trazidas à tona, acirradas.¹⁴ Portanto fomos pesarosos, encontramos o restaurante, atrás do palácio, jantamos com Roger, Nina Hamnet, Saxon & Barbara & um grupo que bem poderia figurar num romance de Wells: eu gostei, enquanto L. foi um modelo de autocontrole. Os comentários de Clive tendiam a querer provar que ele está no centro de tudo, mas não de modo tão agressivo quanto de costume. Nessa encontrou uma governanta – enviada, aparentemente, pela mão de Deus. Então no sábado... o que aconteceu? O sábado foi completamente entregue aos militares. Estamos a salvo novamente, & segundo dizem, para sempre. Nossa aparência removeu todos os obstáculos, & atravessando Kingston a pé chegamos ao médico por volta das 12, & meia hora depois estava tudo terminado. Aguardei numa grande praça, rodeada por alojamentos que me lembraram uma faculdade de Cambridge – soldados atravessavam, saíam de escadarias & entravam em outras, porém havia cascalho em vez de grama. Uma impressão desagradável de controle & determinação irracional. Um enorme cão de caça, emblema da dignidade militar, imagino, atravessou o lugar sozinho. L. foi bastante insultado: os médicos se referiam a ele como "o camarada com tremor senil", por trás de uma cortina. Felizmente a sensação foi aos poucos arrefecendo à medida que chegávamos a Richmond. Herbert veio para o chá com o cachorro, Tinker, um monstro corpulento, ativo & corajoso, castanho & branco, com grandes olhos luminosos, que me lembrou um pouco Dominic Spring-Rice. Nós o levamos a um passeio, mas assim que é solto da correia, salta muros, dispara para dentro das portas abertas & se comporta como um espírito em busca de algo impossível de se encontrar. Duvidamos que conseguiremos dar conta dele. Já tinha mencionado nosso gato Manx, que também nos foi presenteado esta semana?

L. foi até Hampstead. Alix & Lilian [Harris] vêm jantar.

Segunda, 15 de outubro

O principal fato de hoje, creio eu, é o desenvolvimento & a descoberta do caráter de Tinker – na direção certa. Ele foi levado a um longo passeio ao longo da avenida do rio & do parque; apesar de grandioso, o espírito dele está praticamente controlado. Caiu no rio duas vezes; saiu com um salto; ficou dando voltas feito louco ao redor de um poodle, & investigou vários portões de jardim, que parecem fasciná-lo. É um cachorro humano, alheio aos outros cachorros. Alix & Lilian foram basicamente como sempre noite passada, exceto que Lilian tinha um curativo negro no topo da cabeça, & estava ouvindo quase que perfeitamente; o curativo preto é um bojo para conduzir o som. Caráter mais modesto, amistoso, & porém discretamente bem-informado & resoluto não existe. Seus princípios são invariavelmente liberais, embora seu caráter seja conservador por natureza – uma boa mistura. Ademais, como ela sempre dependeu do próprio cérebro, discute com grande sensatez qualquer questão, desde que não seja arte, que lhe apareça pela frente. Alix tem o mesmo ar de desespero sereno; sólida, capaz, mas com um tom de voz tão baixo quanto um depósito subterrâneo de carvão. Mas vimos que estava muito ansiosa para aceitar nosso emprego; vem aprender amanhã. Manx está sentado no joelho de L., Tinker de vez em quando olha para ele.

Terça,
16 de outubro

Estranho como o destino enfia dinheiro boca abaixo quando temos o bastante & nos deixa à míngua quando não temos nada. Creio que ganhamos £270 (acho) em Bah Lias, & essa manhã escreveram para avisar que Mitchells vai pagar 4/ em £, de modo que isso nos dá mais £120. Dois anos atrás tínhamos dívidas constrangedoras, & tínhamos de vender coisas para pagá-las. Todos os meses nós dois ganhamos cheques gordos ou quase gordos com nossas resenhas. Começamos a imprimir a sério depois do almoço, & Alix chegou pontualmente – foi instruída & depois a deixamos na sua banqueta alta enquanto íamos tomar um ar com Tinker, que saltou de um parapeito para dentro de um barco coberto de oleado, rompeu-o & de lá saiu em seguida, ileso mas espantado. Ao voltar encontramos Perera, de *slip* & inicial de diamante na gravata como de costume; o coitado cor de mogno realmente não sabe mudar de assunto. A personalidade do governador & os pecados do ministério das colônias: são só esses seus tópicos; sempre as mesmas histórias, o mesmo ponto de vista, a mesma semelhança com um macaco enjaulado, gentil na aparência, insondável por detrás dela. Deixou-me pouco à vontade quando me entregou um xale de renda – "uma lembrança do Ceilão, Mrs. Woolf" – ou, mais precisamente, um suborno, mas não havia outra escolha a não ser aceitar. Quando ele subiu, Alix solene & lentamente explicou que estava entediada, & também preocupada, por estar compondo há 2 horas, & queria desistir. Uma espécie de análise mórbida de valores & motivos, além de uma preguiça crassa, levou-a a tomar esta decisão; assim como a levará a muitas outras, eu imagino. Ela tem uma cabeça boa, mas não vitalidade o bastante para mantê-la funcionando. A decisão lhe causou muito desânimo, mas eu lhe garanti que não havia motivo para isso.

Quarta,
17 de outubro

Fui a uma exposição de quadros na Heal's esta tarde, pois L. passaria a manhã na conferência da Coop. Antes fiquei esperando ao balcão da Mudie's[15] enquanto uma viúva robusta escolhia 10 romances; retirou-os das mãos do funcionário da Mudie's como um cãozinho de colo, apenas deixando claro que não queria nem vulgaridade nem muitas descrições, mas bastante ação. Sua acompanhante recomendou *South Wind* – elogiadíssimo nas resenhas – cheio de diálogos inteligentes, & de Itália: "mas eu não suporto diálogos... gosto é de sensações", disse a viúva, & em seguida engoliu mais uma massa de doces sensações com a garantia de que não trariam nem da guerra, nem de bêbados. "Eu realmente preciso reduzir minha assinatura para oito, acho", observou ela, & saiu gingando com seus dez volumes até Woking, imagino.

Ottoline não estava muito à vontade; toda abotoada em veludo preto, chapéu mais parecido com uma sombrinha, gola de cetim, pérolas, sombra de olho & cabelo loiro avermelhado. Nem preciso dizer que ninguém viu quadro nenhum. Aldous Huxley estava lá – infinitamente comprido & magro, com um olho branco opaco.[16] Um rapaz simpático. Caminhamos de um lado a outro da galeria conversando sobre sua tia, Mrs. Humphry Ward. O mistério da personalidade dela se aprofunda; seu encanto & inteligência & personalidade marcados como os de uma mulher de muito conhecimento & humor – & além disso tem seus romances. Estes se devem em parte a Arnold, que quase os levou à falência 4 anos atrás, mas ela recuperou todo o dinheiro com sua pena dia & noite.[17] Tomamos o chá com Roger. Eu estava muito ciente da tensão – Ott. lânguida & refugiando-se em sua condição de grande dama, o que é sempre deprimente. Os dois pareciam não ter esquecido ainda seu desentendimento.[18] Caminhei com ela embaixo do aguaceiro até a Oxford Street, & ela me comprou cravos carmesim, sem cordialidade.

Quinta,
18 de outubro

L. ficará fora até as 5h em sua conferência: & o telefone tocou de modo considerável (foi o que me pareceu, enquanto eu tentava descrever Mrs. Meynell em uma resenha). Como a vida é tediosa sem ele! Nem o espírito inquieto de Tinker oferece uma compensação. A mão direita fica cheia de câimbras de tanto segurar-lhe a correia.* Solto ele é muito desorientado, mas de modo geral obediente. Tomei o chá na cozinha; L. chegou quando eu estava terminando; sentamos rodeados de gatinhos & cães, que agora tramam algum relacionamento suspeito. Estamos aguardando Ka [Cox].

* Eu me refiro a Tinker, não a Leonard.

Sexta,
19 de outubro

A doçura do temperamento de Ka, assim achamos, vem triunfando sobre a burocracia que ameaçava asfixiar todo o seu encanto. Essa vida de funcionária pública não passa de um charco que é preciso superar. Ela se queixa de queda de cabelo, mas tive a impressão de que há muito tempo não a via tão macia & rosada, de uma suavidade como a da nata. Passou a noite aqui & desceu com sua valise de couro para apanhar o trem bem cedo. Recebi uma carta de Nessa, sobre criadas, & portanto fui até Mrs. Hunts esta tarde – um edifício misterioso, todo de compartimentos de vidro, que levava a um espaço dedicado a passar & lavar aventais cor-de-rosa & azuis, ou assim me pareceu. Não há nenhuma criada disponível. Com alguma manipulação hábil de trens, cheguei ao Aeolian Hall, paguei meu xelim & ouvi um octeto de Schubert, muito longo & bonito. Na saída, vi uma mulher grisalha de cabeleira farta sem chapéu – Alix; & fomos tomar o chá no Spikings. Ela tem uma espécie de independência & despreocupação com as aparências que eu admiro. Mas enquanto caminhávamos de um lado a outro da Dover Street, parecia à beira de deixar cair o costumeiro véu de riso & de fofoca & revelar seu desespero sepulcral... pobre coitada.

Aonde você está indo agora, Alix?

Eu realmente não sei.

Que terrível! Você não está ansiosa para chegar logo, digamos, as onze horas da manhã de amanhã?

Eu gostaria que nem existisse!

Assim eu a deixei: sem chapéu, sem objetivo, sem ninguém, vagando por Piccadilly.

Sábado, 20 de outubro

Por sorte, ou por azar como poderia dizer Alix, provavelmente ela não ficou vagando por Piccadilly a noite inteira, senão a grande bomba que acabou com a calçada em frente à Swan & Edgar's talvez tivesse cavado sua sepultura. Ouvimos dois estrondos fracos à distância, mas sem sombra de dúvida dois estrondos, por volta das 9h30; depois um terceiro que balançou a janela; depois silêncio. Foi um zepelim, que sobrevoou sem ser visto durante uma ou duas horas & depois se foi. Não soubemos mais nada a respeito. Ao sair para uma caminhada, topamos com um homem afável, de elegante aparência provinciana, na caixa de correio da rua, nosso Walter – enviado pela Providência para batizar este livro, eu acho. E não nos largou durante horas; caminhou conosco, voltou para o chá, &, caso tivesse recebido incentivo, que foi bem pouco, teria ficado para o jantar. As histórias dele foram todas sobre Canterbury, & Mrs. Saxton Noble, & a R.A. [Royal Academy], cada qual lançando um raio de luz sobre o seu próprio sucesso, ou tino, ou prosperidade. Mas nada de muita fofoca sobre o rei desta vez. Ele prefere a rainha & a louca da princesa Victoria, que irrompe no quarto dele & declara que quer ir morar na sua casa. A compleição dele é igual a de uma estátua de cera, a cabeça tão lisa quanto um ovo; ele tem o mesmo gosto erudito & estilo para livros que costumava ter, embora já não seja mais um escritor, nem para falar a verdade mais nada além de secretário do presidente, para quem ele parece filial & parasitário. Para nós a atitude dele é meio amistosa, meio desconfiada. Debandou-se para o lado dos ortodoxos, mas não consegue se decidir a abandonar inteiramente o outro mundo.

Domingo,
21 de outubro

Lytton veio almoçar, & Goldie jantar – de modo que devemos ter conversado por seis ou sete horas. Caminhamos ao longo do rio & pelo parque. Lytton de bom humor, depois de terminar um livro de 100.000 palavras, embora agora finja que não pode ser publicado.[19] Quer sair de Londres & viver no campo "para sempre". Neste momento Saxon & Oliver estão olhando casas em Berkshire. Parece uma coisa boa que um amigo se lance a experimentos. O pobre velho Goldie evidentemente passou dessa fase. Se eu fosse maldosa, diria que ele atingiu a fase do completo conversador. Uma longa história durante o jantar, contada com muita habilidade; própria para entreter docentes num jantar acadêmico; em seguida discutiu acontecimentos com Leonard depois do jantar. Há menos capacidade de desinteresse nos idosos. Esta guerra parece possuí-lo, deixar pouca coisa de fora. De fato, parecia encolhido & desgastado: infinitamente bom, encantador, dedicado, cada grama de vitalidade aplicada no lugar certo – não há mais tempo para experimentos, nem mais curiosidade o bastante, quem sabe, mas extrema gentileza & empatia, que, no caso dos homens jovens, transforma-se em amorosidade. Foi convidado a ir para a Rússia pelo *The Manchester Guardian*, mas duvida que conseguirá um passaporte.

Segunda,
22 de outubro

A lua está quase cheia, & os trens noturnos lotados com pessoas saindo de Londres.[20] Vimos um buraco em Piccadilly esta tarde. O tráfego foi interrompido, & as pessoas passam devagar & com passos pesados pelo local, que os trabalhadores já estão consertando, parecendo pequenos em contraste. Todas as vitrines da Swan & Edgar foram cobertas com estopa ou tábuas; vê-se as atendentes olhando por detrás; nem sinal dos produtos, mas "os negócios seguem normalmente", segundo se diz. Vidraças foram quebradas sem seguir regra nenhuma; algumas estão intactas, algumas deste lado, outras daquele. A nossa London Library continua inteira, porém, & apanhamos nossos livros & voltamos para casa de metrô, de pé durante todo o trajeto até Hammersmith, & recém chegamos. Bert foi ferido, & Nelly foi para a Liz. Achou que era seu dever & também seu direito – o que demonstra como as criadas estão melhorando de condição nesta geração.

Terça,
23 de outubro

Outro lapso neste livro, devo confessar; mas se eu o escrever contra a vontade começarei a odiá-lo; de modo que a única chance de vida que ele tem é submeter-se aos lapsos sem reclamar. Apesar disso, me lembro que caminhamos, imprimimos & Margaret veio para o chá. Que pálidas vão se tornando essas mulheres idosas! A mesma pele áspera & pálida dos sapos, infelizmente; M. em particular vem perdendo com rapidez o brilho da sua beleza. Desta vez fomos esmagados na revolução da Coop.; a personalidade de Mr. King & Mr. May & possibilidades. De vez em quando recebo um safanão que me faz recordar a posição extremamente insignificante que eu ocupo nesse mundo importante. Fico meio deprimida, meio ansiosa para encontrar defeito – tudo uma questão de não estar no ambiente certo. L., eu suponho, sente o mesmo na Gordon Square. E depois o cuidado extremo que os idosos & solícitos dedicam uns aos outros me impressiona: "preciso voltar, senão Lilian ficará ansiosa"; perguntas acerca do cansaço ou do frio estão sempre vindo à baila – em parte deve ser por não serem casadas, & em parte pela sensação de ser o centro do mundo de outra pessoa, que Margaret muito naturalmente tem. Mas sua bondade & valor sempre me conquistam, apesar do orgulho ferido.

Quarta, 24 de outubro

L. foi a alguma reunião abominável; mas também para apanhar a amostra de papel que selecionamos com Mr. Byles, que ele conheceu ao sair do escritório da *New Statesman*. Imprimi um pouco, & depois fui à Janet. Com o passar do tempo naturalmente deveríamos lidar bem com o vento & a chuva; o pior desalento causado por ambos ficou para trás, pois agora pensamos neles como uma proteção contra os bombardeios. De modo que hoje quase não resmunguei, embora o tempo fosse frio, escuro, inumano, de forte chuva, primitivo. É extremamente animado adentrar o lar Case; uma tal recepção; uma tal ansiedade quanto a chá chinês ou indiano; um ovo, pão fresco & manteiga – roupas secas com um espanador de pó. Emphie animada, digressiva, desconexa como de costume, falou sobre seu dia & seu Ecko [um rádio], & criadas, & açúcar & mel, tudo fresco & sensato, & evidentemente fruto da experiência, que não a deixou amarga ou envelhecida, embora não tenha lhe conferido grande capacidade de concentração. Ela se retirou para fazer suas anotações depois do chá (esta é sua principal ocupação); eu & Janet ficamos conversando, de modo natural, como sempre. Mas saí às pressas para chegar em Finchley Road com quinze minutos de antecedência, a fim de não perder meu trem; & viajei com uma mãe & três meninos que fizeram todos os cavalheiros idosos se sentirem inibidos & ao mesmo tempo enternecidos por assistirem por detrás dos jornais os seus beijos & palhaçadas.

Quinta,
25 de outubro

Devido às circunstâncias de sempre, tive de passar o dia deitada.[21] No entanto isso foi bastante mitigado pelo trabalho de impressão, que faço da cama na mesa inclinada. Tiramos uma prova de duas páginas, em papel do formato certo, & gostamos imensamente de como ficou. Nosso papel será macio & amarelado. Uma carta melancólica de Ott. nesta manhã, queixando-se da idade & da feiura, da fadiga de Londres & da tristeza de não ser desejada – tudo tão verdadeiro, suponho, que aceitamos um convite, da minha parte mais por pena, embora ainda persista um sentimento de afeto por ela. Saxon & Barbara jantaram conosco; vamos emprestar Asheham para toda a nossa curiosa constelação – Nick & Saxon gravitarão em torno de Barbara; que cintila, rosada mas modesta, sob a luz da admiração deles; muito elegante, simpática, maternal. Saxon como de costume quando está com ela: gentil & emitindo um som semelhante ao de algo fervendo, mas não fervendo demais, uma chaleira; sem dizer palavra, é claro. Como ela só tem coisas simples & diretas a dizer, L. & eu acabamos meio sonolentos; mas combinamos que ela vai começar a imprimir quando Nick [Bagenal] voltar [para a França]. Vou a Asheham na segunda com Saxon.

Sexta,
26 de outubro

Ou está frio & chuvoso ou venta à noite, portanto dormimos bem, embora a lua agora esteja quase cheia. Estamos diante do problema de cuidar de Tinker. O temperamento dele o torna um convidado exigente. Fomos procurar um abrigo com o vet. hoje, & descobrimos que um vet. mora numa parte do casarão vermelho atrás da nossa casa. Entramos em uma sala, arrumada para o chá, a toalha disposta como um diamante, atravessada sobre a mesa; entrou uma garota; vi um corredor de piso preto & branco; evidentemente uma casa elegante, agora recortada em pedacinhos diferentes. Nelly acaba de voltar: a risadaria de sempre começa de novo. Demos a Lottie 5/ pelos serviços tão bons.

Sábado, 27 de outubro

Estávamos de saída para o quartel de Kingston esta tarde para apanhar o cartão de dispensa de L. quando o telefone tocou & ouvi a voz agora estranha & aparentemente um tanto nervosa de Clive perguntando se poderia vir jantar conosco. De modo que a rusga deverá ser resolvida rapidamente.[22] Atravessamos o parque a pé até Kingston, não conseguimos apanhar o cartão & então tomamos o chá em Kingston, acabando por comprar um relógio de pulso para mim de 15/ – um cebolão redondo, brilhante, funcional, que olho constantemente & que de fato me faz ganhar tempo. Voltamos tarde; & Clive veio, & foi, eu achei, bastante agradável, tranquilo, loquaz; puxava uma imensa quantidade de assuntos & discorria com inteligência sobre todos eles, & soltava aqui & ali pequenos tributos a si mesmo de modo um tanto inofensivo. É tão vivaz & com uma mente tão afiada que faz gosto uma noite com ele. L. extremamente bem-humorado & civilizado para completar. Fofocamos; passamos velozmente de uma coisa a outra – personagens, livros franceses, a intriga Mansfield, & por aí vai. Veste seu terno castanho; penteia o cabelo para trás para esconder a careca, mas não puxou tanto as calças quanto de costume – em suma, estava em sua melhor forma. Adrian recebeu ordens médicas para não trabalhar mais na terra.[23]

Domingo, 28 de outubro

Ainda nenhum bombardeio, provavelmente porque a névoa à noite os dificulta, apesar de não haver vento & de a lua estar perfeitamente clara. As multidões que deixaram Londres esta semana devem estar se sentindo meio tolas. Dia frio perfeito de outubro; o sol vermelho por entre as folhas, que ainda estão nas árvores. Para fazer o máximo possível de companhia a L., resolvi ir a Staines[24] com ele. Fomos a pé de Shepperton a Laleham, e daí até Staines pelo rio. Região plana & bastante calma, que está começando a se transformar em uma cidadezinha. Poltronas cor-de-rosa tinham sido dispostas em torno de uma mesa de chá lotada, mas sem luxo; com uma multiplicidade de pratinhos, faquinhas minúsculas, as pessoas foram orientadas a servirem-se. Mr. Lock, apesar de algum impedimento, estava ali, & logo Alice, Flora, Clara & Sylvia apareceram – a maldade me sugere que toda a Kensington High Street tinha sido despejada em uma única sala. A banalidade de tudo aquilo me impressionou. Nada de belo; nada de definição; o mais estranho é por que motivo a natureza produziu esse tipo com tamanha abundância. Então a criada disse, "Mr. Sturgeon"; Flora gritou, "eu vou", saiu em disparada da sala; todos exclamaram Oh! Ah! Que esplêndido!, como se estivessem num palco, onde aquela cena toda bem poderia ter se passado.[25] Fomos embora, depois do 2º ato; Tinker saiu correndo em disparada, mas conseguimos apanhá-lo, & daí para casa, muito frio, & Herbert passou rapidamente, & aqui estamos diante da lareira, & como eu gostaria que fosse esse mesmo dia na semana que vem.[26]

Sexta, 2 de novembro

Agora é quase "este mesmo dia na semana que vem"; embora não exatamente – na verdade não, pois L. está dando uma palestra em Birkenhead neste exato momento, & depois, suponho, viajará a noite inteira atravessando a Inglaterra antes de me encontrar. Acho impossível ler depois de uma viagem de trem; sou incapaz de abrir Dante ou pensar nele sem estremecer – o motivo, creio eu, é em parte a enorme quantidade de jornais que tenho lido. Lottie me trouxe todos os *Times* que se acumularam. Sinto como se não tivesse parado, como se estivesse sempre em movimento para me manter aquecida. Quer dizer, Asheham & Charleston foram mais uma distração do que qualquer outra coisa, para não pensar no quanto me sentia estranha & solitária. Solitária não no sentido literal, claro. Primeiro passei dois dias com Saxon; muitos detalhes, acentuados pela sua intimidade agora mais calorosa. Ele ainda se surpreende com as suas próprias sensações; retira-as, vê como se encaixam; bastante preocupado em ter certeza de sua qualidade. Claro que sua qualidade é altíssima. O pior que se pode dizer dele é que sua falta de virilidade tende em certa medida a embelezar & desvalorizar as coisas. Mas eu arrisco a dizer que este é o efeito do temperamento não muito marcante nem grandioso de B. E claro que ele é fantástico à sua própria maneira também; tão puro, sábio, bom & sensível. O mais curioso é sua incapacidade de tomar qualquer decisão; obviamente seu instinto é sempre evitar os riscos, permanecendo onde está. Quando obrigado a pedir carvão ou um táxi, sua indecisão é a mesma de uma solteirona de setenta anos. E no entanto intelectualmente ele é decidido; decidido, sim, mas meticuloso. Está apaixonado, mas ao mesmo tempo satisfeito com o fato de B. estar para se casar com Nick. A nova governanta, Miss Edwards, estava em Charleston; uma moça muito bonita, um tanto inteligente, não muito bem-educada ou instruída, que, imagino, tem vivido tanto às custas dos seus grandes olhos, cabelo cor de linho & sobrancelhas escuras & direitas, que se sente um pouco deslocada em algum ambiente onde esses atrativos não sejam valorizados. Não há ninguém com quem trocar olhares – a não ser Bunny, que continua impenetrável. Mas ela domina Julian; fala francês obviamente com maior naturalidade do que inglês. Quis perguntar em qual das duas línguas ela pensa. Ontem choveu o dia inteiro, portanto fiquei em casa; escrevendo sobre Aksakoff pela manhã; sentada no estúdio depois do almoço. Duncan pintou uma mesa & Nessa copiou um Giotto. Desembalei todas as minhas fofoquinhas. São bastante grandiosos, esses pintores; muito pouco preocupados com a opinião alheia; seus espíritos possuem vastidões suaves, ao passo que eu sou toda espinhos & promontórios. Apesar disso, em minha opinião poucas pessoas possuem um raciocínio mais vigoroso ou preciso do que Nessa. Dois menininhos de mente muito ativa a mantêm em forma. Gosto da sensação que ela dá de toda uma natureza em uso. Em uso prático, quero dizer; vivendo de modo prático, não amador, como Duncan & Bunny em certa medida fazem. Suponho que este seja o efeito dos filhos & da responsabilidade, apesar de me lembrar disso nela desde sempre. O amor pelo fato concreto é forte nela. Julian entrou no meu quarto esta manhã com sua carta & logo se enrodilhou na minha cama, & continuou a ler um livro com um desenho de uma ave do paraíso.

Ele me disse que leu a história de Gardiner umas cinquenta vezes. Não gostou dos reis porque eram muito chatos; mas gostou de Newcastle. A história irlandesa o entediava porque não tinha forma, pelo que percebi; ele não conseguia entender que os dois lados tinham razão na guerra da independência da América, o que o aborrecia; & achava que, se tivéssemos cedido na questão dos impostos teríamos conseguido o que queríamos sem eles se darem conta, tal como fizemos com nossas outras colônias. Se Quentin não tivesse vindo chamá-lo para as aulas, ele teria continuado falando sem parar. Fiquei bastante impressionada. De repente ver uma criança raciocinando & herdando esses antigos dilemas é um choque e tanto. Parece-me uma pena que não possa existir uma nova história para cada nova geração; & no entanto é estranho transferir as coisas velhas às novas inteligências. Ouso dizer que ele fará grandes coisas um dia desses; será um sinal da idade, esse interesse & essa inclinação em enxergar grandes virtudes na geração mais nova?

Mas fiquei contente em voltar para casa, sinto que minha vida real está retornando – quero dizer, a vida aqui com L. Solitária não é bem a palavra; a personalidade parece ecoar pelo espaço quando ele não está aqui para abarcar todas as vibrações vividas. Isso não ficou escrito de um jeito muito inteligível, mas a própria sensação já é estranha, como se o casamento fosse um completar do instrumento, & o som de um deles sozinho fosse estridente como um violino roubado de sua orquestra ou seu piano. Uma noite nublada & chuvosa, portanto devo conseguir dormir. O bombardeio aconteceu, claro, quando estávamos fora.

Sábado, 3, domingo, 4, segunda, 5 de novembro

O bombardeio na verdade não aconteceu, mas com nossos nervos no estado em que estão (melhor dizendo, os nervos de Lottie & Nelly), o enfraquecimento da luz elétrica foi encarado como um sinal de aviso: por fim a luz se apagou, & parada na escadaria da cozinha fui inundada pela certeza de que no futuro o corte da luz será nosso aviso. Porém, fui olhar pela porta do corredor, escutei o barulho costumeiro de passos & vozes das pessoas voltando para casa, & então, para confirmar minha certeza, a luz subitamente voltou. Fomos para a cama dormir. Acordei 5 para as 7h & fiquei deitada, escutando, mas não ouvi nada, & às 8h estava prestes a perder completamente as esperanças quando ouvi L. bater à porta & aqui estava ele! Silencioso como um rato ele tinha entrado & tomado o café da manhã. Conversamos até não poder mais; novas coisas não paravam de surgir; silêncios súbitos & jorros; o contentamento divino de ser uma vez mais um ser em harmonia. L. viajou a noite inteira. Para mim o relato mais vivo foi a história do debate & das perguntas & do experimento. Mrs. Eckhard se lançava em toda sorte de assuntos com L., enquanto ele lhe cortava as árvores.[27] As palmas das mãos dele ainda estão pretas com a fuligem da casca de Manchester. Caminhamos à beira do rio, & fomos para a cama um tanto cedo. L., depois de negar estar cansado, caiu no sono & dormiu até ser acordado.

No domingo terminei meu Aksakoff, & escrever tem a vantagem de transformar o dia de descanso num dia de semana, apesar do clamor & estrondo da música militar & dos sinos de igreja que sempre ocorrem por volta das 11h – um barulho que as outras pessoas não têm o direito de infligir. Fomos até o rio & atravessamos o parque, porque estava um dia adorável & quente; & cruzamos com nosso Walter mais uma vez, acompanhado de um homem que parecia um professor de escola. Nenhum veado à vista na parte baixa do parque, onde ficam os cedros. E Perera veio para o chá, & eu o deixei a sós com L., não tendo a menor vontade de encarar mais metros de renda. Creio, no entanto, que L. agora foi ameaçado com um relógio de pulso de ouro, graças ao sucesso do negócio do Ceilão.[28] O *Daily News* explode indignado em três seções diferentes.

E hoje fomos a Londres, & acabamos de voltar, & estamos aguardando o jantar. Esperando encontrar vida & inteligência pelo menos, gastei 8d numa revista com as cartas de amor de Mrs. Asquith, mas são tão rasas & fracas & vulgares & analfabetas quanto devem ser as de uma Mrs. Glyn provinciana; com um quê de insolência, como se ela se comprouvesse em rabiscar... Fomos à London Library, como de costume; na saída trombamos com um vulto sombreado sem chapéu, a secretária de L.: Alix, a caminho de pesquisar fatos, que o olho de L. encontra muito mais depressa.[29] Vimos que o buraco em Piccadilly está praticamente consertado, muito embora os vidros continuem quebrados. L. foi à Williams & Norgate para tratar de seu livro, o que demorou tanto que tive tempo para menosprezar Mrs. A. de modo bastante extensivo nos salões de chá da Clifford's Inn. A conversa foi acalorada; L. acusado de golpe baixo por oferecer seu livro a Bell. (Obra de Margaret.)[30] Talvez cheguem a algum acordo; mas o homem é uma criatura estúpida & incompetente que não quer ceder, & irá atrás de seus direitos. Segurando-se no metrô estava Malcolm Macnaghten; grisalho, bem-arrumado & com aparência de próspero.

Terça,
6 de novembro

O mais triste é que Tinker, neste exato momento, 5h30, perdeu-se. Deixaram que escapasse para o jardim, ele entrou na casa ao lado &, ao encontrar a porta do jardim deles aberta, provavelmente fugiu. Descobrimos na hora do almoço. Quando terminamos, L. foi procurar pela vizinhança, mas não teve sucesso. Pegamos o ônibus até Kingston; fomos pela última vez na vida, assim espero, à Seção de Recrutamento, &, depois de aguardar na sala tão familiar, com os dois bancos de madeira, a toalha pendurada & o casaco cáqui, L. foi chamado & lhe entregaram o documento onde afirmam que ele está "permanente & totalmente incapacitado". Achamos que poderia chegar a £500, caso o vendêssemos. No entanto, ficamos muito desalentados com a perda do spaniel de que aprendemos a gostar. Registramos o ocorrido na delegacia. A imensa bondade & bom senso deles nos impressionou muitíssimo. Depois de fazer anotações, telefonar para Kew &c, o sargento disse, "nós é que lhe agradecemos". É triste sair perguntando por aí mais uma vez sobre um cachorro perdido. Depois de nossa experiência com Tim, até mesmo eu acho difícil estar completamente confiante.[31]

Sábado,
10 de novembro

Outro fato triste é que deixei passar todos esses dias – dois deles, quarta e quinta, porque fiquei fora de casa até tarde, o terceiro porque eu estava tão deprimida & estávamos nós dois tão briguentos, que não consegui escrever. Às extravagâncias primeiro, porém, embora eu não admita que foram elas o motivo da tristeza. Nessa estava em Londres & tive uma tarde de Bloomsbury. Primeiro levei meu relógio para um homem na Poland Street, que disse que ele só precisa de uma limpeza, depois fui até a Omega, onde à meia-luz Roger estava escoltando três francesas tagarelas pela exposição, como sempre dando a impressão de que a língua & as maneiras francesas têm para ele um charme especial. Os quadros brilhavam à luz fraca; & me impressionaram mais que tudo os de Gertler; os de Vanessa, também, excelentes: os de Duncan eu achei meio decorativos ou tendendo a ser decorativos. Faith[32] vacilava por ali, tentando me levar à sua exposição de vestidos, já que hoje era dia de vernissage. Tomamos chá na sala de costura – caminhamos para cima & para baixo mastigando bolo seco enquanto Mabel costurava forros num canto & Roger escrevia cartas com o apoio do joelho. Nessa então chegou & saímos, sendo que na saída comprei um casaco cor de damasco. Tomei o chá em Gordon Square, cujo novo arranjo sempre me deixa intrigada, pois ali não há sala de estar.[33] Ela está planejando um novo esquema de educação – seis garotos, um tutor & uma governanta; programou-o para o próximo verão. Miss Edwards deu para ir se encontrar com soldados nos Downs & não há de durar muito. Este foi o prelúdio para uma festa [no número 46 da Gordon Square] na quinta, à qual eu fui, através da chuva & da lama, uma longuíssima expedição para se ter duas horas de vida, por mais que eu tenha gostado. Lá estavam as pessoas de sempre, & como sempre a sensação de estar em uma atmosfera familiar, mas estimulante, em que todas as pessoas em que estamos habituados a pensar estavam de corpo presente. Uma enorme quantidade de moças de âmbar & esmeralda & cabeleira farta sentadas no chão. Molly, Vanessa & eu éramos representantes das matronas maduras. Oliver parecia o tio simpático & amoroso. Pode-se dizer que Ray era a avó; muito dominadora, imensamente bem nutrida & competente. Fiquei a maior parte do tempo com Oliver, & quando soaram as 10 me levantei & saí – um exemplo de virtude, se um dia existiu um. E agora vejamos como a melancolia começou. L. estava irritadiço, desanimado & murcho. Dormimos. Acordei com uma sensação de fracasso & de ter levado uma surra. Isso persistiu, uma onda quebrando após a outra, o dia inteiro. Caminhamos pela margem do rio, num vento gelado, sob um céu cinzento. Nós dois concordamos que a vida sem ilusão é algo terrível.[34] As ilusões teimavam em não voltar. No entanto retornaram por volta das 8h30, diante da lareira, & seguiram alegres até a hora de dormir, quando algumas palhaçadas encerraram o dia.

Hoje foi bastante animado, apesar da pior combinação climática possível: frio horroroso, céu de tempestade, chuva. L. foi ao abrigo de cães perdidos, mas em vão; colocamos cartazes, mas a esperança é pouca. Há dois dias não recebo cartas.

Domingo,
11 de novembro

Domingo, bem vejo, está se tornando para nós o que era para nossos pais, o dia em que a vida social é solapada; & já que, pela própria natureza das coisas, é um dia monótono & solene, o plano não é assim tão ruim. Apesar disso, não consigo entender muito bem sob que princípio se pode aprovar nosso almoço com os Webb. L. os conhece; [*escrito com a caligrafia de L.*]

Eu disse asperamente que uma vez ou outra escreveria uma página aqui; & agora V. pede que eu cumpra minha palavra, & como isso me afastará da leitura dos discursos de Joseph Chamberlain, não vejo motivo por que não. Fomos almoçar nos Webb & lá estavam também Mr. & Mrs. Tawny. Ela eu já conhecia, mas ele não. Antes que eles chegassem, Mrs. Webb nos disse que ele era um idealista. Agora que o conheci, a única coisa que posso acrescentar com toda a certeza é que ele é um idealista com dentes podres. Uma das piores refeições que já tivemos nos Webb. V. entre Webb & Tawny & eu entre Mrs. W. & Mrs. T. Mrs. W. começou a falar quase que imediatamente sobre o comitê de reconstrução do qual agora faz parte. Falou incessantemente & a cada dez palavras a palavra "comitê". Ao que parece, ela conseguiu criar um comitê para bebês, um comitê para malucos, um comitê para os doentes, um comitê para os deficientes & um comitê para os mortos; mas o esquema ou o cosmos não se concluiu porque ela ainda não conseguiu criar um comitê para os robustos & desempregados. Ela ainda tem esperanças disso, porém. Nesse meio tempo, V. num canto, & eu no outro, afundamos em silêncio, enquanto Mrs. T perguntou vagamente a W. sobre o caso de uma mulher com a bacia fraturada numa enfermaria num sindicato de Walthamstow. Mal terminou o almoço, fugimos. Apanhamos um ônibus de Westminster a Hammersmith, muito frio, mas um alívio depois do discurso sobre comitês

[*novamente letra de VW*] & quando chegamos aqui encontramos a sala cheia de gente – Rosalind Toynbee, Arnold T. & Ka. Gostei dela, pequena, pálida, de olhos escuros, cabelo ralo, quieta, & de maneiras decididas. Não tenho certeza se ele me agradou muito. Parecia bem mais lugar-comum & convencional do que o jovem rapaz a que nos acostumamos. Mesmo assim conversamos animadamente sobre arte & literatura; & observei que R.T. refletia ao lhe dirigirem palavra – um bom sinal. Aparentemente, ela é tão treinada na cultura que é quase uma especialista; quero dizer, se alguém a conhecesse, descobriria que alguma teoria amarra cuidadosamente tudo o que ela sente em relação à literatura. Por exemplo, ela não gosta de Rei Lear. Mas, ou talvez por isso, eu a achei bastante distinta, ao menos muito mais do que as cabeças-rapadas de Bloomsbury. Sentadas com grandes estolas de pele, à sombra, não pude comprovar minha hipótese em relação à cabeça-rapada, no caso dela. De vez em quando me ocorria que sua ascendência semiaristocrática nela produziu uma espécie de decoro antiquado. Suas opiniões sobre a relação adequada entre cozinheiras & governantas, certamente, eram decorosas – algo que, acredito, se deva à diferença entre Oxford & Cambridge. É estranho pensar no quanto o espírito de alguém é afetado por essa diferença – até mesmo o meu, suponho, muito embora eu nunca tenha estado lá & os critique por natureza. Mas Arnold não me pareceu ser alguém fácil com quem conversar diretamente.

Hoje fomos a Londres,[35] como em geral ocorre nas segundas. Fomos à Omega, & enquanto olhávamos ao redor, entrou Roger, o que me constrangeu um pouco, em parte por causa dos quadros dele, mas também porque não gosto de conversar sobre arte na sua frente. Ele estava em meio ao processo de pintar uma mesa, no entanto, & desapareceu. Então fomos a Gordon Square apanhar meu guarda-chuva, dois quadros & um prendedor de cabelo, todos esquecidos ali, & quem veio abrir a porta senão Clive? Convidou-nos a entrar, & lá estava M.H. em uma das grandes poltronas, uma lastimável meia-lua de mulher, na minha opinião. Parece sempre tão dominada & submissa. Fumei metade de um cigarro de ponta dourada enquanto ouvia algumas fofocas de Garsington. K.M. rompeu com Ott. numa carta em que diz, "Você não vai mais bancar a condessa para minha cozinheira", ou frases de tal efeito. Saímos, porém, & eu fui à Mudies & apanhei *The Leading Note*, a fim de me aprofundar mais em R.T., & L foi encontrar Edgar para uma entrevista misteriosa, & voltei para casa com o meu livro, que não me parece uma proeza muito magistral depois de Turguêniev, suponho; mas se não damos nossos toques nos locais certos, o método tende a tornar-se esboçado & vazio. L. foi ao sufrágio; & eu observo três granadas ardendo vermelhas como fogo.

Terça,
13 de novembro

Devo registrar mais uma vez a minha queixa de que as pessoas não me escrevem mais. Eu não escrevo para elas, mas como poderia? E nada de livro do *Times* também, mas ainda bem, pois quero continuar meu romance.[36] No outro dia L. começou seu livro, & já escreveu dois capítulos. Ele parece uma daquelas máquinas ceifadoras que eu costumava ficar olhando da minha janela em Asheham; dão voltas & mais voltas, sem pressa sem descanso, até que por fim o quadradinho de trigo do meio está ceifado & o trabalho encerrado. Começamos o trabalho de impressão esta tarde. Nossa primeira descoberta foi a descoberta importante de que as molas não estão alinhadas, ou as esferas têm pesos diferentes. Nós – ou melhor, L. – mais ou menos acertamos isso & imprimimos trezentas cópias da primeira página, mas seria bom uma nova prensa, apesar de os resultados terem ficado ótimos na maior parte.[37] Um dia muito frio. Sim, eu bem poderia ter observado que começou o inverno. Não sobra agora nenhuma folha nas árvores para contar a história; um vento cortante. A sala depois do chá um pequeno centro de luz enfático em meio à mais profunda escuridão. L. está preparando uma palestra que vai dar em Hammersmith; eu irei presidir a Women's Guild.[38]

Quarta,
14 de novembro

L. deu sua palestra; eu presidi minha guilda. Sempre me intriga saber por que as mulheres vêm, a menos que lhes agrade ficar sentadas em uma sala que não é a delas, com gás & luz de graça, outras mulheres em outras cadeiras. Não parecem prestar muita atenção: fora Mrs. Langston, ninguém tem nenhuma palavra a oferecer. Esta noite Mrs. Allan – uma mulher rosada, de olhos brilhantes, perspicaz, mas não muito esclarecida, falou sobre o congresso por uma hora. Mais parecia um relatório, & despertou quase tanto interesse quanto. Quando ela terminou, & eu terminei, nenhuma pergunta foi feita, & ela se pôs a falar sobre comida – não a comida a nível de país, mas do jantar & do chá de cada um em Torquay. Sobre este assunto falou com fluência & até mesmo paixão por quinze minutos. Os vícios dos comerciantes externos [à cooperativa] & as virtudes da autogestão foram detalhadamente ilustrados. L. voltou por volta das 10h30, depois de uma noite mais proveitosa na U.D.C., com soldados & um indiano na plateia. Hoje as criadas foram visitar Bert no hospital em Epsom; L. foi ao abrigo de cães, em vão; & finalmente caminhamos na direção de Kew, & notamos como as grandes castanheiras estavam tão negras & nuas quanto ferro. Uma dúzia de homens pescava de pé nas águas calmas abaixo do dique – um sinal animado de estabilidade inalterada. Fomos visitar o impressorzinho & passamos meia hora conversando com ele, que tem 2 máquinas & uma prensa para vender. O difícil é decidir; mas provavelmente compraremos uma, & deixaremos de lado por ora os refinamentos da perfeição, que Riddell considera necessários, mas que provavelmente não conseguiremos oferecer. Além do que, essas máquinas estão funcionando & custam apenas £14 ou £15.[39]

    Outro dia sem cartas.

**Quinta,
15 de novembro**

Outro dia sem cartas, a menos que eu leve em consideração minha reprimenda semanal no *Supt.* pelo que eu disse ou deixei de dizer sobre os poemas de Arnold sobre a natureza.[40] Desta vez me sinto quase tentada a responder, por mais inútil que seja, mas adoraria protestar contra essa enxurrada de superioridade vinda de Oxford. Imprimimos outra página, com muito sucesso, o que nos tomou todo o tempo até a hora do chá, & depois fomos na semiescuridão ver o pequeno impressor, que virá a qualquer momento para dar uma espiada na sala para a prensa. Um garotinho mais ou menos do tamanho de Julian trabalha para ele. Ontem o porão dele foi inundado pela banheira das vizinhas ao lado. Sua linguagem é muito precisa: talvez seja resultado de uma profissão semiliterária.

**Segunda,
19 de novembro**

O impressorzinho chegou quando estávamos no final da última página & ficou talvez por uma hora – até Lottie tocar a sineta dando um sinal, mas como suponho que ele não jante, o significado deve lhe ter passado despercebido. Nós lhe demos um adiantamento de £10, & por essa quantia compramos a guilhotina & estipulamos que a prensa móvel deverá chegar aqui até 14 jan. O difícil nessas pessoas é seu fluxo de linguagem; narram suas histórias pessoais com todos os pormenores: imagino que considerem isso um sinal de de boas maneiras. Na sexta fomos a um concerto, & saímos, quando a composição inglesa começou, por uma ruazinha lateral mal-afamada atrás da Bond Street – que mais lembra um romance de Thackeray – um lugar para os lacaios dos figurões fazerem suas jogatinas. Chá no Spikings com algumas pessoas de alta classe, que pareciam cãezinhos de estimação ameaçados com um banho gelado. Falavam da escassez de automóveis. Comprei um par de meias-calças & depois, casa.

As meias foram em preparação para Garsington.[41] Voltamos dessa aventura 2h atrás. É difícil dar uma impressão geral, mas não foi muito diferente do que eu imaginara. Pessoas espalhadas numa sala cor de lacre de cera: Aldous Huxley brincando com grandes discos de marfim & mármore verde – o jogo de damas de Garsington: Brett de calças;[42] Philip tremendamente encapado com o melhor couro; Ottoline, como sempre, de veludo & pérolas; 2 cães pug. Lytton quase deitado em uma poltrona ampla. Enfeitinhos demais para haver real beleza, perfumes demais, & sedas, & um ar morno ligeiramente pesado. Rebanhos de gente moviam-se de sala em sala – da sala de estar à sala de jantar, da sala de jantar ao quarto de Ottoline – o domingo inteiro. Em certos momentos tudo aquilo arrefecia; & certamente o dia durou muitíssimo assim. Fredegond foi admitida pela manhã;[43] & então depois do chá passei talvez uma hora em frente à lareira com Ottoline. Saímos para um passeio & topamos com um automóvel cheio de rapazes sardentos & pouco atraentes – de um deles me esqueci completamente, mas estava lá, pois contei 4. O mais óbvio era Evan Morgan, um disparatezinho ruivo com um nariz de bico, sem queixo & uma semelhança geral com um galo muito inexperiente, mas estudioso, todo pescoço & pernas. Porém obviamente ele estava mais bem preparado para ser um poeta & uma excentricidade, tanto pela sua conversa, que objetivava um brilhantismo irresponsável, & pela ausência de hesitação, quanto por seus trajes, que devem ter sido copiados do quadro usual de Shelley. Mas era inocente como um franguinho, & tão tolo que nada disso importava. No geral, gostei mais de

Ottoline do que seus amigos preparam alguém para gostar dela. Sua vitalidade pareceu-me um ponto a seu favor, &, numa conversa a sós, a sua vaporosidade cede lugar a uns rompantes bastante claros de argúcia. O horror da situação de Garsington é grande, claro; mas para quem vê de fora a impressão óbvia é que O. & P. & Garsington colaboram muitíssimo, o que não é visto com grande simpatia. Por outro lado, jogar a culpa em um ou outro numa situação dessas é algo que ultrapassa a inteligência humana: eles se colocaram num desfiladeiro tal de intrigas & complexidade generalizada de relações que quase nunca têm sanidade uns com os outros. Em tais condições, creio que Ott. merece certo crédito por manter seu navio de vento em popa, o que ela com toda certeza faz. Fomos tratados imensamente bem; uma bela quantidade de comida; a conversa muitas vezes tinha trechos gastos, mas, enfim, esse tapete específico já fora usado com demasiada frequência. L. conversou num tom severo com Philip & o fez ir ao Parlamento hoje. Ele é um homem amistoso fraco & longamente sofrido que parece estar sempre tentando extrair o melhor de tudo & ver o melhor das pessoas que por natureza ele detesta. Voltamos para casa por Oxford (onde comprei 2 cadernos, & L. um cachimbo, & tomamos café, & vimos as faculdades), depois por Reading, onde almoçamos; depois por Ealing, onde trocamos de linha para Richmond. Assim que chegamos, Alix apareceu, & acabou de sair; mas perdi a maior parte de sua visita, pois achei necessário tomar um banho.

Quinta,
22 de novembro

Tanto me gabei em Garsington deste livro [o diário], & do encanto de escrevê-lo a partir de uma fonte inesgotável, que sinto vergonha de estar saltando dias; & entretanto, conforme observei, a única chance que ele possui é aguardar o humor de escrever. Ottoline também mantém um, aliás, porém dedicado à sua "vida interior"; o que me levou a refletir que não possuo vida interior. Mas ela leu para mim uma passagem em que me elogia, o que significa que as realidades às vezes entram ali. Na terça L. foi a Williams & Norgate,[44] que oferecem condições para um livro de 2/6 – algo a se considerar. Evidentemente que o desejam muito; & não conseguem escondê-lo de todo, apesar da vontade de fecharem um negócio vantajoso. Prefiro acreditar que terminei de virar uma página. Seja como for, na quarta Barbara [Hilles] começou [na Hogarth], mas a máquina então engripou completamente, um dos rolos de compressão soltou-se & sacudia-se, & dado que nosso estoque de Ks esgotou-se ela só conseguiu compor 4 linhas. No entanto ela o fez rapidamente & sem erros, de modo que ela promete. Veio de bicicleta de Wimbledon; sua cabecinha rapada,[45] as bochechas coradas & o colete brilhante lhe dão a aparência de um passarinho vivaz; mas não sei por que acho essa aparência enfática particularmente interessante. Parece estar sempre dizendo, "Agora tudo está livre e desimpedido para a ação", porém ação não há nenhuma. Fui jantar com Roger [Fry; em seu estúdio] & encontrei Clive. Sentamo-nos à mesa quadrada e baixa coberta com uma bandana & comemos de travessas que continham cada qual um tipo diferente de feijão ou alface; comida deliciosa, para variar. Tomamos vinho & finalizamos com um queijo branco macio, com açúcar. Depois, pairando esplendidamente acima de personalidades, conversamos sobre literatura & estética.

"Sabe, Clive, elaborei um pouco mais sobre aquilo que é essencial a todas as artes: ora, toda arte é representativa. Dizemos a palavra árvore & vemos uma árvore. Muito bem. Agora, toda palavra tem uma aura. A poesia combina as diferentes auras em uma sequência..." – Aí está, grosso modo, um exemplo. Eu disse que podíamos, & certamente conseguíamos, escrever com frases, não apenas com palavras, mas isso não ajudou muito a resolver o impasse. Roger perguntou se eu baseava minha literatura em textura ou estrutura; relacionei estrutura com enredo, & portanto respondi "textura". Então discutimos sobre o significado da estrutura & da textura na pintura & na literatura. Então discutimos Shakespeare, & Roger disse que Giotto o empolgava tanto quanto. Assim a coisa seguiu até que me forcei a partir exatamente às 10h. E também discutimos poesia chinesa; Clive disse que era distante demais para se compreender. Roger comparou a poesia com a pintura. Gostei muito de tudo (da discussão quero dizer). Boa parte sem dúvida é perfeitamente vaga, & não deve ser levada a sério, mas o clima enfia ideias na nossa cabeça, & em vez de precisarmos abreviá-las ou estendê-las, podemos dizê-las de pronto & ser compreendidos – até mesmo contestados. O velho Roger tem uma perspectiva sombria, não em relação à nossa vida, mas ao futuro do mundo; como creio ter identificado a influência de [Wilfred] Trotter & seu bando, eu o desacreditei. Porém, ao pisar na Charlotte Street, onde se deu o assassinato de Bloomsbury uma ou duas semanas atrás, & vendo uma multidão atropelando-se pela rua & ouvindo mulheres xingando umas as outras & vendo as pessoas correrem deliciadas diante do barulho para ver do que se tratava... toda essa sordidez me levou a pensar que talvez ele tenha mesmo razão.

Hoje foi um dia de clima perfeitamente agradável & sem vento, & depois de compor uma página só tivemos tempo de ir até o rio & ver tudo refletido com perfeita exatidão na água. O telhado vermelho de uma casa possuía sua própria nuvenzinha vermelha no rio – as luzes acesas na ponte traçavam longas faixas de amarelo –muito tranquilo, & como se fosse o coração do inverno.

Sexta,
23 de novembro

L. foi a Londres com os cilindros, & eu tencionava ir a Kew [Gardens]. No caminho me veio a ideia de que é preciso decidir as coisas com definição. É preciso se decidir. Para começar, então, resolvi que se fosse o dia de 6d de Kew eu não hesitaria; deixaria de entrar. Era o dia de 6d; virei as costas sem nem uma pausa &, portanto, tive de caminhar de volta. Certamente uma resolução dessas traz uma sensação de paz, muito embora eu creia que estivesse errada. Era um dia quente, sem vento, o céu genuinamente azul. Contei meus torrões de açúcar, 31; mas Saxon chegou & lá se foi um; ele não tinha dormido & portanto estava faltando ao trabalho. Eu tencionava ler os sermões de Brooke, mas não pude; & Saxon não tinha muito o que falar. Discutimos a inveja da vaidade & a inveja do afeto. Ele é imune a ambas. Eu tenho uma mas não a outra – talvez por falta de um motivo. L. chegou depois de encontrar Squire, cuja insignificância rouba boa parte do brilho de resenhar. Então chegou Barbara, querendo um banho; & Saxon a acompanhou; & depois chegou Clive, & tagarelamos – ele & eu em dueto a maior parte do tempo – até as 10h30; quando ele foi embora vestido como um cavalheiro de Newmarket num casaco imensamente grosso. Acho sua vitalidade um descanso. Nenhuma necessidade de caçar assunto.

Ele já sai atrás de outro quando o primeiro se esgota. Falou mal de Ott., mas com franqueza. Discutiu Lady Mary Mantagu; as resenhas dele – um editor lhe ofereceu £40 para juntá-las num livro. Tornou-se um *raconteur* e tanto; mas existe nele, eu acho, um quê de intelectualidade; algo do padrão Cambridge que, talvez, sobrevive. Não é nenhum tolo; apesar de suas maneiras agora sugerirem motivos fortíssimos para o considerarmos um, de vez em quando – seu eterno esforço para brilhar, para estar "por dentro" – sua vaidade. Uma longa conversa ao telefone com M.H. o interrompeu. Tornou-se um grande escritor de cartas íntimas. Transforma num negócio conhecer todo mundo, ou ao menos os assuntos de todo mundo; mas gosto disso.[46] Hoje sábado os motivos de sempre me deixaram de cama, daquela maneira mitigada que permite montar tipos & devolvê-los nas caixas. Barbara trouxe os novos cilindros. Almoçou & ficou para o chá, & de fato foi-se embora agora há pouco, coisa que, eu espero, não venha a se tornar um hábito.

Segunda, 26 de novembro

Não gosto dos domingos; o melhor a fazer é transformá-los em dia útil, & desvendar o raciocínio de Brooke ao som dos sinos de igreja foi bastante conveniente. Uma tal ventania à noite, a propósito, que o leiteiro relatou um grande estrago na estrada esta manhã, o que aumentou nossas esperanças, mas estas caíram por terra quando saímos & não vimos nada destruído – nem uma mancha de sangue, nem sequer um restinho de chapéu. Ora fazia calor, ora chovia, sempre com um vento forte gelado. Fomos a Kew & vimos uma sarça ardente, vermelha como uma flor de cerejeira, mas mais intensa – vermelho geada – & também gaivotas levantando voo &

pousando atrás de nacos de carne, em uma multidão que de repente saiu em revoada devido à presença de três grous cinza-claros muito elegantes. Também visitamos o orquidário, onde esses répteis sinistros moram sob um calor tropical para que desabrochem em toda a sua carne manchada & listrada, mesmo agora nesse frio. Elas sempre me deixam ansiosa por colocá-las num romance. L. foi a Hampstead, & eu voltei para cá; onde tomei o chá na cozinha com o gato Manx. L. visitou Margaret & os dois conversaram sobre trabalhismo imagino & o livro dele. Que bom seria se meu leque fosse assim tão amplo.

Hoje fui a Londres com meu manuscrito: & Leonard aos Harrison (essa entrada ficou interrompida não sei por que motivo – mas minha lembrança é que L. encontrou Desmond na L.L. [London Library]: juntos pesquisaram a letra f – no dicionário de gírias; & ficaram tristes & surpresos ao ver como eram grossas as marcas dos polegares das pessoas naquela página. Minha tarde foi casta em comparação; embora eu mal possa me orgulhar de ter me perdido completamente enquanto procurava a Printing House Square,[47] & fui parar num labirinto de ruazinhas pouco iluminadas & muito agitadas & de aparência profissional, que eu bem gostaria de investigar melhor. Aqui fica o coração do jornalismo como profissão; carroças aguardavam nas laterais para serem carregadas com fardos. Até que um homem gentil de uniforme, que trabalhava num almoxarifado, segundo disse, levou-me ao *Times* (embora eu ainda assim tenha conseguido me perder, acho que foi isso, pois eu me lembro de caminhar rapidamente na direção errada, & de que foi ficando cada vez mais escuro até eu desconfiar & voltar para o outro lado... mas isso foi há uma semana.)[48]

Segunda, 3 de dezembro

É impossível lembrar-se de uma semana inteira, o que devo, confessar, teria de ser minha tarefa se eu tivesse a intenção de ser precisa. Um dia fui ao dentista; & Barbara veio aqui 3 dias, com resultados desastrosos, pois quando olhamos o trabalho dela, estava tão cheio de falhas que tivemos de refazer tudo. Eu devia ter mesmo esperado; não há muita inteligência, mas a rapidez & a precisão de uma boa costureira. Foi irritante. No sábado L. deu uma palestra em Hampstead. Estranho a impressão que Hampstead deixa até mesmo numa reunião casual de trinta pessoas; velhas senhoras & velhos senhores de tal asseio, decoro, inflexibilidade & moralismo; & os jovens de roupas marrons & reflexões sérias, as mulheres desmazeladas, os homens de ombros estreitos; a lareira resplandecente & luzes & livros à nossa volta, & todos é claro concordando de antemão com o que estava sendo dito. Sim: o velho Dr. Clark era capaz de citar cláusulas de tratados pelos seus números; & Hobson foi arguto, sensato & gentil; Janet chegou com uma aparência ótima. Mas tivemos de correr até o metrô para Leicester Sqre jantar com Barbara Saxon & uma moça chamada G[eorgina Bagenal]. Depois, assistir *Figaro* no Old Vic. É perfeitamente adorável; salta de uma beleza a outra, & tão romântico, bem como espirituoso... a perfeição da música & a vindicação da ópera.

No domingo recebemos a notícia da morte de Cecil & do ferimento de Philip. Caminhamos ao longo do rio à tarde, quando L. voltou de Staines, & demos com um velho olmo oco, em cuja serragem, assim imaginamos, alguém enfiara um fósforo. O vento soprava, & logo as chamas se tornaram bastante altas. Uma multidão parou. O primeiro velho senhor tinha tanta certeza que acreditei nele; disse que aquele era um processo habitual, feito para se livrar de uma árvore velha; nada com que se espantar; nenhuma hipótese de acidente ou má intenção; & assim continuou seu caminho com óbvia satisfação. O segundo velho senhor admitiu ter lá as suas dúvidas, & por fim virou-se para nós dizendo que ninguém atearia fogo numa árvore no passeio público, ainda por cima num domingo. Enquanto isso a árvore ardia lindamente; chamamos a polícia & os alertamos, para o caso de o fogo se espalhar a outras árvores pelos arbustos. O resfriado de L. péssimo – um aborrecimento horrendo.

Hoje ele ficou em casa & montou 21 linhas. Fui ao Harrison, à Mudies, ao Times, com um artigo sobre Mrs. Drew, & acabo de voltar. Noite fria de geada; estrelas polidas a um brilho máximo: muito mais iluminadas que as ruas. Perdi-me novamente, &, como ninguém sabe onde fica a Printing House Sqre, a liberdade é completa para perambular por aí. Peguei o segundo volume das memórias de Lord Morley, um livro verdadeiramente sólido, creio eu, como os que papai costumava comprar, & parecido com eles, aliás, uma capa vermelha horrorosa. Noite dessas Walter Lamb passou por aqui, quando estávamos sentados à lareira; & sua crista orgulhosa meio que se esmigalhou eu acho com meu esnobismo esmagador.

Quarta,
5 de dezembro

Nossa aprendiz pesa um tanto terrivelmente sobre nós. Primeiro porque, embora na presença dela eu sempre tenha vergonha de sentir isso, a presença dela atrapalha o nosso estar completamente à vontade. Talvez seja sua juventude; algo tão absurdamente polido que reflete tudo ao redor dela sem nenhuma profundidade... Por outro lado, ela é agradável, atenciosa; é possível abrir-se com ela. A verdadeira desvantagem é o seu trabalho. Hoje L. desperdiçou o dia no sofrimento fútil de tentar imprimir uma das páginas dela, que não travava.[49] Como a outra página teve de ser completamente desmontada & refeita, o trabalho dela no final é nulo; menos que nulo, considerando-se o tempo desperdiçado de L. Um dia gelado além do mais. Só saímos depois de escuro para ir à gráfica pegar aspas emprestadas. Ontem L. visitou Philip no Fishmonger's Hall.[50] Fiquei compondo em um cômodo, Barbara no outro. Esses dias confinados não fornecem muito em termos de incidentes, & passam com a mais veloz das pressas, de modo que às 9h, agora, parece que mal começamos o dia de trabalho – talvez resultado de irmos sem mais questionamentos de uma tarefa para a outra. L. está lendo a biografia de [Charles W.] Dilke; incomodado com uma pulga às suas costas; passei da metade do *Purgatório*, mas o estou achando duro, mais o significado que a linguagem, eu acho. Compramos o novo livro de poemas de Hardy, mas o emprestamos a Philip.

Quinta,
6 de dezembro

Quando escrevi que mal havíamos começado o dia de trabalho, ontem à noite, estava sendo mais fiel à verdade do que pensei. Nada podia passar mais longe da nossa cabeça do que bombardeios; uma noite gelada, nada de lua até as onze. Às 5h contudo fui despertada por L. sob um intenso barulho de disparos: foi como se as faculdades mentais pulassem da cama completamente vestidas. Apanhamos roupas, cobertores, um relógio de pulso & uma lanterna, & os disparos soavam cada vez mais próximos à medida que descíamos as escadas com as criadas para nos sentarmos sobre o velho baú de crina preta de cavalo, enrolados em cobertores, no corredor da cozinha. Depois de dizer que estava se sentindo mal, Lottie passou a matraquear piadas & comentários sem parar, que quase silenciaram os disparos. Eles atiravam muito depressa, aparentemente na direção de Barnes. Aos poucos os sons foram ficando mais distantes, & por fim cessaram; nós nos desenrolamos [dos cobertores] & voltamos para a cama. Em dez minutos não havia como ficar ali: disparos, aparentemente em Kew. De um pulo saltamos, mais rapidamente desta vez, pois lembro de ter esquecido meu relógio de pulso, & de arrastar manto & meias atrás de mim. As criadas pareciam calmas & até mesmo jocosas. Na realidade conversamos em meio ao barulho, mais entediados por termos de conversar às 5h da manhã do que por qualquer outra coisa. A certa altura os tiros eram tão altos que o assovio de uma granada subindo seguiu-se à explosão. Uma das janelas, acho, chegou a chacoalhar. Então silêncio. Prepararam chocolate quente para nós, & novamente cama. Depois de treinar os ouvidos para escutar, por algum tempo não se consegue impedi-los de fazer isso; & como já passava das 6h, as carroças começavam a sair dos estábulos, os automóveis vibravam, &, em seguida, prolongados assovios fantasmagóricos que, suponho, estavam chamando os trabalhadores belgas para a fábrica de munições. Por fim, à distância, ouvi clarins; L. a essa altura estava adormecido, mas os escoteiros diligentes desceram nossa rua & o acordaram com cuidado; percebi como era sentimental a sugestão daquele som, & como milhares de velhas senhoras estavam oferecendo seus agradecimentos ante aquele som, & relacionando-o (ao escoteiro com pequeninas asas de anjo) a alguma visão de júbilo... E então caí no sono: mas as criadas ficaram sentadas com as cabeças para fora da janela sob o frio tremendo – geada branca cobria os telhados – até soarem os clarins, quando então elas voltaram para a cozinha & lá ficaram até o café da manhã. A lógica desse comportamento me escapa.

Hoje imprimimos, & conversamos sobre o ataque aéreo, que, segundo o *Star* que comprei, foi obra de 25 Gothas atacando em cinco esquadrões, sendo que dois foram abatidos. Um dia de inverno perfeitamente calmo & bonito, de modo que por volta das 5h30 da manhã de amanhã talvez...

Sexta,
7 de dezembro

Mas não houve ataque aéreo; & como a lua está minguando, com certeza estaremos livres deles por um mês. Por sorte nada de aprendiz hoje, o que nos dá uma sensação de feriado. Tivemos de deixar bastante claro para Barbara que esse trabalho talvez não seja seguido de outro. Ela recusou pagamento pela semana passada. De modo que não há o que reclamar dela. Ninguém poderia ser mais agradável; & entretanto sua alma é de lago, não de mar. Ou será que somos românticos & exigentes demais em relação ao que esperamos? Seja como for, nada é mais fascinante do que uma pessoa viva; sempre mudando, resistindo & cedendo contra as nossas previsões; isso é verdade até mesmo em relação a Barbara, que não é nem a mais variável nem a mais talentosa de seu tipo. Nessa veio aqui por uma governanta (Mrs. Brereton foi indicada para substituir a capciosa caçadora de homens Miss E.) portanto terminei a tarde numa das grandes poltronas macias de Gordon Square. Gosto da sensação de espaço & de amplos padrões profundos que se tem ali. Fiquei sentada sozinha por vinte minutos, lendo um livro sobre crianças & sexo. Quando Nessa chegou tomamos chá & descobriu-se que Clive & Mary estavam na casa; & Norton chegou; o mesmo grupo de sempre. Como sempre do meu agrado; tão cheio de vida, tão repleto das informações mais recentes; de interesse verdadeiro por todo tipo de arte; & pelas pessoas também. Já espero que L. discorde disso. Julgo pela quantidade de empolgação mental que isso produz em mim, & pela sensação de liberação total dos pensamentos. M.H. não abre a boca, mas tem um ar de muda solidariedade. Gosto de Norton também – toda aquela racionalidade acumulada na cabeça para os mais exaltados fins, o que torna seu criticismo sempre imparcial. Clive puxa os assuntos – enchendo Nessa de atenção & admiração, o que já não me deixa enciumada como antes, quando a oscilação desse pêndulo levava consigo boa parte da minha fortuna: ou do meu bem-estar, pelo menos. Maynard diz que Bonar Law saiu do governo; o país inteiro está com Lansdowne, & o governo é incapaz de sustentar suas próprias declarações. Isso veio de Lord Reading. Às vezes penso que não existe um único segredo sequer na política; tudo se pode adivinhar pelos jornais. Nessa teve de ir ao Roger, & eu caminhei junto com ela, comprando no caminho linguiças & queijo para um jantar com convidados. Roger está se tornando um dos sucessos da época como pintor de retratos perfeitamente literais & bastante desagradáveis. Hoje (sábado) fomos a pé até Twickenham, onde Leonard pegou o trem para os Staines. Encontrei Marny[51] ao voltar. São 6h30 & ela acabou de sair; de modo que se eu não encher as dez páginas seguintes com fofocas de família & detalhes de toda espécie não é por falta de material. Deixe-me anotar algumas, se puder me lembrar – mas tudo se vai tão depressa & se transforma em cinzas quando não há o clima exato: Mas Florence Bishop, casada com um médico naval, mora em um apartamento em Earls Court – oferece geleia Tiptree no chá, é linda como um retrato & paupérrima, graças aos fracassos do velho Bishop; mas seu marido é um idoso, que agora cuida dos soldados feridos nos trens. E há tempos não conseguimos manteiga, & às vezes nem sequer aquela margarina boa, mas ao Barker eu não vou, não depois das evidências daquele incêndio.[52] O depósito de carvão de Wright, atrás da nossa casa, pegou fogo na outra noite – todo aquele carvão desperdiçado, & no inverno passado ficamos sem carvão uma vez. Era um sábado, ainda por cima, & fui de loja em loja implorando nem que fosse por um balde cheio, & quem eu encontro em Knightsbrigde senão Kittie Maxse? & ela me disse, Ah eu lhe dou carvão – ora essa, tenho dois porões lotados, & foi isso o que nos salvou, mas não a vejo desde aquele dia, tão distinta & nem um único ano mais velha, embora ela deva beirar os 50. Veja, eu tenho 55, & Toad 43 – mas a gente esquece a idade dos outros, & tenho certeza de que não me sinto velha; & você parece ter 25 – & Nessa deve estar linda como sempre, eu imagino! (aqui seguiu-se a história toda de nós dois, Nessa, Clive, Duncan & Adrian).

Minha nossa, como nos mudamos de um canto a outro... em parte por causa da guerra, com toda certeza; muito embora eu ainda veja algumas de minhas velhas amigas, como Miss Harris, que pinta, sabe, & muito bem aliás, mas não quer expor porque se considera apenas uma amadora, & agora está ocupada demais trabalhando na guerra. E Hilda Lightbody, eu também a vejo; apesar de ela fazer talas de papel machê o dia inteiro – sim, uma viúva é o que ela é, o marido foi um grande inválido... E às vezes vejo Adeline, que mora com Hervey, moram em Hastings durante o inverno, não queriam ficar por lá, mas foram para mudar de ares & não viram por que não continuar ali – é perto do mar, é claro; & Millicent não muito distante. O filho de Millicent morreu, você sabe, & Virginia ordenha vacas na propriedade de Lord Rayleigh em Essex. Prefere cavalos, mas cavalos não havia, & ela gosta muito de vacas também. Sim Millicent ainda mora em Hastings, apesar de não gostar de lá, mas Vere gosta, por causa do mar & porque eles conhecem um monte de gente, & Millicent criou uma série de bailes para os jovens no inverno passado, apesar de não sentir a menor vontade de bailar tenho certeza, & mantém o festival de música de pé, apesar de se recusar a colaborar com a guerra; & Augusta sempre adorou Kent, & agora eles arrumaram uma casa em Kent, com um jardinzinho, & Bob trabalha para um vizinho de vez em quando, & assim vão indo, sabe – os filhos todos pelo mundo agora. Ah é terrível como eles crescem – Halford um rapagão & tanto – com um lado poético, mas bastante prático ainda bem, & Janet muito parecida com Madge, & como eu adoraria que Madge *escrevesse*. Talvez estivesse mais feliz se escrevesse, apesar de eu duvidar que Madge possa ser verdadeiramente feliz um dia, mas é uma obra maravilhosa, & estou certa de que Will lhe deve muito. Acho que há anos não fofoco tanto assim. E a prima Mia morreu, & tia Mary foi atropelada... sim. É tristíssimo, mas melhor que uma doença que se arrasta para sempre, se quer saber! E Herbert está em todos os jornais; mas Lettice não gosta nem um pouco de Londres, só que Herbert gosta, então ela volta para Sheffield para mudar de ares... & quando tem bombardeio, ficamos com os Wale no térreo. Mas precisam contar às pessoas sobre as sirenes. Ora, quando berraram pela primeira vez, achei que tivessem sido os próprios alemães, & fui ao patamar & encontrei uma senhora, pensei que fossem 2, toda arrumada para sair, & ela me contou que... & blablablá...

Domingo, segunda, terça & quarta: sendo a quarta-feira 12 de dezembro

Um registro triste... A verdade é que, quando não estamos imprimindo & portanto Barbara não está aqui, temos trabalho em Londres, voltamos tarde & não me sinto inclinada a pegar caneta & tinta. No domingo Lytton veio para o chá. Eu estava sozinha, pois L. fora visitar Margaret. Gostei muito. Ele é um dos nossos amigos mais flexíveis; não digo que seja apaixonado ou magistral ou original, mas aquele cuja inteligência parece mais maleável às impressões, menos engomada por formalidades ou impedimentos. Tem um grande talento para a palavra, é claro, apesar de isso nunca (para mim) surgir em sua melhor forma no que ele escreve; isso o torna em alguns aspectos o amigo mais solidário & compreensivo com quem conversar. Além do mais, tornou-se, ou agora o demonstra melhor, curiosamente gentil, doce, atencioso; & se a isso acrescentarmos o sabor peculiar de seu espírito, de sua perspicácia, & sua infinita inteligência – não conteúdo, mas inteligência – ele é alguém que não se pode substituir por nenhuma outra combinação [de qualidades]. Com ele a intimidade me parece possível de uma maneira que raramente o é com alguém, pois, além dos nossos gostos em comum, eu aprecio & creio que entendo seus sentimentos – até mesmo nas suas manifestações mais caprichosas; como, por exemplo, na questão de Carrington. Ele falou dela, aliás, com uma sinceridade nada lisonjeira, apesar de nem um pouco maldosa.

"Aquela mulher vai me seguir como um cão", comentou ele. "Não vai nem me deixar escrever, se quer saber."

"Ottoline disse que você terminará se casando com ela."

"Deus! Só de pensar nisso já basta para... De uma coisa eu sei: jamais me casarei com ninguém..."

"Mas e se ela estiver apaixonada por você?"

"Bem, então ela precisa se arriscar."

"Acho que às vezes tenho ciúmes..."

"Dela? é inconcebível..."

"Você gosta mais de mim, não é?"

Ele disse que sim; rimos; comentamos que desejaríamos ter um correspondente íntimo; mas como superar as dificuldades? Será que deveríamos tentar? Talvez.

Ele nos trouxe seu Gordon. No dia seguinte levaria o livro à Chatto & Windus.[53]

Segunda-feira.[54] O dia de hoje foi uma série de reuniões para L. Almoço, visitar Philip, nova reunião & retorno apenas às 8h30; fiquei andando pela sala com certa ansiedade até ouvi-lo chegar. Minha tarde foi quase normal; Mudies, chá num A.B.C. lendo uma biografia de Gaudier-Brzeska; de volta para casa; dia suave chuvoso vaporoso.

Terça-feira.[55] O castigo de nossa aprendiz. No geral as coisas melhoraram; L. & eu escapamos por meia hora antes do chá para a luz rubro-acastanhada da tarde invernal. O Green dá uma boa amostra do céu & das árvores nuas, um ou dois ninhos velhos de gralha nos ramos mais altos. Voltamos para o chá; & Perera chegou para uma conversa privada. Admito que minha voz mais parecia as próprias profundezas do tédio com Barbara. Ela reconta os fatos exatamente do modo como os ouviu – fatos detalhados sobre governantas & casas. E nem a menor dúvida da própria adequação lhe passa pela cabeça; tão simpática, honesta, sensata, como pode ter algum defeito? Sim: pode-se imaginar sua natureza como um mármore impecável, impérvio, sem atmosfera nenhuma. E o tempo passou; ela perdeu o trem; aguardou outro... aguardou até as 6h10; & íamos jantar às 7h... & minha noite se esvaiu sem mais sensações, exceto a de estar parada embaixo do pinga-pinga de uma calha. Minha desculpa para tal extravagância é que eu tinha de ir à guilda hoje. Nenhuma palestrante compareceu, & já estávamos tirando a mesa às 9h, depois de muita leitura de cartas & discussões intermitentes quando um presságio privado se tornou realidade. Veio a palestrante. Uma tal de Mrs. Moore de Kensal Rise: classe média; vestida de veludo; vulgar, fluente. Falou sobre propaganda por vinte minutos; mais palavreado que conteúdo; & realmente, não conseguia explicar o que dizia, para satisfação de Mrs. Langston, & ficou perturbada quando demonstrei o quanto eu sabia. Mas admirei como ela se irritou quando ficamos todas ansiosas para ir embora. As mulheres disseram que foi um discurso esplêndido; frases que se dissolvem umas nas outras as impressionam.

Quarta-feira.[56] A manhã foi arruinada pelas lágrimas & queixas de Lottie, que acha o trabalho muito duro & acabou pedindo aumento de salário, coisa que poderia conseguir com facilidade, tanto ela como Nell [Nelly Boxall]. Perdi a paciência & disse-lhe que então fosse conseguir. Lá veio Nelly num tom conciliador, lamentando a explosão de Lottie, mas observando o trabalho pesado da nossa tipografia, tão bagunçada... um trabalho interminável; quisera pedir um aumento de salário em fevereiro – todo mundo tinha recebido aumento... Claro que tínhamos de pagar a mais pela comida, mas era assim mesmo... Éramos muito amistosos; não havia problema em relação ao dinheiro; mas os insultos de L. me pareciam desagradáveis – eu a desafiei a encontrar a verdade – se é que existe algo do tipo em meio a tamanha tormenta... Por fim ela se foi. Caminhei ao longo do rio, depois de imprimir um pouco.

Quinta, 13 de dezembro

Graças a um arranjo cuidadoso, limitei a cena de reconciliação com Lottie para quinze minutos às 11h em ponto. Ela soluçou; arrependeu-se; retirou tudo o que tinha dito; contou como seu temperamento levara a desentendimentos constantes nos "Fry", como elas dizem; tudo fantasia aquilo sobre o trabalho; quanto mais gente recebíamos & mais bagunça fazíamos, mais ela gostava. Implorou que eu não contasse nada a ninguém; beijou-me & saiu, como uma criança repreendida, deixando-me com uma mistura de pena & (suponho) satisfação comigo mesma. Os pobres não têm sorte; nem maneiras nem autocontrole para se protegerem; nós é que temos o monopólio de todos os sentimentos generosos... (ouso dizer que não é bem verdade; mas há certa verdade aí. A pobreza degrada, como dizia Gissing.) Barbara estava resfriada & não veio; para meu alívio, com toda a certeza. Mas não é bem assim; ela veio depois do almoço, com uma carta de Nessa convidando-a para ser sua governanta por um mês, até a chegada de Mrs. Brereton. Barbara foi tão sensata & responsável que me senti culpada; certamente ela nos trata com a mais rigorosa honestidade, levando a tipografia a sério (aqui a luz acabou), algo que se deve reconhecer, & seria possível confiar que manteria sua promessa ao pé da letra, imagino. Ela se foi logo depois do chá para presidir uma daquelas curiosas reuniões com Nick, Oliver, & Saxon & Carrington sobre a casa deles no campo. A tarefa de mobiliar recaiu, é claro, para Carrington; mas Barbara é uma boa auxiliar & cuida da contabilidade, o que terminará, eu garanti a ela, por absorver todo o seu dinheiro em coisas pelas quais ela jamais será remunerada.

Sexta,
14 de dezembro

Hoje fomos ver Philip no Fishmongers Hall. Um lugar um tanto estranho, a alguns passos da Ponte de Londres. Um saguão pomposo, com porteiro, uma lareira gigantesca para esse porteiro, & um canhão alemão; & no interior balaustradas cobertas com arranjos de tecido carmesim, como se para uma visita da realeza; a bandeira de Nelson numa vitrine; um Dick Washington de gesso num nicho; uma escadaria lateral conduzindo a uma grande galeria, agora dividida em cubículos. Duas ou três enfermeiras sentadas à entrada, costurando. Encontramos Philip de pé; a cadeira perto da janela aberta, que dá para a rua, barulhenta, & para uma faixa de rio. Vi um cartaz alertando os pacientes a não atirarem guimbas de cigarro lá fora, pois podiam cair em fardos inflamáveis no cais. Para mim, Philip parecia bem; mas havia aquele mesmo ar distante que se percebe em Nick. Suponho que para Philip esses dias transcorram como um sonho do qual ele não se sente parte. Imagino que não entenda por que não consegue mais sentir as coisas intensamente. Ainda diz "nós" & "nossas" coisas. Achei que devia estar pensando em voltar [para o front da batalha] com qualquer coisa parecida com esperança. Mas conversava com naturalidade & animação – sobre cavalos & livros & coisas do tipo... Outro homem – um oficial de cavalaria grande & corpulento – lia um livro num canto; não tinha o costume de ler, imagino. As enfermeiras pareciam muito gentis. Uma sensação generalizada da inutilidade de tudo aquilo, despedaçar aquelas pessoas para depois voltar a consertá-las, pairava no ar, eu achei. Convidamos Philip a ir a Asheham, quando ele puder caminhar.

Para casa, & encontramos Sydney [Waterlow] na poltrona diante da lareira. Estava de ótimo humor, & pronunciou a palavra "eu" com uma espécie de orgulho trêmulo; sim, negociou tratados em Paris desde a última vez que nos vimos. Por ser inibido & acanhado, seus triunfos lhe dão enorme prazer; o mesmo tom de autoaprovação meio incrédulo surge na sua voz quando ele fala dos filhos. Ri dele por causa de nossa briga. Ele havia refletido sobre toda a questão, assim disse – como se tivesse alguma importância; & ficou muito satisfeito pelo fato de não haver mais nuvens. Veio Saxon, muito tarde, para jantar. Eu lhe dei o jantar & ele me contou o quanto Alix era egoísta – não consegue nem arrumar as próprias caixas; deixa para Carrington. Saxon atribui isso ao amor; já eu acredito que seja uma imitação do que é ser amado. Ela pegou isso de James, enxerga isso nele & creio que acha que representa a consciência da superioridade. Sydney pernoitou aqui; & Saxon ficou até as onze; mas só falou 3 vezes; & ainda assim de modo um tanto pedante, à sua velha maneira, que ultimamente parecia ter abandonado.

Sábado,
15 de dezembro

Um dia frio, mas ensolarado. Parece comprido pois o tiramos de folga. Nada de imprimir. Caminhamos como nos velhos tempos pelo parque, pela avenida & de volta pelo rio, que enchia depressa & interrompeu nosso caminho, forçando-nos a nos arrastar ao longo de um gradil para alcançar a terra firme. As ruas me lembram as ruas de Cambridge. As pessoas andam pelo meio. Isso em parte se deve às filas de gente esperando para comprar no Liptons [cadeia de mercados]. É difícil se manter no asfalto, & os ônibus a motor passam roçando as pessoas. Para casa & um enorme chá só para nós dois. Montes de jornais. Perera, é claro, veio se consultar uma vez mais; ainda está sentado com L. na sala dele.

Segunda, 17 de dezembro

As segundas, creio já ter observado antes, são nosso dia de compras – mas me esqueço de Molly MacCarthy & Walter Lamb na noite passada... A coisa aconteceu assim. Wat nos ofereceu emprestado seus mapas de Norfolk. Achando meio frio emprestá-los sem fazer um convite, nós o convidamos a trazê-los. Então nos vimos diante da perspectiva intolerável de ter Walter sem ninguém que o mitigasse. Mas a quem recorrer de última hora? O lar dos Strachey estava depenado graças a Tidmarsh; Squire ocupado; por fim me ocorreu Molly, & os céus nos concederam essa graça. Não tenho certeza se a surdez dela não lhe empresta uma espécie de picância (como um gaguejo); ela...

Esqueço quem entrou neste momento; & boa desculpa eu tenho para me esquecer, uma vez que hoje é quinta-feira, 3 de janeiro de 1918. & acabamos de voltar de Asheham. Porém eu me lembro que os últimos dias foram cheios de visitas, Walter & Molly como comecei a relatar. Ela enviou seu romance à Chatto & Windus, & o intitula *The Band on the Pier*, ou *Ring Fence*.[57] Esse último é meio tedioso, creio eu. W.L. elegante & meio desconfiado quando a Família Real veio à baila; ele não quis atirar naqueles coelhos novamente, para minha diversão. E depois consigo me lembrar de que tivemos Ka; que pensa em pedir as contas; & depois, na noite seguinte, Bob;[58] com os bolsos transbordando de poesia georgiana, & uma conversa unicamente sobre livros & valores de impressão & número de cópias vendidas, no meio da qual Nelly interrompeu para dizer que tinha tocado a sirene. De modo que nosso jantar ocorreu parcialmente no porão; com Bob falando num tal ritmo que era necessário ficar atento à janela para ouvir tiros, por mais que eles fossem altos o bastante. Eu me lembro dele no porão agarrado a um prato imenso de pudim de sebo, & L. sentado num caixote de madeira sobre o compartimento de carvão, lendo o jornal & encontrando uma das minhas canetas vermelhas ali. O sinal verde veio por volta das 10h: foi um ataque ruim, porém, & Barbara & Saxon sofreram mais do que nós em Hampstead.

Depois disso – na noite seguinte mais exatamente – fomos ao jantar do 17 Club;[59] uma bela comilança com 200 pessoas em mesas compridas. O barulho dos garçons batendo as portas basculantes era uma imitação tão bem-feita de tiros que diversos oficiais vieram advertir de bombardeio. Jos. [Wedgwood] fez um discurso. Notei que a pobre da Marjorie escutava com os olhos fixos no seu colo. Ela veio de Darlington, & estava vestida, pobrezinha, com musselina bordada com rosas vermelhas & decote cavado; embora quase todo mundo estivesse trajando praticamente roupas de trabalho com estolas de pele. Fui aprisionada na rede de Sylvia Whitham, que me interrogou sobre os romances do marido; & desesperada para não revelar minha verdadeira opinião eu fingi nunca ter lido Wolfgang... Muito adequadamente, de todos os nossos amigos ela é a única que teve uma bomba despejada na casa vizinha & a reagir sem surpresa. E está enveredando na literatura, & começou traduzindo Flaubert – uma empreitada e tanto para uma pessoa sem o menor talento em nada, sempre seguindo o rastro de gente mais evoluída.

No dia seguinte fomos a Asheham, & a viagem foi a pior já registrada – 5 horas, passadas basicamente diante do cruzamento de Clapham; neblina, um frio extremo; cada movimentação era interrompida dali a um ou dois minutos. Avançamos, eu me lembro, & vimos que as estradas estavam embaixo de neve; mas foi muito agradável entrar na sala de estar, exceto que não havia leite.

Um dos Natais mais frios & bonitos. Para nosso grande alívio, nós o passamos a sós, Ray ficou doente, Ka veio no fim de semana, & os filhos de Nessa. Teve a visita costumeira de Maynard & Clive; minha falha costumeira de não ir a Charleston correspondendo à falha costumeira de Nessa não vir a Asheham. Passei a noite lá, & tive bons momentos [*trecho ilegível*], apesar da barreira um tanto obtusa de Bunny, que em determinado momento foi para a cama sem despertar solidariedade da parte de Nessa, que muitas vezes o colocara na cama, disse ela, sem nenhum motivo aparente. Duncan voltou de Londres com fofocas para nós; basicamente sobre Alix &, uma festa na peça de teatro, em que ela quebrou o tabique, deixou cair cigarros & teve de ser convidada a se retirar.[60] Mas o que eu mais gosto em Asheham é que lá leio livros; como é divino voltar de uma caminhada, tomar o chá junto à lareira & depois ler & ler – digamos *Otelo* – digamos qualquer coisa. Parece não importar o quê. Mas nossas faculdades se tornam tão estranhamente desanuviadas que a página se destaca em seu verdadeiro significado, & ali repousa, como que iluminada, ante nossos olhos; contemplada de modo completo & verdadeiro, não em solavancos

& espasmos como ocorre com tanta frequência em Londres. E há as árvores, finas & sem folhas; o castanho do arado, &, ontem, colinas montanhosas por entre uma neblina, que não é palpável, pois somente os detalhes mortiços desaparecem enquanto os vívidos aumentam cada vez mais, & pode-se avistar fogos acesos através dela. Esportistas solitários abatem patos & narcejas nos brejos. As janelas quase sempre amanheciam congeladas, & cada lâmina de grama, dura pelo gelo. Perdizes vinham sentar no campo, montinhos sem vida, pareciam; meio enregeladas de frio talvez.

O hábito diarístico ganhou vida em Charleston. Bunny passou a véspera de Ano Novo escrevendo até tarde, & Duncan voltou com um livro-razão, comprado na Lambs Conduit Street. O triste é não confiarmos uns nos outros para lermos nossos cadernos: eles repousam, como vastas consciências, em nossas mais secretas gavetas. Clive, falando nisso, animou o Natal com um livrinho de versos – a prosa fantasticamente afetada, os versos bastante bonitos & leves, na minha opinião (com isso quero dizer q. não na de L.). Ele sabe piar de modo muito eficiente... Enfim, prefiro isso ao último esforço georgiano – encadernado em azul este ano, & abrigando o ridículo do Squire.[61]

Assim chegamos ao fim do ano, & está além das minhas forças qualquer tentativa de resumi-lo, ou mesmo de lançar uma última olhadela ao jornal vespertino, com notícias da Rússia, que acaba de chegar & que leva L. a comentar:

"Um estado interessantíssimo das coisas..."

"E o que irá acontecer?"

"Isso nenhum ser humano é capaz de prever."

FIM

1918

Janeiro[1]

**Hogarth House
Paradise Road
Richmond**

**Sexta,
4 de janeiro**

Não há motivo, afinal, para contarmos com acontecimentos especiais para a primeira página de um livro novo; mesmo assim contamos com eles: & portanto posso relatar três fatos de importância diferente: usamos o 17 Club pela primeira vez; há rumores sobre paz; & meus óculos de armação de tartaruga quebraram. Esses rumores sobre paz (que é afinal o mais importante dos três) vêm à tona com uma espécie de tremor de esperança a cada três meses; depois arrefece; depois infla novamente. O que significa agora eu nem quero adivinhar, pois tenho uma espécie de superstição quando se trata de adivinhações; mas enfim, é inegável a sensação de que algo está acontecendo; que um dia podemos acordar e ver esse boato acobertado estampado em todos os jornais. O 17 Club é um sucesso, com base em um único chá. Encontramos Alix, acomodada, já uma *habitué* ao lado da lareira, ao lado de um grupinho de revolucionários bastante jovens, um oficial & dois funcionários públicos democratas esqueléticos. As salas são agradáveis, com toques da Omega, & menos formais do que é o habitual. Antes disso fiz a minha ronda de sempre; Partridge & Cooper [grande papelaria]; atravessar os Lincoln's Inn Fields até a Mudies; L. tendo passado a tarde nos comitês [da revista *War and Peace*, que ele editaria naquele mês]. Margaret acabou de telefonar para consultá-lo acerca de certas manobras de paz de que ela participa. Conversa com Alix sobre possíveis livros que ela pode vir a escrever: "Sem trabalho somos uns desgraçados" – "Ah, completamente desgraçados", ela repetiu, com uma referência indireta a James, suponho. "Não tenho esperança de escrever bem: vejo as coisas como elas são."

Sábado, 5 de janeiro

Fomos a Hampton Court, pela primeira vez desde que patinamos ali, acredito. Atravessamos o Bushey Park, & uma tropa de cavalos aproveitou a chance para disparar de um lado ao outro. A estátua dourada estava rodeada de gelo, & o gelo tinha uma polegada de água dentro; eu o quebrei com meu guarda-chuva.[2] Os canteiros em Hampton Court têm um tom marrom uniforme, exceto por uma flor amarela & outra cor-de-rosa, prímulas acho. Havia sacas dispostas em intervalos, que L. achou terem sido colocadas ali para os exercícios de ginástica de Mrs. Creighton. Olhamos para as janelas dela. Como sempre não vimos nada além daqueles grandes fólios de velino, recheados de história italiana, assim imagino. Caminhamos ao longo de um banco elevado sob as árvores até o rio; & nos sentamos num dos bancos de madeira semicirculares vazios. Estava frio, mas mesmo assim. Então apanhamos um bonde até Kingston & tomamos chá no Atkinsons, onde não se pode comer mais do que um único pãozinho. Tudo está racionado agora. A maioria dos açougues está fechada; o único aberto tinha sido sitiado. Não se pode comprar chocolates, nem caramelos; as flores estão tão caras que tenho de escolher folhas em seu lugar. Temos cartões para a maioria dos alimentos. As únicas vitrines onde existe abundância são as das lojas de tecidos. As outras desfilam latas ou caixas de papelão, sem dúvida vazias. (Isso é uma tentativa de estilo histórico, conciso.) De repente, a guerra começa a se fazer notar em todas as partes. Imagino que ainda existam bolsões imperturbados de luxo em algum lugar – lá nas casas de fazenda de Northumbria ou da Cornualha, quem sabe; mas a mesa do povo está um tanto vazia. Os jornais, porém, florescem; & com 6d temos suprimento suficiente para acender as lareiras de uma semana inteira. Um homem chamado Richardson está trabalhando num método matemático altamente complexo de votação nas trincheiras.

Domingo, 6 de janeiro

Um dia chuvoso infernal. Deixei L. na estação, pois ele tinha de ir a Hampstead responder uma lista de perguntas de Margaret. Voltei sozinha para o chá. Alix & Fredegond para o jantar. A conversa, depois de rodeios exibicionistas em torno de Clive, Barbara, Garsington &c, parou em consciência: os deveres sociais & Tolstói. Gerald [Shove] leu Tolstói outro dia & decidiu largar o cigarro, mas agora argumenta que as diretrizes de Tolstói eram para homens de vida mais depravada que a dele, de modo que pode fumar cigarros. Pensa seriamente em começar um viveiro depois da guerra, & ameaça abrir mão do capital que eles têm.

"Mas para quê?, inquiriu L. É a pior coisa que se pode fazer. Não queremos que as pessoas vivam com 30 xelins por semana."

"Psicologicamente pode ser necessário, se o que se quer é abolir o capitalismo", comentei.

"Não concordo", disse Alix. "Além disso, para quem ele doaria seu capital?"

"No estado ideal todos ganhariam £300 por ano", continuou L.

"Por favor me diga um motivo de que eu possa me lembrar para contar ao Gerald", implorou Fredegond.

Esqueço agora qual foi esse motivo.

"Ele tem uma consciência impressionante", ela continuou. Comeu uma enorme ceia de Natal, & depois ele & o irmão mandaram trazer frutas em conserva, & quando terminaram, sentiram-se péssimos. "Nós nos comportamos como porcos! Somos uns brutos!", gritaram. Os dois estavam péssimos.

L. nos deu um monte de motivos para conservarmos o que temos & fazer trabalho decente sem remuneração; mas ainda sinto que minha lareira é grande demais para uma pessoa só. Sou uma das incomodadas com o obstáculo psicológico de possuir capital. Alix representava uma economia robusta & pragmática, derivada de [James] Strachey. Depois dessa longa discussão, chegou a hora de eles irem embora.

Segunda,
7 de janeiro

Para Londres hoje, L. com meu artigo sobre Jacks para o *Times*, eu ao Spiller para ver meus óculos; preciso comprar novos pelo valor de £2,2. Depois nos encontramos na London Library, & daí tomamos o chá no clube, onde Alix é agora quase uma anfitriã & a mulher continua fumando cachimbo num canto. Lytton chegou & terminei o chá com ele. Está negociando com a Chatto & Windus acerca de seu livro.

"Quando me perguntam se gosto de Tidmarsh, respondo que o campo me cai bem", disse ele, um tanto misteriosamente. Sua pouca gentileza para com as jovens damas – Fredegond, Faith & Alix – era bastante visível. Eu lhe disse que escrevia preso demais ao padrão de Macaulay.

"Vejo que não gostou muito de Gordon", disse ele, um tanto indiferente, satisfeito, quase elegante. O fato de as pessoas entrarem & saírem o tempo todo tornava difícil conversar. O principal assunto era a proximidade da paz; porém os jornais da noite lançam dúvidas a esse respeito.

Terça,
8 de janeiro

Como sinal dos tempos em que vivemos, observo que Fredegond, que deseja passar alguns meses em Londres, foi aconselhada por seus amigos práticos a morar num hotel. Dizem que teria dificuldade em conseguir comida, ainda que encontrasse uma criada ou um quarto para alugar. De modo que ela está morando em quartos no Thackeray Hotel. Alguns fragmentos me vêm hoje à cabeça &, não tendo mais nada o que registrar, posso muito bem anotá-los. Que fui ao cartório para Nessa, & notei que a mulher tinha 6 ou 7 canetas sobre a mesa; experimentou uma após a outra, descobriu que todas menos uma estavam imprestáveis; as pontas presas ao suporte por crostas de tinta. Certa noite no verão passado, saindo de um ônibus, vi uma sacola de peixes esquecida num ônibus & a entreguei para a mulher à minha frente. Ela me agradeceu & disse, com um meio sorriso, "É porque não estou acostumada a carregar sacolas". A sacola era evidentemente a marca de uma classe social mais baixa. Houve é claro outros fragmentos, mas só de pensar eles se dissolvem no meu pensamento. É estranho, considerando sua trivialidade, como essas ceninhas sempre voltam em estranhos momentos: são lembradas, revividas, & desaparecem. Estranho também como pensamos com a ajuda de imagens dos arredores. Ontem não conseguia me lembrar se tinha deixado um livro no meu quarto. E então me vi mexendo nos óculos, & lembrei que eu tinha mexido nos óculos para pousar o livro: dito & feito, ali ele estava. O quanto eu não daria para saber um pouco sobre psicologia. Foi um dos livros que sugeri que Alix escrevesse: "mas de que adianta se não se pode fazê-lo *realmente* bem?". À gráfica [McDermott] hoje, & ele me declara calmamente que na verdade não conseguirá entregar a prensa no dia 14. Não consegue encontrar quem a transporte. Uma frieza & tanto, considerando que lhe demos nossas £10 sob a condição de que teríamos a prensa sem falta. Porém, não se pode levar a sério essas criaturinhas gélidas semimortas estafadas de trabalho. Não dão o mesmo valor que damos a promessas, nem mesmo as que foram escritas & carimbadas. As pessoas vêm atazaná-lo com trabalhinhos miúdos, ele disse, & ele não tem nem tempo de ir cobrar os serviços. Pela primeira vez em semanas ou meses passei uma tarde inteira fazendo compras. As moedas se acumulam na minha bolsa, pacotes pendem de cada um de meus dedos; as pessoas nas lojas irritadas; as lojas lotadas: em realidade uma tarefa das mais desagradáveis, quando feita em massa.

Quarta,
9 de janeiro

O 17 Club é uma espécie de tentação; certamente promete melhores condições para o chá do que um salão de chá. De modo que, depois de ter ido ver meus óculos, fui à Gerald Street. Encontrei lá Fredegond & Faith, & também um grande semicírculo de jovens de Cambridge; incluindo um rapaz de cabelo desalinhado que escrevera uma peça, a qual trazia consigo; a moça que fuma cachimbo, & um ou dois outros. Achei engraçado ver repetidas certas antigas cenas de meu próprio passado – a óbvia empolgação & a sensação de ser a melhor & a última (embora não declaradamente a mais bela) das criações de Deus, de ter coisas a dizer pela primeira vez na história; lá estava tudo isso; & o rapaz tão maravilhoso aos olhos das moças, & as moças tão desejáveis aos olhos dos rapazes, embora isso não fosse perceptível para mim, sentada como uma velha senhora no meu sofá... Conversas do tipo:

"Ah, mas já leu a peça dele? & gostou?"
"Com toda a certeza sim."
"E gosta da abordagem."
"Ah, imensamente!"

Então uma segunda moça, menos favorecida, inclina-se para a frente & diz:

"Mas posso vê-la?"

"Certamente", diz o rapaz, & a retira de uma valise, para deleite da moça.

"Eu represento o público. Edith é tão pouco convencional." Contudo, neste momento fui convocada a tomar meu chá do outro lado da sala, & chegou Lytton, carregando Lord Morley a tiracolo, que ele está resenhando para L. Ainda tentamos escutar a conversa dos jovens de Cambridge, & L[ytton] finalmente levantou acampamento quando o desafiei a ir ter com aquele grupo, agora ainda maior com o acréscimo de diversos rapazes de testas amplas, cabelo penteado para trás, escondendo-se da polícia.[3]

Então conversei a sós com Faith. Segundo ela Nick está sofrendo muitíssimo com o trio Saxon Barbara Nick. Seus direitos não são levados em conta; Barbara prefere Saxon; & parece ter vergonha da falta de intelectualidade de Nick. Não quer levá-lo para ver seus amigos de Bloomsbury. Bloomsbury, acho, acabará levando a fama de ter feito mais um cadáver; pois as realizações da coitada da Barbara não são tão relevantes a ponto de lhe dar uma posição segura ali; & no meu entendimento o casamento com Nick oferece mais valor sólido do que uma relação fria & somente semiverdadeira com Saxon. Expliquei meu ponto de vista, com o qual tanto Fredegond quanto Faith concordaram. Prometi ser gentil; se a gentileza puder persuadir Barbara de que existe mais no Nick do que ela consegue enxergar. O esnobismo dela é irritante, mas natural. Na rua caíram as minhas calcinhas cinzas. O mesmo aconteceu certa vez com Emmy Fisher, que enrolou com elas um cão esfomeado. Fredegond me acompanhou até Charing Cross. Eu me sinto como ela de uma maneira fundamental.

Quinta,   Nossos canos estouraram ontem com o derretimento
10 de janeiro   repentino. Em uma ou duas horas fomos de gelo firme para uma temperatura amena. Lottie & Nelly lidaram com isso de forma sensata, mas estamos sem banho. Compus à tarde, depois fui à gráfica. L. não perdeu a paciência; o McDermottzinho garante que fizemos um acordo verbal de que ele só precisaria entregar a prensa caso a dele estivesse consertada. Tão gentil, pertinaz & estúpido que não imprimimos nada. A verdade é que ele nos toma por amadores, gente que não precisa levar a sério. Temos de repensar as coisas.

Sexta,   Outro dia sedentário, que entretanto merece uma
11 de janeiro   passagem para registrar que os lordes aprovaram a Lei do Sufrágio.[4] Não me sinto mais importante... talvez apenas um pouco. É como uma ordem da cavalaria; pode servir para impressionar quem desprezamos. Mas existem outros aspectos, naturalmente. L. foi almoçar com Ka & um sérvio; eu compus, & agora acho muito possível compor uma página em uma tarde. L. voltou, & demos uma volta pelo rio; depois para casa, para o chá; muitos livros. (A vida de Keats, até que enfim.)[5]

Sábado,   Agora que imprimir se tornou um hábito (estamos
12 de janeiro   na página 18) não há muito o que anotar, embora o dia pareça tão lotado de eventos sequenciais quanto um quebra-cabeça. Ainda estamos sem banho, o que empresta certa severidade às outras restrições que iremos sofrer. Hoje só podemos conseguir uma pequena peça de carne, que precisa durar uma semana. Não há banha para comprar; nem margarina, nem *nutter*.[6] Estamos reduzidos a meio quilo de manteiga por semana; os ovos saem a 5d cada, um frango algo

em torno de 10 a 15 xelins. Mrs. Langston preparou um jantar na semana passada à base de linguiças & pão & gordura reaproveitada – "Não fazia um jantar como esse num domingo há 25 anos". Depois de imprimir nos permitimos fazer uma curta caminhada, & tivemos uma visão de Tinker – era igual, exceto o nariz; mas todo cão tem uma marca inconfundível. A esperança de paz se estilhaçou novamente; pelo que se vê, as políticas mais uma vez perdem o rumo.

Segunda,
14 de janeiro

Saxon veio jantar no sábado. Estava completamente deprimido. Era impossível falar com ele, mas supus que lastimasse a fragilidade inevitável da espécie humana: seu sonho de que o amor & a amizade triunfassem sobre o ciúme, imagino, se despedaçou com os últimos acontecimentos: & ele se encontra numa posição odiosa para um homem tão escrupuloso & sensível quanto ele. Seja como for, os efeitos não são nem um pouco animadores para seus amigos. Até mesmo os gestos dele estão exauridos. Não esteve em lugar nenhum não viu ninguém. Eu me lembro desse fragmento:

"Viu alguém ultimamente, Saxon?"

"Terminei o terceiro volume da Antologia [de poemas gregos]."

Ele me trouxe duas coletâneas de literatura italiana. Anotou meu nome nelas com extrema destreza & capricho. Jogou xadrez com Leonard, foi derrotado, o que não ajudou em nada seu ânimo, & foi-se embora, carregando o fardo dos mistérios desse mundo ininteligível.

No domingo, Clive veio tomar o chá; não fazia muito tempo que se instalara quando chegaram os Shove [Gerald e Fredegond], & passamos uma ou duas horas fofocando. Quando se vê Clive com frequência, seus truques para manter o nível de sucesso & brilhantismo se tornam um tanto óbvios. Estávamos todos conversando sobre o 17 Club quando ele nos veio com esta: "Eu fui um dos orgulhosos que não entraram quando foram convidados; agora, é claro, descubro que é o que se deve fazer, & precisei baixar o nível", sendo que na verdade ele desejava entrar, mas foi vetado por L. e pelos outros. Tal seria a verdade de muitas das suas histórias, arrisco dizer, se uma pessoa pudesse conhecê-la. Mas não pode; os resultados são bastante agradáveis, ainda que inventados. E como eu o convenci a me emprestar sua máquina de escrever para levar a Asheham, não tenho motivo para censurá-lo. Seus hábitos parecem o das pessoas cuja beleza se apaga; um toque de ruge, um cacho de cabelo dourado, os lábios cor de carmim. Falamos principalmente sobre o hipnotismo que Bloomsbury exerce sobre a geração mais jovem. Certa hilaridade diante do retrato que Clive pintou do "tutor consumado" de Tidmarsh. F[redegond] e G[erald] tinham ido para lá, & depois do chá tutor & discípula pediram licença, mas lá entrou ela [Carrington] para apanhar um volume de Lord Macaulay; & mais tarde ela pediu que lhe explicassem uma piada sobre Rousseau. "Você vai entender quando for mais velha, minha cara", disse Lytton paternalmente. Ela puxou F. de canto & lhe confessou que existiam dificuldades entre Barbara & Nick. "Nick, disse ela, anda lendo bastante", como se existisse esperança para ele nessa questão. Todos eles estão "lendo bastante". Saxon perguntou a Maynard outro dia se ele achava Petrônio uma leitura adequada para uma moça que gostava de Apuleio. Mas as moças não gostam de

Apuleio... quando estão a sós. Dava material para uma comédia. Realmente, vejo enredos de várias comédias fermentando entre os nossos amigos agora. Tem a comédia de Alix & Bunny; de James & Anônima; & a tragicomédia das duas cacatuas.[7] Depois que Clive foi embora, F. & G. ficaram para jantar, & mais à vontade. F. nos contou da noite do casamento de A.; à qual ela se lançou pela vontade obediente de obter experiência, embora a experiência tenha incluído tanta autobiografia da parte de B. &, não tenho dúvida, eulogias ao pai dele, além de panegíricos aos nossos luminares menos literários, que acho que a experiência acabou saindo caro para ela. Mas "no geral estou me sentindo melhor: em parte por causa de Bunny." F. tem muito jeito para imitar os outros. Imitou Karin [Stephen] aparecendo tarde da noite perguntando, "Tem um lanchinho para Carry?" & pondo-se a vasculhar a despensa deles. Karin dando uma palmada na própria coxa & exclamando, "*Nós* é que vamos dar um passeio; *nós* é que vamos contar uma piada"; & também Karin caindo no choro na outra noite por achar que Maynard &c não a queria ver. Na verdade o domínio que "Bloomsbury" exerce igualmente sobre os sãos & os insanos parece suficiente para virar a cabeça até dos mais robustos. Por sorte sou uma "Bloomsbury", & portanto imune; mas não sou completamente ignorante do que eles querem dizer com isso. & é um hipnotismo bastante difícil de se livrar, porque existe certo fundamento nele. O mais estranho, porém, é que Maynard parece ser a fonte desse espírito mágico. Falei sobre capital com Gerald: ele diz que deseja abrir mão do seu, mas suponho que ele tem sempre certo escrúpulo em tratar a questão como um exercício intelectual.

**Sexta,
18 de janeiro**

Outro salto, em parte porque escrevi uma longa carta a Nessa, que drenou algumas das coisas que eu deveria ter dito aqui. Mas gosto mais daqui do que de escrever cartas. Talvez devêssemos escrever romances apenas para nós dois. Consigo me lembrar de vários acontecimentos, porém: os Toynbee & Kot.[8] vieram jantar na terça; & naquela mesma tarde Lady Strachey leu para nós – para mim, na maior parte do tempo, pois L. se atrasou. Ela leu os bailes de máscaras de Ben Jonson.[9] São curtos, & entre um & outro ela interrompia para falar um pouco, de modo que foi mais leve do que antes, & gostei. Ela me disse que costumava ler de tudo na escola, & consegue se lembrar dos livros porque associa lugares a eles. Aos dezoito anos seu pai lhe deu permissão para ler *Tom Jones* (eu acho) sob a condição de que ela jamais confessasse tê-lo lido. Contou-nos que o fato de Lytton não ter conseguido uma bolsa de estudos tinha sido uma das frustrações de sua vida, "uma das muitas". "Bem, esse próximo livro dele não será uma frustração", eu lhe disse. Mas ela achava que os Arnold fariam objeções.[10] Bastante evidentes seu orgulho de Lytton & o desejo de que se torne uma personalidade literária famosa. Disso presumi que visse Tidmarsh com bons olhos: mas como ela ficou fria & fingiu não saber onde ficava, suponho que exista um desentendimento familiar... Sim, é fácil perceber agora que, confrontada com o presente, ela não se mostra em sua melhor forma: convencional, muito nervosa, acha que eles estão arruinados; se conseguimos fazer com que volte ao passado ela não demonstra nenhum impedimento do tipo; & contou com a maior das animações histórias de belos Pattle & Dalrymple já falecidos: como o velho Pattle saiu disparado de seu lago & aquilo matou a esposa, que acreditou que ele havia ressuscitado: como os marinheiros beberam tudo & o deixaram sem nada na viagem de volta para a Inglaterra; como "Dal" era encantador; embora não um homem bom para se casar; como o Dr. Jackson era tão lindo & gentil...[11] de fato, ela parece dividir sua vida entre a parte da peça teatral empolgante, romântica & iluminada, & o resto, que é simplesmente um arrastar-se por ruas prosaicas, sem ter nada o que esperar à frente. Seus olhos estão caídos, os dentes se foram, mas basta falar do passado ou de literatura... & tudo volta a se iluminar. Mas a literatura também precisa ser a do passado. Ela nos leu um poema chamado "The Old Way", do tipo esparramado & patriótico, & exclamou que lindo era, & que, desde que tivéssemos Hopwood como poeta, não tínhamos do que reclamar.[12] O patriotismo dela sobreviveu a todo o resto. O patriotismo & o sentimento de família, & cenas que viu há tempos – por exemplo: "Você não se recorda, imagino, de ter me encontrado certa vez num ônibus, quando tinha uns dez ou onze anos? Você & Vanessa estavam com sua mãe". Ela tem o dom da fantasia, que corre na família. Saiu para apanhar duas caixinhas losangulares que encapou com recortes de papel colorido guardados de catálogos das lojas de tecido. Não deve ler muito, ou escrever, & joga paciência sozinha... suponho que rumine sobre o passado. Segundo ela, foi uma época esplêndida para se viver. Antes de mais nada, ela se recorda da Índia antes do motim. "Que homens esplêndidos, eles eram, os funcionários da Companhia. Seus parentes Prinsep entre os melhores. Imagine o meu horror quando fui ver os filmes de Déli no outro dia & descobri que tinham chamado o píer Prinsep de píer Princes!" Mas falar sobre o voto das mulheres não a emociona tanto.¹³ Desse mundo antigo voltamos para um mais recente do que o nosso, no que diz respeito a anos. Mas os Toynbee não são espiritualmente muito jovens: porém surpreendentemente pensam como nós (que ainda somos considerados jovens & avançados) quando o assunto é política. Eu menosprezei isso, com precipitação; mas Arnold me superou em antinacionalismo, antipatriotismo & antimilitarismo. De quando em quando Kot oferecia um relato formal sobre a Rússia num inglês mal-ajambrado. Há muito o que dizer de Kot. Ele tem uma certa semelhança com os russos da literatura: começa a explicar a própria alma sem prefácio. Explicou a alma de Katherine [Mansfield], não para grande crédito dela. Suas mentiras & fingimentos provaram-se demasiados para ele, que além disso não enxerga nela mais que um ligeiro talento literário. Não sei se essa última afirmação me agrada muito, apesar de parecer que a anotei aqui por esse motivo. Ele é pessoal na sua visão política, acha a Rússia muito pouco civilizada para lucrar da revolução, porém aqui na Inglaterra poderia trazer imensos benefícios, porque temos tapetes & gás até nas casas mais pobres. A Rússia quase não o interessa; não planeja jamais voltar; prevê uma guerra civil na primavera & que dela não se extrairá nenhuma vantagem. Em 1905 também estavam queimando casas & esfaqueando nobres. Vale a pena olhar para Rosalind, com certeza. Gosto mais dela do que de Arnold, que vem melhorando, porém, & evidentemente torna-se inofensivo & em seu elemento quando conversa sobre Oxford. Não tinha muita coisa boa para falar a respeito; os dois estavam fartos de lá, & jamais voltarão; além disso, ele também não acredita que os jovens rapazes voltarão a morar lá, a não ser os alunos de graduação. Conheceu os heróis aristocratas que morreram [em batalha] & hoje são celebrados: Grenfells, Lister, Shaw Steuart, Asquith, & os odiava; antes de mais nada porque deviam considerá-lo um animalzinho de sangue pálido. Mas descreveu as brigas & a insolência & o raciocínio rápido deles, sempre conseguindo bolsas de estudo, coagindo os outros & trazendo cadeiras de Bath[14] cheias de ratos para a capela – & não admitindo ninguém em seu grupo, de modo que no fim quase foram abolidos pelos colonos, que os odiavam em retorno. A coisa toda parece muito um romance de Mrs. Ward.

Na quarta, 16, fui à biblioteca, onde encontrei L., que fora com seu comitê ao Colonial Office, que foi destratado pelo secretário;[15] & depois ao clube, onde encontramos Alix, é claro, & Fredegond. As duas estavam fazendo um esforço terrível para montar uma casa juntas; mas nenhuma era capaz de fazer nada de decisivo, embora fosse evidente que Alix queria chegar a um acordo, tal como quer qualquer coisa. Tinha ido a Sidmouth, onde sua tia está paralisada & deve morrer em breve. A pálpebra estremece, & um dos lados dos lábios se move, mas na opinião dos médicos ela não pensa nem sente nada. Isso não deixou Alix nem mais triste nem menos triste, mas acredito que ela o sinta, por baixo de seu bom senso cavalheiresco. Quando eu estava de saída, F. chamou-me & implorou que eu decidisse em seu lugar se ela deveria ou não dizer a Alix que Gerald não queria que F. dividisse uma casa com ela, nem prevaricasse. Eu costumo sempre dizer que se deve dizer a verdade às pessoas de cabelo curto. Soube esta manhã (sábado) que elas receberam uma oferta pela casa de Amber, a qual devem aceitar, eu acho, a despeito de Gerald.

Na quinta & na sexta & no sábado trabalhamos na editora, de modo que temos oito páginas compostas para imprimir no McDermott. O tempo frio & lúgubre uma constante, ora transformando-se em chuva, ora em neve. Este é o inferno do ano. Parece que demarcamos o tempo na lama. Wright jantou conosco na quinta à noite – um homem aparentemente honesto & gentil mas prolixo, que se inclinava na direção de L. a todo momento em busca de apoio & desistia dos próprios pontos de vista quando os de ambos entravam em conflito. Foram visitar Rowntree juntos. Tenho as minhas especulações, mas não posso entrar nisso agora.[16]

Segunda, 21 de janeiro

Nick veio aqui no sábado à noite para "que o víssemos"; Barbara veio também. Ele não tem nada de mais para se ver, isso é certo; mas é tão despretensioso que o que tem a mostrar já basta. Além disso, tem um sotaque irlandês agradável & um jeito muito simples, que o tornam bastante tolerável em casa. Eu acho que Barbara observava de perto para ver o que achávamos dele. Ele falou do exército na maior parte do tempo.[17] Metralhadoras Lewis & seu mecanismo. Há levantes por comida & greves em Woolwich, & os guardas têm ordens para marchar até lá a qualquer momento & atirar nas pessoas, coisa que os próprios regimentos de Woolwich se recusariam a fazer.[18] Leva as coisas muito a sério. Na manhã seguinte fez um longo discurso sobre o caráter irlandês. Admira Synge: diz que ouviu seus próprios homens falarem exatamente como Synge os faz falar. Ficam deitados conversando & não querem jogar. São profundamente religiosos (a raiz de todo o mal da Irlanda, segundo ele) & morrem com aparência feliz se o padre está ao seu lado, não o contrário. Suas mães escrevem constantemente para saber se os filhos tiveram um funeral grandioso, se tinham uma cruz sobre o corpo; este é seu maior consolo. Suponho que o temperamento suave, sério, um tanto lamuriante que adivinhamos em Nick seja irlandês; por cima, mas de modo nem um pouco ofensivo, estão as marcas da sua profunda admiração pelo grande grupo de Bloomsbury, & por sua cultura, & por seus problemas. Por exemplo, deplora o fosso entre o que ele chama de visão quacre & visão dos artistas; & diz que a visão quacre prevalecerá entre os jovens depois da guerra. Cita livros com seriedade. No entanto, foi-se para Hampstead; & L. foi, os céus sabem por que razão, a não ser que tenha sido para jogar xadrez, até Gipsy Hill almoçar com os Waterlow. Lytton veio para o chá; ficou para jantar, & por volta das 10h nós dois tínhamos aquela sensação de lábios secos & vivacidade extenuada que vem depois de horas de conversa. Mas Lytton estava muito tranquilo & agradável. Entre outras coisas, fez um relato impressionante da British Sex Society,[19] que se reúne em Hampstead. O nome sugere uma terceira variante de seres humanos, & parece que a aparência do público era essa. Não obstante, eram de uma franqueza surpreendente; & 50 pessoas de ambos os sexos & idades variadas discutiam sem vergonha questões como a deformidade do pênis do deão [Jonathan] Swift; se os gatos usam o banheiro; masturbação; incesto... o incesto entre pais & filhos quando nenhum deles tem consciência do fato foi o tema principal, derivado de Freud. Estou pensando em me tornar membro. É um azar que a civilização sempre destaque em primeiro lugar os anões, os aleijados & os assexuados. E Hampstead sozinha já lhes fornece material. Lytton em diferentes momentos exclamou *pênis*: sua contribuição à franqueza daquele debate. Também conversamos sobre o futuro do mundo; como gostaríamos que as profissões deixassem de existir; Keats, velhice, política, o hipnotismo de Bloomsbury... uma grande quantidade de assuntos. L. derrotou Sydney com sua astúcia. Eles estão se mudando de Gipsy Hill. Hoje, segunda-feira, fui ao Harrison [dentista] para consertar um dente quebrado; L. ao Staines – Philip voltou com sua ferida novamente aberta, graças à falta de cuidados em Fowey. Aqui fui interrompida à beira de uma descrição de Londres quando o pôr do sol & o nascer da lua se encontram. Fui no alto de um ônibus da Oxford St. até a estação Victoria & observei como os passageiros assistiam ao espetáculo: o mesmo interesse & atenção muda que se vê no balcão nobre antes de alguma peça de teatro. Uma noite primaveril; céu azul com uma neblina enfumaçada sobre as casas. As luzes das lojas ainda estavam acesas; mas não os postes, de modo que havia faixas de luz por toda parte ao longo das ruas; & em Bond Street me faltaram palavras para descrever um grande lustre iluminado ao fim dela, mas eram apenas diversas vitrines projetadas na direção da rua, com luzes em diferentes camadas. Então na Hyde Park Corner o clarão do holofote de busca atravessou o azul; parte de uma peça de teatro num palco onde toda a intensidade tinha sido maravilhosamente atenuada. A suavidade da cena foi o que mais me impressionou; uma visão crepuscular de Londres. As casas muito grandes & de aparência nobre. De vez em quando alguém, quando a lua surgia, comentava sobre a chance de um bombardeio. Escapamos, porém; uma nuvem se ergueu toldando a noite.

Quarta,
23 de janeiro

Vejo que me esqueci de ontem; mas nada aconteceu. L. foi a uma reunião, Barbara ficou no comando da editora, & eu fui dar um passeio sozinha. Caminhei ao longo do rio até Marble Hill. Preciso retirar o que eu disse sobre o inferno do ano. Temos vislumbres do paraíso. Tempo tão agradável que a janela do patamar está aberta, & me sentei diante do rio observando um barco ser lançado, & meio que esperando ver botões de flor nos salgueiros. O rio muito cheio, veloz & amarelo, testemunhando sobre as enchentes mais acima. Dizem que tem chovido muito; ouso dizer que tem mesmo, mas a civilização da vida em Londres é tal que realmente não sei. Ora, com lareiras, luz elétrica, trens subterrâneos & guarda-chuvas, como alguém pode notar o tempo? Mas olhamos para cima por volta da hora de dormir & notamos a lua. Muito destacada & lustrosa & quase cheia até mais ou menos as 9h, & então, como se Deus tivesse se virado em seu sono & apertado um botão, desce um véu de nuvens, & bocejamos & dormimos sãos & salvos. Ontem à noite, depois de dar o chá a B., coisa que drena a principal alegria do dia, apesar de que, pobre coitada, ela não poderia se comportar melhor, & se fosse talentosa com certeza as pessoas a odiariam com todas as forças, jantamos cedo & tivemos a Guilda. Mr. Adams fez um discurso. O nível certamente não é dos mais altos. Mesmo quando conhecem bem o assunto, como era o caso dele, não o conhecem de maneira que se torne claro para as pessoas menos educadas. Duvido que mais de três pessoas na sala soubessem do que ele estava falando a respeito das Co-Ops. & da política. Ele já começou pelo meio. Leu frases ousadas das resoluções do Congresso. Conseguia a duras penas pronunciar uma palavra como "autônomo", mas suponho que ninguém entendia. Como sempre, eu & L. fomos os únicos a falar alguma coisa, exceto Mrs. Langston; como sempre foi apenas quando a conversa resvalou para comida que uma das mulheres quebrou o silêncio. Ela queria uma padaria. Todas elas só conseguiam pão muito tarde: por algum tempo falaram todas juntas – histórias de seus próprios maus-tratos & os dos vizinhos. Estranhamente fleumáticas essas mulheres, na maior parte do tempo; com uma espécie passiva de prazer em ficarem sentadas ali observando, como anêmonas do mar agarradas às pedras. Mas enfim, os filhos, o trabalho doméstico... são justificativas suficientes, se nos damos ao trabalho de olhar com atenção.

Falando em anêmonas do mar, lembro que fizemos um acordo com D.H. Lawrence por sua casa em Zennor. É algo muito distante & improvável na atual circunstância, embora seja tentador o suficiente para me fazer pensar naquele mar & naqueles rochedos várias vezes ao dia.[20]

Hoje, quarta, B. não veio & imprimimos. L. fez a maior parte do serviço; & eu duas pequenas excursões até Richmond, uma para descobrir a grafia exata de Mynah & a outra para comprar uma nova bateria, ao valor de 1/3. Duas das minhas faleceram no período da vida da matusalém de L.: aquela velha miserável maldita ainda arde como a faísca de uma estrela. Acho que é prudente ter a minha a postos para o bombardeio, embora três comerciantes de Richmond estejam certos de que não haverá mais nenhum. As vitrines das padarias agora não oferecem mais nada a não ser pratinhos de biscoitos sem graça; fatias de bolo simples; & pãezinhos sem ameixas. Se você encontrar uma ameixa, é sempre falsa; não existem outras. Essa cena de transformação avança imperceptivelmente; ano passado ainda podíamos comer bolos com cobertura! É impensável!

Quinta,
24 de janeiro

O último dia dos meus 35. Estremece-se ao escrever os anos que virão depois: todos tingidos pela sombra dos 40. Outro dia primaveril; passo a manhã sem lareira. A única desvantagem é a ausência de lareira, & a sensação de estar em uma caverna de confortos, enquanto lá fora está chuvoso & escuro. Lá fora está cinza claro. Fui à biblioteca pegar um punhado de histórias sobrenaturais; encontrei Sir Henry Newbolt, uma doninha magra & grisalha, mas não nos reconhecemos; depois subi & desci a Charing Cross Rd. atrás das cartas de Keats, mas não podiam ser achadas em lugar nenhum. Então ao clube, onde encontrei Lytton sozinho, &, sem vontade de conversar, ficamos lendo nossos jornais lado a lado. Fredegond chegou; mas depois de rir um pouco com o recado telefônico dela, fui embora. Ela & Alix & Carrington se encontraram & decidiram que eu as criticava, & que não iriam mais tolerar isso, me ligaram, exigiram desculpas, coisa que eu só faria se elas colocassem suas reclamações no papel: receio que não farão isso. Disseram que eu as coloco para baixo & que a única explicação é que sou uma sádica. É o primeiro basta dos ressentidos. Barbara, porém, deixa toda a crítica escorrer por ela sem deixar vestígios. L. imprimiu quatro páginas na gráfica hoje & só voltou às 6h; um resultado nada satisfatório, graças à incompetência do impressor.

Sexta,
25 de janeiro

Meu aniversário. L. deslizou para a minha mão uma bela faca de chifre de vaca esta manhã. Nelly tricotou um par de meias vermelhas que se amarram ao redor do tornozelo, & portanto combinam perfeitamente com meu humor essa manhã. Outro acontecimento me deixou de cama. Barbara veio, & juntas desmontamos quatro páginas;[21] & L. imprimiu as quatro seguintes na gráfica – no geral um bom dia de trabalho. Nesse ritmo, a história de Katherine ficará pronta em cinco semanas. Estamos pensando seriamente em fazer um livrinho de xilogravuras, seja depois desse livro ou ao mesmo tempo, na nossa pequena prensa. Hoje nosso jantar foi um sacrifício ao dever em uma bela escala; jamais estivemos tão desejosos de uma noite a sós; livros a ler; a sensação de já termos dispensado um bom tanto de conversas esta semana; mas não, antes das 7h30 lá vieram Clara [Woolf] & os Whitham, que convidáramos com a intenção de que se matassem sem causar mais estragos do que o inevitável. O traje ridículo elaboradamente literário de Whitham é um indício preciso do espírito dele. É o que o autodidata de classe trabalhadora imagina que um gênio deve ser; mas tão despretensioso & humilde que acaba sendo mais divertido que repulsivo. Sua paixão por escrever é a paixão do amador – ou melhor, da pessoa que aprendeu com um livro didático. Ao ver o novo romance de Cannan comentou "Ah, Cannan, sim... a construção dele é muito fraca, não acha?". E a mesma coisa com todo o resto. Disse que os livros dele tinham um jeito de "berrar", & com grande entusiasmo, depois de perguntar qual o destino da minha literatura, que é uma questão de honra nos círculos profissionais, discorreu sobre todos os romances que ele tem engatilhados ou quase engatilhados, ou precisando apenas de "polimento" – processo que ele realiza no final. Ele começa por uma sinopse, que lhe toma 3 meses: mas o resto da história não escutei. Logo eles se retiraram para Devonshire, onde assim que a guerra acabar (mas nem mesmo a guerra o impediu de acrescentar um novo livro à lista) ele vai trabalhar com afinco: escrever a manhã inteira, ler & caminhar o restante do dia. De modo que podemos esperar por uns vinte Whithams ao longo dos próximos cinco anos ou algo assim. Depois de nos dizer tudo isso, começou a discorrer sobre espiritismo: o proprietário da casa onde moram é um advogado gordo & branco de 50 anos que fica deitado num sofá o dia inteiro lá em Devonshire comungando com os espíritos & vivendo à base de pão & margarina. Whitham já tinha incursionado pelo ocultismo, & feito mesas valsarem & escutado fantasmas baterem na madeira, & acreditava em tudo isso, mas tinha medo demais das consequências que poderia causar em seu caráter para mergulhar seriamente. Achei um sinal de fraqueza, & acredito que ele não tenha uma cabeça boa sobre os ombros, como sua conversa sobre escrever romances deixa perceber. Sylvia ficou sentada embromando, satisfeitíssima com a boa impressão que acreditava que ele estava causando; & à sua maneira precisa reconhecia os mais revolucionários princípios, de modo que eles pareciam as fofocas de uma boa faxineira acerca do preço do bacon. O silêncio de Clara demonstra eu acho a sua posição subserviente na família; alguém que jamais consegue se mostrar – sempre infeliz & pouco à vontade, acredito. Ela passou a noite aqui.

Hoje (sábado) fomos a Kew. Campânulas brancas, ciclamens-anões, alguns minirrododentros desabrocharam; & ainda as pontas de algumas cilas ou crocos aparecendo por entre a grama & as folhas mortas.

Domingo,
27 de janeiro

Quando estávamos saindo de casa demos de cara com Desmond virando a esquina de maneira impetuosa. Isso deu uma rasteira nas nossas esperanças de uma noite solitária, mas do modo mais misericordioso possível. Viramos no Old Deer Park. Ele parecia deprimido; rugas se formavam em sua testa; suspira, ai ai! ai ai! a cada tanto, pensando na guerra ou nas dificuldades particulares, acredito. De fato, achei desagradável a necessidade de desviar de certas perguntas com ele: quando seu livro vai sair, se o último romance de Molly foi aceito, se você está escrevendo &c... suponho que as respostas o deprimam profundamente de manhã cedo. Nós lhe demos chá & conversamos sobre o desenvolvimento da psicologia desde os dias de Shakespeare. L. negou que tivesse havido; eu garanti que sim. Desmond achava Otelo & Desdêmona simples demais; mas considerava que tínhamos sido razoavelmente representados na ficção. Eu considero que não estou de todo registrada aí. Questão de se deveríamos escrever eventos rápidos em cenas curtas, se a ficção deveria ser parecida com a vida: se Thackeray tem profundidade. Desmond leu parte dos *Newcomes* recentemente: não vê nenhuma profundidade, mas um divertimento charmoso convencional movimentado. Daí para a poesia de Bob [Trevelyan]: "um bom poeta trivial", disse Desmond – não do tipo que traz à tona descobertas das próprias entranhas; olha para o mundo cotidiano & encontra a frase certa: clássica – & portanto duradoura... Mas não acompanhei isso. Trouxe Enid Bagnold no bolso, & agora tenho certeza de que a resenhou ele mesmo. Eu é que não vou, depois de dar uma olhada no espírito dela. Ela o levou a descrever um príncipe romeno cuja voz, disse ele, era a mais linda de Londres.[22] Telefonou-lhe (para explicar por que não chegaria pontualmente no jantar) & eu escutei, & ouvi uma voz macia, hesitante, tropeçando em palavras compridas, um tanto romântica ao telefone. Por fim ele foi embora depois de ter criado em si mesmo um estado de satisfação & garrulice, de tal modo que teria ficado & declamado o 4º Ato da *Ireniad*[23] se pudesse, & poderia, caso o tivéssemos incitado.

Segunda, 28 de janeiro

Na segunda fui ao dentista terminar o dente & na hora do chá desviei para o clube, que está se tornando como diz Goldie "uma festa e tanto em família". Ao entrar você encontra meia dúzia de pernas irradiando-se das cadeiras em direção à lareira. Escuta, ou eu escutei, "é um caso de revolução ou evolução" & então, se já tiver escutado o bastante, você procura o Manchester Guardian, desvia de Sylvia Whitham & esconde-se por exatos 10 segundos. Fredegond, cheia de desculpas, quebra essa barreira. "Mas eles são tão tediosos que dá medo, & preciso falar de alguma coisa que não seja política." Essa alguma coisa, até onde me lembro (agora é sábado) foi Ottoline, Alix, poesia, amor, até que Bob, que estivera balançando a cabeça na nossa direção, não aguentou mais & veio até nós, agitando uma prova de revisão alongada & querendo saber se estávamos conversando segredos. "Não tivemos essa sorte", falei, de modo que ele se acomodou com sua costumeira variedade de fofocas literárias típica de um caixeiro-viajante. Primeiro disse que Clive se propõe a comprar *The Egoist* & começar uma revista de resenhas de Bloomsbury; & depois, o que achávamos de Waley?, & &c &c, tão censurador & adorador de escândalos, mas inocente & incansável quanto sempre. Fui para casa, & houve um ataque aéreo, claro. A noite o tornou inevitável. Das 8h às 1h15 vagamos pela casa, entre o compartimento de carvão a cozinha o quarto & a sala de estar. Não sei o quanto é medo, o quanto é tédio; mas o resultado é incômodo, acima de tudo, acredito, porque é preciso exercitar uma conversa fiada cômica & ousada por 4 horas com as criadas para evitar histerias. Na manhã seguinte,

Terça,
29 de janeiro

os efeitos colaterais do ataque aéreo foram deixados de lado por Barbara.

"Virginia, não venho na sexta porque vou me casar."

"Você vai se casar com...?"

"Sim, com Nick."

"E Saxon?"

"Saxon não se importa. Nada vai mudar. Estamos todos de acordo."

Estes são os termos. Eu pessoalmente não acho que ela deseje se casar, mas que se convenceu de que é o que deve fazer. Além do mais, o horror do retorno de Nick daqui a um mês a deixa mais sombria do que qualquer coisa. Ela não demonstrou nenhum desejo de ser parabenizada ou de que fizéssemos caso a respeito. Ficou & imprimiu como sempre. E, como se esperava um ataque aéreo, a convidamos a dormir aqui. Desta vez começou às 9h10: a sirene pelo menos. Foi muito mais alto desta vez. Um avião sobrevoou a casa por volta das 11h30. Logo em seguida, os tiros ficaram tão próximos que eu não quis ir apanhar um par de sapatos que tinha deixado no quarto. Tínhamos aprontado colchões na cozinha, & depois que o ruído enfraqueceu nos deitamos todos juntos, L. na mesa da cozinha, como um quadro da vida numa pocilga. Um baque veio de bem perto; mas uma hora depois vieram as sirenes & fomos para a cama. O baque, q. L. distinguiu dos demais, foi da explosão de bombas em Kew. Nove pessoas, acho, foram mortas. As criadas começaram a se lamuriar, & Lottie se pôs a falar sobre o mal que isso faz para sua cabeça; elas dão a entender que precisamos sair de Londres.

Quarta,
30 de janeiro

Para Londres a um concerto & chá com Ottoline. Ela está instalada no menor quarto de um hotel de Bloomsbury, trocando a plumagem, deprimida, desarrumada, vestida de modo exagerado. Pouca conversa de interesse para mim; embora simpática & não tão opressora como de costume.

Quinta, 31 de janeiro

Neblina profunda o dia inteiro. Nós dois compomos páginas. Sair um instante para comprar um pãozinho para o chá foi o máximo daquele ar que quisemos. Eu me lembrei de como nos sentimos felizes, primeiro por causa da neblina, depois por estarmos a sós, pois Barbara dormiu em Hampstead.

Sexta, 1 de fevereiro

Um dia de neblinas momentâneas. Noite passada a pior neblina disseram em 30 anos, & velhos senhores que escaparam do ataque aéreo caminharam em massa pela beirada das plataformas & foram esmagados. Um cozinheiro entrou no Tâmisa; as pessoas andavam por aí batendo em nossos gradis para conseguir enxergar a estrada. L. foi a Londres & voltou para casa às 10h30, reportando uma noite estrelada & uma tarde clara; a neblina tornou a aprofundar-se quando a noite caiu aqui.

Sábado, 2 de fevereiro

A primeira caminhada que fizemos em muito tempo. Dia úmido, vaporoso & ameno. Sinos de funeral tocavam quando saímos, & de casamento quando chegamos. As ruas repletas de pessoas aguardando a carne. Aviões zumbindo invisíveis. Nossa noite costumeira, sozinhos & felizes, afundados até os joelhos em jornais.

Domingo, 3 de fevereiro

Domingo se tornou o dia da vida social, como costumava ser em Hyde Park Gate. A sociabilidade começou cedo, para L. pelo menos: Riddell o impressor veio, esperávamos que fosse para oferecer uma prensa, mas descobrimos que não há prensas em parte alguma. Uma amiga o acompanhava. Escutei por trás da porta do banheiro. Encontramos Goldie quando voltamos de nossa caminhada; & depois veio Pippa; curiosamente desmazelada, como todas as mulheres Strachey ficam ante a menor das provocações. Sem um certo grau de boa aparência não vale a pena ser vaidosa – este é o raciocínio delas, sempre suponho. A conversa foi dificultada pela suspeita de que ela fosse uma patriota fanática: & depois que fosse mais do tipo antiquado do que estamos acostumados. Ela tem o hábito desconcertante, mas valioso de permanecer calada quando discorda de algo. Ela discordou de mim quando eu disse que achava que a faxina em cooperação (referindo-me às camas) era uma melhoria do estilo antigo. Goldie atirou suas flechas diretas & bem afiadas; minha única crítica, no caso dele, é a sensação que o método dele produz de ser um método. Eles cavoucam pontos de vista com inteligência, esses professores idosos... Ainda assim... ainda assim... Pippa desbotou, curiosamente; parece mais velha, & mais desgastada. Falou dos velhos tempos de festas, de H.B. Smith, George Duckworth, Jack Hills & Natais no Corby. Ainda acha que este é o jeito de se viver; aquelas pessoas tão "civilizadas" em comparação com as nossas cabeças-rapadas. Mas agora ela não tem mais tempo para a alta sociedade; luta pelo sufrágio, que agora se tornará uma campanha por igualdade, dia & noite. "Ainda bem, disse ela, que há pessoas como você que se mantêm afastadas de tudo isso. É muito importante que existam pessoas como você. Isto é, desde que se tenha conseguido independência econômica. Isso é essencial. Não, eu não sou inteligente. Sempre dei mais importância a pessoas do que a ideias... agora preciso ir. Tenho trabalho a fazer. Não posso me deixar ser seduzida pela preguiça aqui." Então ela se foi. Ocorreu-me que envelhecer consiste não em ter um ponto de vista diferente, mas em ter o mesmo ponto de vista, porém desbotado. Goldie o demonstra, também. Uma noite a sós.

Segunda, 4 de fevereiro

Para Londres, ao Times, com um artigo sobre Coleridge; & mais uma vez me perdi, em parte devido à multiplicidade de Water Lanes. Encontrei L. no clube, onde as pessoas pela primeira vez concordaram em fazer silêncio & liam sozinhas seus livros, de modo que ficamos em paz. Abrimos uma garrafa de sacarina, & com isso economizamos açúcar.

Terça, 5 de fevereiro

Karin veio para dar sua palestra [à Guilda]. Chegou na hora do chá. Ela me lembra um de nossos cães perdidos – principalmente Tinker. Literalmente corre ao redor de um cômodo, fareja os cantos das cadeiras & mesas, agita a cauda com toda a força, & se agarra a qualquer restinho de conversa como se estivesse esfomeada; & aliás come uma enorme quantidade de comida, tal como um cão. Essa energia extrema talvez esteja relacionada à surdez. Ela se tornou uma bolchevique. Ofereceu seus serviços ao Partido Trabalhista, & espera que a enviem para cima & para baixo pela Inglaterra organizando distritos eleitorais, pois está farta de ler & escrever – nunca gostou muito, & agora que sentiu o cheiro de uma balbúrdia quer estar bem no meio dela. O socialismo vem lentamente afetando nossos amigos, de uma maneira curiosa. Ela & Adrian têm escrúpulos sobre a renda deles & querem ganhar dinheiro, em parte porque metade dos seus rendimentos dependem de Mrs. B[erenson, mãe de Karin]. Ela apresentou bem o seu trabalho sobre a Liga das Nações, apesar de ter falado rápido demais. Mas a diferença que faz a instrução é muito marcada. Creio que entenderam os argumentos dela. Fiquei surpresa ao saber que ela se sentia muitíssimo aliviada quando tudo terminou. Passou a noite aqui, & a manhã seguinte, o que, valendo-me de uma precisão de símile para explicar, foi como precisar arrancar um dente. Além do mais, ela se senta junto à lareira & sou obrigada a gritar. Mas percebo que Adrian deve achar sua energia, seu espírito nada enfadonho ou crítico & sim generoso & ardoroso, sua honestidade & estabilidade, uma grande companhia...

Sábado, 2 de março

De que vale concluir uma frase que se deixou inconclusa um mês atrás? Aqui estamos; noite; voltei de Asheham, ou melhor de Charleston, uma hora atrás. Depois que Karin foi embora naquela quarta, um período um tanto monótono se iniciou para mim. A gripe começou na sexta; fiquei de cama por 8 dias; na terça seguinte fomos a Asheham. Minha única reclamação é ter ficado apartada da minha pena; toda uma torrente de vida interrompida... Em segundo lugar, não vi ninguém; por 5 dias não estava em condições de ler nada; mas finalmente li Morley & outros livros; mas ler para matar o tempo tem um certo ar de obrigação. Fui convidada a escrever um livro em fascículos – *Makers of the 19th Century*;[24] mas após certa deliberação recusei, não que em nenhum momento tenha parecido ser algo possível. Mas escrevo isso em parte para emprestar um ar oficial a este diário & em parte porque isso marca a condição de meia-idade. Sem dúvida o campo desenvolve o lado espiritual da vida. Um dia me sentei no jardim, lendo Shakespeare; lembro-me do êxtase; dia sim dia não, no mínimo, tínhamos de caminhar até Southease para comprar leite; só nos permitem um litro por dia – 7d o litro. O jardim bastante promissor. L. cavou o canteiro grande & transferiu plantas do canteiro redondo do meio para nosso canteiro da alameda. As árvores têm botões à mostra; há carneiros junto às cercas ao lado da colina. Durante 9 dos nossos 10 dias não vimos ninguém; até minhas cartas falharam completamente; mas os dias se dissolviam uns nos outros como bolas de neve torrando ao sol. Na quinta [28 de fevereiro] Nessa veio passar a noite & voltamos com ela para Charleston na sexta à noite, depois que L. levou as criadas para a cidade. Henry Moss tinha acabado de chegar. Todos nos reunimos para jantar; para o meu alívio N. & eu tomamos o chá sozinhas na sala de estar. Moss & Mrs. Brereton despertam um clima bastante intenso do tipo de convidado pago & do pagante que não é agradável. Mrs. B. uma mulher idosa altiva firme & inflexível, cuja integridade tem sido seu principal capital na vida. Ela me fazia lembrar muito a enfermeira Reid:[25] tem a mesma competência & compostura profissionais. Seria possível encontrar Moss... praticamente em qualquer lugar. É um rapazinho pálido & insignificante, que ou é muito tímido ou está muito deslocado de seu elemento. Nós enfrentamos isso da melhor maneira que conseguimos, sem a menor colaboração da parte dele, & embora Mrs. B. falasse a partir de um senso de dever, não permitia que nada desabrochasse em sua presença – lidava com cada comentário de forma literal & sensata. Ann, a filha, é muito mais encantadora do que seria de se esperar – embora sem dúvida os divórcios & a pobreza tenham acabado prematuramente com o encanto de Mrs. B. Ela chama H. Moss de "seu filho adotivo", o que sanciona a sua licença após o jantar para ir ao quarto dele, onde supostamente os dois iriam criar histórias para o Saturday Westminster. Na manhã de domingo Nessa, Duncan & eu ficamos no ateliê fofocando. Durante parte do tempo conversamos sobre arte. É o que mais gosto de fazer com eles. Para eles, não há ninguém que se possa considerar um pintor na Inglaterra hoje – ninguém nem mesmo como K.M. [Katherine Mansfield] ou [E.M.] Forster com quem valha a pena discutir o que se faz. Na França é o oposto. Nessa me mostrou as cartas de Saxon. Ele a tornou sua confidente. Anda muito infeliz & descreveu seus momentos de exaltação & depressão com seu detalhismo habitual. Numa delas ele disse que era estranho não se incomodar mais com nada, a morte ser tão desejável quanto a vida. E depois detalhes sobre sua saúde. Também conversamos sobre os perigos da sociedade, que em certa medida levou embora o florescimento do pobre coitado do Desmond, & teria afundado o de Maynard, se ele fosse um artista. Saí à 1h15, caminhando sob uma ventania com dois alforjes pendurados nos meus ombros, até Glynde; atravessando o parque. Voltei para cá para o chá, & encontrei L. comprando a *Hanwell Gazette*. Havia uma carta de Saxon à minha espera – meio frio, não há como não achar, depois das cartas para Nessa, mas ele ao menos deixa claro que nessa crise eu *não sou* sua confidente. É estranho como escolhemos uma pessoa a cada vez que estamos em determinado estado por motivos que não são perceptíveis nem para a própria pessoa. No inverno passado eu era aquela a quem se contava tudo.

Domingo, 3 de março

Uma ventania terrível. Enviei meu artigo sobre Conrad, finalmente – & imprimi algumas etiquetas para Bunny,[26] mas ficamos em casa & muito felizes.

Segunda,
4 de março

L. levou quatro páginas à gráfica hoje para serem impressas. Eu, não sendo de nenhuma ajuda nesse sentido, saí para ter contato mais uma vez com Londres, coisa que fiz nos três locais de sempre: Mudie's, London Library & Seventeen Club. Londres, de um ponto de vista espetacular, estava em sua pior forma; como uma faxineira de meia-idade com o cabelo puxado para trás de uma testa lastimável com todas as forças. Na St. James Square construíram um conjunto de casas para abrigar algum ministério, imagino; & foi estranho ver como haviam aberto buracos nas paredes & nos tetos para permitir que as árvores fossem conservadas. Alguns dos funcionários terão um tronco de árvore para limpar as pontas das canetas. Encontrei um grupo silencioso no clube, todos homens & desconhecidos para mim, à exceção de Alix, que estava sentada imóvel como uma estátua lendo um dos livros de Berty [Bertrand] Russell. Eu a interrompi, apesar de isso ser contra os meus princípios, & tomamos o chá juntas. Sua principal novidade é que ela & Saxon vão morar juntos na casa de Faith depois da Páscoa, pelo tempo que durar a guerra & até 6 meses depois. Imagino que eles vejam qualquer coisa de cômico nesta associação dos profundamente enamorados, & realmente, é impossível não sorrir ao pensar nos silêncios quando cada um estará pensando em outra pessoa; & esse traço em comum, assim se imagina, deverá levar a uma grande dose de colaboração solidária; mas o plano evidentemente é bom. A ideia ocorreu de início a Mrs. Bridgeman, a empregada, que achou que duas pessoas assim tão quietas deveriam morar juntas.[27] Eu me esforcei ao máximo, desta vez, para manter o tom baixo, sério & tanto quanto possível solidário. A sensação que Alix tinha, segundo ela, era que eu "flutuava", & que não dava importância ao fato de minha prosperidade lembrar tanto ela quanto Fredegond de todas as coisas que lhes faltavam. Mas por que deveria faltar qualquer coisa a F.? Deixei-a ali sentada, como acredito que ela sempre fique até desligarem as luzes ou James aparecer para levá-la para jantar. Como será ela aos 45?

Para casa, & ali encontrei os dois moreninhos [Perera e Jayatilaka]. L. passou 3 horas ou algo do tipo imprimindo, mas no fim conseguiu terminar.

Terça,
5 de março

Outro dia gelado. L. foi a uma reunião no 17 Club. Passei a tarde "desmontando" páginas, corri até a High Street, & fui induzida a entrar no mercado de um centavo,[28] onde a simplicidade dos produtos nos seduz a comprar. A Guilda se reúne esta noite para ouvir o discurso de Nick.

Quarta,
6 de março

De novo há que se perguntar por que as mulheres vêm – que estímulo pode haver em algo tão passivo como ficar sentada numa cadeira em silêncio, quase dormindo, durante uma hora. Nick esteve no estilo certo para elas; simples, detalhado, informal, muito à vontade. Falou durante uma hora. O que me ficou da sua palestra foi esperar por trens & sair a caminhar "com uma lua & estrelas de aparência muito cínica" disse ele, ao longo de ruas perfeitamente retas ladeadas de álamos. Também me impressionou seu modo pragmático de falar, como se fosse preciso suportar as necessidades – por mais ultrajante que isso fosse para o seu senso de decência & de bom senso. Pareceu-me animado; orgulhoso de Barbara; contando-nos das conquistas dela, em que ele acredita cegamente; falou mais que o habitual, & me contou que depois da guerra eles querem morar no campo & produzir móveis bonitos com design de Carrington. É um ser humano de ótima natureza, sem talentos especiais que o inclinem nesta ou naquela direção; o mesmo vale para ela, eu acho. Um raro resultado no nosso círculo. L. foi a uma reunião; agora temos a mania de apostar jogando paciência Demon.[29] Perdi 4 xelins nisso em uma semana. Chegou uma carta insolente de Williams sobre o livro de L. Ele irá mostrar, ou pretende mostrar, o trecho duvidoso para os cooperativados & portanto não tem condições de publicá-lo ainda. L. agora ameaça "colocar o assunto nas mãos dos seus advogados"!

Quinta, 7 de março

Nesses dois dias "desmontei" quatro páginas, na esperança de que possamos terminar oito páginas do conto antes de partirmos novamente. Os ataques aéreos agora parecem tão distantes que essa precaução parece excessiva. As criadas continuam dormindo na cozinha, porém, porque ainda persiste um resto de luar. Philip veio depois do almoço, & ele & L. caminharam até Kew. Eu os encontrei no caminho de sirga. Ele está obviamente péssimo; não tem nenhuma aspiração, é evidente, a não ser ir para a França. Trouxe alguns poemas de Cecil, que nos oferecemos para imprimir imediatamente, num livreto, com nossos tipos antigos... Dar-lhe uma ocupação seria ótimo. E ele se ofereceu para vir & ajudar. Quanto mais vemos os efeitos [da guerra] nos rapazes que deviam ser felizes, mais a detestamos. Philip demonstra mais interesse no lado militar da coisa do que Nick, eu acho. Recusou uma oferta de trabalho em Londres. Um dia gelado, & nosso carvão acaba amanhã. O último ataque aéreo bombardeou os comerciantes de carvão.

**Sexta,
8 de março**

Considerando o que escrevi ontem, é como se os ataques aéreos estivessem lançando sua sombra sobre mim & tivessem sido enviados expressamente por Deus para censurar minha arrogância. Verdade ou não, jogamos nossa paciência; perdi meus 3 ¾, & então para a cama; a única coisa que passava pela nossa cabeça era, acho eu, qualquer coisa relacionada à paciência ou a imprimir. Eu tinha virado pela terceira & última vez na cama, quando houve uma explosão. Durante meio minuto a ideia de um ataque aéreo pareceu tão improvável que pensamos ter sido uma dessas explosões de motor inexplicáveis dos ônibus. Porém, no minuto seguinte os tiros começaram a disparar por toda a nossa volta & ouvimos os assovios. Não havia como negar. De modo que juntamos nossas coisas & fomos para a cozinha. Isso eram 11h30. Olhando para fora, a única coisa que se via eram estrelas amareladas em meio a algum tipo de neblina; nenhuma lua; mas uma noite tranquila. Ao nos deitar em nossos colchões, veio uma explosão imensa, mas longínqua; & em seguida os tiros começaram, muito seguidos & rápidos, ao norte & ao sul, jamais, exceto uma vez, tão perto de nós quanto de Barnes. Às 12h45 tomamos chocolate quente & fomos para a cama. As sirenes soaram à 1h35 – duas horas do início ao final.

Jamais hei de esquecer o êxtase com que L. irrompeu no meu quarto no café da manhã. O desgraçado do Williams cedeu. Concorda em cancelar o contrato. L. estava tão triunfante quanto um animal que conseguiu levar seu inimigo a esconder-se nos arbustos. Acho que tem toda a razão para estar. Primeiro porque parecia que ele ainda poderia causar preocupações & impedimentos por mais alguns meses a fio; & L. teria de ser obrigado a arbitrar. Do modo que está, o caminho está aberto, & em vez de lidar com um patife rabugento intransigente despeitado sarnento & exasperante, ele pode decidir suas próprias condições – coisa que ele fará esta tarde com a Allen & Unwin. Quando eu subia no elevador em Holborn outro dia, estava ao meu lado um menino de uns catorze anos, cuja cabeça mal se via no meio da multidão. Notei que era uma cabeça extremamente interessante, sensível, inteligente, observadora; um tanto magra, mas de ar independente. Não dava para saber pelo seu boné se ele era bem de vida ou não. Cheguei à conclusão de que era filho de um oficial que estava ao seu lado. Quando chegamos à rua, olhei imediatamente para suas pernas. As calças tinham buracos. Disso se pode imaginar que desgraçada vai ser sua vida. Comecei a compor os poemas de Cecil esta tarde. Não são bons; mostram a tendência dos Woolf de fazer denúncia, sem o vigor do meu Woolf em particular. Tive toda sorte de dificuldades & só consegui terminar um.

Sábado,
9 de março

L. achou que Unwin[30] está mais que disposto a considerar o livro sobre as Cooperativas, &, mais ainda, contra a postura de Williams, que poderia, segundo ele, ser processado pelos prejuízos que causou ao livro. Ele propõe lançar duas versões imediatamente – uma em papel, a outra em tecido; depois, claro, de ler o livro, coisa que ele pretende fazer o quanto antes. Se quer saber, acho que Williams ainda tentará conservar sua pata sobre o original. Fomos a uma reunião chamada "Comício do Sufrágio" em Kingsway à tarde. Estava uma tarde muito agradável & dava para ver a luz do dia por uma porta de vidro – uma luz difícil para os palestrantes se pronunciarem. Tão prosaica, razoável & pouco concentrada. O local estava razoavelmente cheio; a plateia quase que exclusivamente de mulheres, bem como os palestrantes. A essência pura de cada sexo é meio desalentadora. Além do mais, não importa se a reunião é apenas de homens ou apenas de mulheres: sempre nos perguntamos por que fazem isso. Sinto um frêmito de alegria com a sensação da multidão; depois fico desiludida; por fim entediada & incapaz de escutar mais uma palavra. Para falar a verdade, essa reunião parecia navegar mares em vão. Uma vez que o voto já foi conquistado, somente a eloquência grandiosa poderia celebrar a vitória. Ninguém era eloquente; & apesar disso tinham de fazer espuma. Quem mais nos impressionou foi a palestrante russa, que possuía imaginação & parecia sentir o que estava dizendo. Mas na melhor das hipóteses grandes lugares-comuns incontestáveis, de bela roupagem & equilibrados, são as únicas coisas que podem ser incluídas em palestras. Observei Mrs. Pethick Lawrence subindo & descendo na ponta dos pés, como se metade de suas pernas fosse feita de borracha, atirando os braços, abrindo as mãos, & tive péssimas impressões dessa forma de arte. Tomamos chá no 17 Club. Um dos salões estava lotado & silencioso; nos fundos do outro Aldous Huxley & uma moça de veludo cinza estavam tendo o que parecia ser uma conversa particular. A. tem um jeito de falar deliberado & um tanto dândi. Todos nós, pessoas eruditas & virtuosas, inclinados sobre nossos textos reformistas num silêncio mortal; distinguia-se de vez em quando uma ou outra frase do diálogo abafado vindo do outro lado do salão. Conversavam sobre Evan Morgan & os assuntos do seu coração, acho.

    Fomos à London Library; & ao caminharmos pela rua íngreme alguém se aproximou de fininho – Bob. T. – portando uma valise infinitamente surrada &

volumosa – cheia de livros, creio eu. De modo que seguimos juntos; & primeiro ele fazia confidências a L. & depois a mim... Pelo menos parecia estar fazendo confidências, ou pedindo que fizessem alguma. Queria saber se poderia acrescentar meu nome à lista de jacobinos devotados.[31] Percy Lubbock & Logan Smith jogam esse jogo bastante característico & de interesse extremo para Bob, claro. Tinham contado 20 até então, & Bob estava lançando-se seriamente ao esforço de encontrar um 21º. Mas recusei – com alguma veemência de início, pensando que me pediriam para me comprometer com algum memorial. Não era nada de tão substancial; apenas um jogo de velhos eruditos.

Segunda,
11 de março

Gastei 7 xelins em livros à tarde; um fato a se registrar, uma vez que é a única menção que faço a comprar livros este ano, ou quem sabe a última. Na verdade, acumulei 12 xelins com o *Times*; acrescentando os 5 xelins que ganhei de presente de aniversário tenho 17 xelins – um ganho sem precedentes. Primeiro, porém, bati perna na cidade atrás de chocolates ou doces. Todas as lojas juntas não tinham nem uma onça de choc.; apenas uns drops quadrados simples, como os que se costumava comprar num saco por um centavo. Com meia coroa agora se compra meio quilo. Meia coroa nos velhos tempos dava para comprar um balde cheio. Depois fui no topo de um ônibus, pois o tempo parecia o de junho, só que mais fresco, & mais triste também, até a livraria Nutt's comprar um Leopardi; depois à Mudie's, onde comprei um livro de Mill sobre a liberdade; depois para Charing Cross Road onde comprei *The Happy Hypocrite*, de Max Beerbohm; & *Exiles of the Snow*, de Lancelot Hogben. Dessa maneira gastei 7 xelins. Mas achei engraçado descobrir que a luxúria pelos livros se reacende com o menor dos encorajamentos. Quero um exemplar de Congreve. Poderia ter comprado um com todas as peças que hei de ler por 2/6, creio eu, mas esse meu demônio sugeriu que eu podia procurar a edição de Baskerville em dois volumes. O livreiro compartilhava da mesma luxúria, o que a aumentou; em resumo, disse para ele a procurar. Ele não quis se comprometer a dizer um preço provável, donde imagino que esteja calculando a luxúria que eu vou sentir de a possuir quando a vir. Afinal de contas, nada compensa mais o dinheiro que se gasta do que um belo livro... obviamente estou divagando. Passeei pelas suas estantes, como havia feito na maioria das livrarias. Ele é cuidadoso, seletivo, livresco; não há pechinchas, mas apenas o tipo de livro que se poderia querer comprar. Essas livrarias têm um ar do século XVIII. As pessoas vêm & fofocam sobre literatura com o livreiro que, neste caso, sabia tanto sobre livros quanto elas. Escutei uma longa conversa dele com um pároco, que tinha descoberto uma livraria em Paddington cheia de Elzevirs. Criticou o governo, especialmente pelo desperdício de papel. Deviam abolir todos os jornais & pregar uma página na delegacia, quando houvesse alguma notícia. Daí para o clube, onde encontrei L., Fredegond, Gerald [Shove], Goldie, Brailsford & Alix. O poeta Hogben também estava lá. Coloquei seu livreto sobre o braço da minha poltrona. Fofocas do tipo costumeiro. O livro do pobre Hogben é exatamente o negócio monótono imitativo que se poderia esperar; ou até pior do que se poderia esperar – o que Lytton chamaria de "analfabeto"; sob a influência de Swinburne, incrivelmente sem talentos & fracamente revoltado.

Para casa. L. foi a uma reunião da Liga das Nações.

Terça,
12 de março

Esta página poderia ser inteiramente dedicada a um elogio ao tempo. Um efeito curioso da primavera nos subúrbios é que ela leva uma quantidade impressionante de homens & mulheres a cantarem à noitinha. Nós nos sentamos com as janelas abertas, & uma mulher chilreia notas musicais com aparente êxtase. Podemos perdoá-la, porém, considerando que... Aqui vão alguns fatos. Escolhi me sentar num banco à sombra em Kew; vi duas borboletas nêsperas; salgueiros, açafrões, cilas, todos ou em botões ou desabrochando. As roupas pretas parecem mortalhas empoeiradas. Quanto às peles, fazem-nos rir. Nós nos encontramos em Kew.

Posso dizer que fui "rejeitada pelo *Times*". Para aumentar ainda mais a dor dessa ferida, L. recebeu dois livros do Nation. É a segunda semana da minha rejeição; & como resultado isso me faz escrever meu romance num ritmo impressionante. Se eu continuar dispensada, devo terminá-lo em um mês ou dois. Começa a se tornar bastante absorvente. Nós dois percebemos que nos últimos tempos estamos escrevendo num ritmo terrível: L. 40.000 palavras & ainda nem tocou no livro em si; eu já passei & muito as 100.000...

Quinta,
14 de março

Se tivesse escrito este diário na noite passada, coisa que estava empolgada demais para fazer, teria deixado uma sequência de interrogações ao final. O que mais me empolgou foi o jornal da tarde. Depois de passar a tarde inteira imprimindo, saí, comprei um *Star*, olhei-o por alto sob a luz do lampião do pub & li que o primeiro-ministro precisava das nossas orações. Estávamos diante de decisões monumentais. Nós, britânicos, precisávamos nos unir. Em uma semana ou mesmo em questão de dias teremos de enfrentar fatos que mudarão para todo o sempre o Império Britânico. Disso deduzimos uma proposta de paz à França: mas parece ser apenas o jeito de L.G. [Lloyd George] de estimular a plebe. Eu, pelo menos, senti-me estimulada. Gerald [Duckworth], que devia ter vindo jantar, telefonou para dizer que estavam esperando um ataque aéreo & que precisava ficar "de sobreaviso". A noite estava nublada, & não ficamos muito alarmados, em parte porque o aviso veio das fontes oficiais.

Minha dispensa foi revogada. Chegou um grande livro sobre Pepys, que passei a tarde inteira lendo, & agora outro sobre Swinburne me espera na estação ferroviária. Estou dividida entre gostar de receber livros, ou escrever ficção sem interrupções. Mas posso faturar alguns xelins a mais para comprar meu Baskerville.

Sexta,
15 de março

Por sorte o tempo ficou nublado; a primavera se viu obscurecida, mas é preciso sacrificar a primavera pela guerra. Philip veio & imprimimos – fiz um desastre com os poemas, para minha irritação. Philip falou sobre Blimey, que é um pastor perto dos Quantocks.

Segunda,
18 de março

Escrevi a data & em seguida algo me interrompeu... uma carta, acho, para Lytton, justificando por que eu *não* ia resenhar seu livro. Hoje é quarta, & é o primeiro momento que tive para escrever depois do chá. No sábado começou a conversa. Lytton & Carrington vieram para o chá – ela vermelha como uma maçã & de bochechas firmes, corpo verde vivo & amarelo, & imensamente firme & larga em todas as partes. A conversa escapou-me da memória, de modo que acho que não foi dito nada de grande importância.

Fredegond & Nessa impediram-na de naufragar imitando Ottoline. Nick & Saxon melancólicos ao fundo. Carrington saiu da sala por um segundo, & Lytton explicou que gostaria de ficar conosco sem ela, se isso poderia ser feito. Pediu que eu resenhasse seu livro. Concordei sem pensar. Pensando melhor depois, não quero escrever sob vigilância, nem pedir a B[ruce] R[ichmond] o que ele provavelmente sabe ser o livro de um amigo. No domingo o fardo das visitas foi opressivo. A lista fala por si. Gerald [Duckworth] & Saxon almoço: Saxon chá; Barbara, Nick, Middleton Murry jantar. A semelhança de Gerald com um cachorro pug superalimentado & mimado aumentou imensamente. Seus cabelos estão brancos. Quase não se vê uma faísca de vida, que dirá de inteligência em seus olhos. A fraqueza com que segura a vida, exceto pelo estômago, é de meter medo. Não tem opiniões, mas é somente um punhado de algas marinhas na corrente dominante. Sua visão comercial em cada assunto possível me deprimia, principalmente quando pensei que meu romance estava destinado a cair nas patas & roncos dele. Mas o mais estranho é que ele não tinha nada a dizer. Isso foi até as 3h, talvez; Saxon em sua forma menos civilizada & mais insignificante. É triste pensar que o infortúnio seja inconveniente, mas receio que no caso dele é. Sua compleição sofre; sua mente parece congelada. Foi derrotado no xadrez, depois foi embora, como se não desejasse encontrar N. & B. Nick era o único alegre entre nós. O pobre Murry resmungava & careteava com a infelicidade de seu bando. Trabalha o dia inteiro, & escreve ao chegar em casa. Pior de tudo, K. tem estado muito doente com hemorragia dos pulmões, lá na França, & precisa ser trazida de volta para casa, o q. é difícil, para que se averigue a gravidade de seu estado. Mas eu o achei muito melhor em termos de pessoa & intelecto do que antes. Acho que em parte isso se deveu ao contraste com Nick. A diferença entre uma cabeça pensante & uma medíocre é muito intensa... Não que a de M. seja tão tranquila & agradável quanto ele. Mas ele usa o cérebro, sempre usou, & assim abre caminho em ambientes diferentes. Conversei bastante sobre livros com ele, uma conversa tal que não se poderia ter com Nick – embora ele tenha lido Jane Austen, & possa manter uma conversa graças a um bom senso & um bom gosto naturais. B. estava praticamente apagada; mal falou, acho eu. Eles foram embora primeiro; nós nos despedimos, o método moderno de esconder todas as crises obviamente emocionais com um verniz de prosa & senso comum que torna essas despedidas quase que ostensivamente prosaicas. Murry se demorou mais, por algum tempo, conversando sobre escritores franceses & Thomas Hardy. Ele jamais escreverá outro romance, afirmou. A poesia é um atalho & "a vida me parece agora bastante precária".

Na segunda [18 de março] fiquei aqui & fiz meu trabalho de composição. L. foi a Londres.

Na terça tomamos chá no clube, & encontramos todas as pessoas de sempre, exceto Bryn que é uma raridade, fomos a uma convenção geral, onde L. foi eleito 5º no comitê; & depois jantar com Ka. Arnold Foster era o outro convidado. Para minha grande surpresa a primeira pessoa a chegar depois foi Hilton Young. Acho que não dirijo 6 palavras a ele desde 1908 – quando tivemos aquela entrevista. Sempre supus que negócios obscuros do passado de O.H. intervieram; mas seja como for, perdemos contato por completo. Saber disso me deixou no mínimo pouco à vontade. Mas somos idosos agora. Ele o perfeito oficial da Marinha, bem barbeado, tosquiado, a cara vermelha, de roupa azul & tranças douradas com uma faixa ao peito. Suas maneiras sombrias & enigmáticas (a esfinge sem segredo) se foram; mas apesar disso gostei dele – achei-o meio confiável & um pouco romântico – receio que não mais em relação a mim. Mas como sequer começar a adivinhar os sentimentos alheios? Pela primeira vez eu me vi sentindo pena dele. Imagino que tenha mais de 40, &, no fim das contas, desejava algo que não teve. Falamos de coisas duras, de fato. Ele não vê nenhum romantismo na Marinha depois de quatro anos. Colocamos em questão a nossa visão da Inglaterra. Sem conhecer qual o seu nível de agressividade, era difícil conversar, salvo sobre assuntos gerais. Os Shoves chegaram, & um amigo dinâmico de Ka do escritório eu acho, quando estávamos saindo. O pequeno W.A.F. bastante humilde, bastante pequeno, bastante inocente, tal como no passado.

Quarta, 20 de março Imprimimos – mas não terminamos; por pouco.[32]

Sexta, 5 de abril Acho que a quarta acabou sendo interrompida, como sempre tende a acontecer às vésperas de uma mudança, & até onde me lembro nevou geou trovejou gente. Fomos para Asheham na quinta, sob um calor de verão tão intenso que as pessoas no metrô baixavam as cortinas, & o alvoroço & a potência (que palavra pode exprimir o tumulto da vida ainda encoberta em uma bainha de veludo macio?) de Richmond cultuando um tanque parecia mais o zumbido de abelhas em torno da primeira flor que desponta.[33] Em Asheham tivemos abelhas e flores, mas não no sentido metafórico. Mais uma vez minha memória se fixa mais numa tarde lendo no jardim. Por acaso, li Wordsworth; o poema que termina assim: "what man has made of man".[34] Os narcisos tinham desabrochado & dava para ouvir tiros, acho, nas colinas. Até mesmo para mim, que não tomo parte de modo direto & repudio a importância disso que estão fazendo, havia uma estranha palidez naqueles dias de sol. Há sempre uma certa tristeza na primavera, é claro... as visitas interromperam o estado de espírito que tece uma textura tão densa na vida solitária em Asheham. Primeiro Lytton. Depois esperamos, com os olhos presos na estrada, que Barbara aparecesse. Mas ela não veio, & no domingo recebi uma carta com a história mais incrível que se possa imaginar, dela tentando repetidamente embarcar num trem; & por 3 dias foi a Victoria; & às vezes a impediam de ultrapassar a barreira, às vezes a deixavam presa do outro lado da abertura entre os vagões; não conseguiu embarcar, & por fim passou a Páscoa sozinha em seu apartamento, esperando tornar-se daqui a nove meses menos quinze dias, assim nos disse, mãe de uma criança. Lytton ficou conosco uma semana menos um dia. Passeávamos principalmente ao longo da estrada para Beddingham. Tivemos conversas breves, &, para mim, bastante íntimas; íntimas no sentido de que ele é capaz de entender o corpo inteiro do pensamento de alguém só de lhe avistar a cauda. Esses pensamentos eram na maioria das vezes sobre livros; mas os livros incluem boa parte da vida. Desconfio que ele tende a andar se questionando se o *Eminent Victorians*, quatro vitorianos que lhe tomaram 4 anos para escrever, seja algo o bastante para mostrar, tanto por sua idade qto pelas suas pretensões. Seja como for, ele estava evidentemente, & dolorosamente, ansioso para ouvir o que pensamos quanto aos méritos do livro, & tanto voltava à questão da minha resenha, apesar de sempre com muito tato, que agora eu hesito. Suponho que o contraste (& para mim existe um contraste) entre as realizações de L. & as realizações dele lhe tenha pesado. Depois, ele passou mal certa manhã, "doença verde" [clorose], como Lottie descreveu com sua paixão & entusiasmo costumeiros para pintar as coisas com as cores mais alegres. A saúde dele anda numa maré baixa; & certamente a saúde deixa as pessoas cautelosas, talvez até meio rabugentas, espiritualmente. Notei, tenha sido por causa da doença ou não, um aumento visível do orgulho que ele sente da família; agora atingiu um tom quase religioso; é mau sinal. Tal como o patriotismo, significa que certos sentimentos tendem a crescer de forma exagerada & devassa se encobertos. Por exemplo, o James deve ser exaltado como um homem de "vontade de ferro", administrador fenomenal &c: mas a mesma luz atinge todos na família, até os primos, como Mary H[utchinson]. E isso é uma pena. Depois vieram James & Noel [Oliver]. Nossa paciência ficou no limite. As visitas de fato tendem a irritar, embora como amigas sejam impecáveis. Fico sempre feliz se ao final de uma visita percebo que o afeto que se sente por ela não se alterou, como nesses três casos... no entanto me intriga essa sensação de esforço e de mal-estar que as pessoas de quem mais gostamos conseguem produzir em nós. L. & eu conversamos a respeito disso. Ele disse que quando tem gente em casa suas horas de prazer verdadeiro se reduzem a uma; ele tem não lembro quantas horas de prazer negativo, & uma porção considerável de horas extremamente desagradáveis. Será que estamos ficando velhos? Que nossos hábitos estão se acomodando, como os ventos alísios? Mas desta vez as dificuldades com comida certamente aumentaram o desconforto. Um dia voltamos de uma longa caminhada & encontramos apenas um terço de pão sobre a mesa. Não havia mais nada em casa. Isso se deveu ao mau gerenciamento de Nelly, mas por outro lado em Asheham é muito fácil gerenciar mal as coisas, & gerenciar ainda que de modo minimamente tolerável já exige atenção constante, andar muito de bicicleta para trazer as coisas. A certa altura as criadas começaram as discussões de sempre. O alívio de voltar para uma fartura relativa & de as lojas ficarem perto de casa é visível. Voltamos na sexta, fomos direto almoçar na Clifford's Inn, mergulhamos em Partridge & Cooper, & em seguida voltamos para casa & L. foi ver [Alfred James] Bonwick.

O resultado da visita a Bonwick foi o que eu tinha previsto. Ele propôs que L. editasse o novo jornal, & desse aceite na verdade depende o próprio início do jornal, coisa que eles ofereceram fazer imediatamente. É preciso acertar algumas coisas com Wright, mas isso eles vão resolver entre eles eu imagino. L. tem dez dias para se decidir. Tem a questão da equipe, do salário, &c. Se aceitar, conseguirá alimentar aquela Águia onívora & impiedosa com resenhas.[35] Considerando os méritos dessa criatura medíocre de sangue ralo (falo do seu jornalismo), seus métodos para administrar o jornal & sua falta de capacidade de julgamento & de competência, acho que L. tomará uma sábia decisão caso aceite o outro emprego somente como um meio de escapar. Por outro lado, isso em si talvez não seja um meio, mas um fim. Portanto nosso retorno foi bastante feliz & animado, se levarmos em consideração o quanto os retornos são geralmente frustrantes.

Sábado, 6 de abril

De manhã recebi uma carta de Barbara dizendo que Nick foi gravemente ferido no dia 30. O ferimento foi nas costas & nos rins, & ele foi operado. O último boletim dizia que tinha reagido bem à cirurgia. Não souberam de mais nada. Se ele se recuperar, talvez não seja mais enviado ao front... mas quem sabe? Pelo menos ela recebeu o golpe cedo, &, se fosse eu, por si só teria achado isso uma bênção. Mas ficar aguardando por telegramas & cartas, sem a menor certeza de quando chegarão, ainda mais com a perspectiva desse bebê, deve ser uma tortura tão eficiente quanto qualquer outra que os seres humanos inventam uns para os outros. Porém, Saxon está de mudança; ela o está ajudando; a voz dele ao telefone parecia possuir uma alegria qualquer que não o abandonou de todo. Mas quando vem uma crise, quase ninguém a enfrenta com naturalidade; ou somos muito prosaicos & dignos, ou o extremo oposto. Saxon está num curioso beco sem saída todo seu. Choveu o dia inteiro até agora, quando o tempo abriu. As ameixeiras estão em flor no jardim, as flores parecem bastante saudáveis. Fui revirar livros na [livraria] Hiskoke. Comprei um livro de poemas de Collins & a autobiografia de Colley Cibber – 1 xelim os dois juntos. L. ao Staines. O marido de Flora acabou se ser enviado ao exterior.

Domingo, 7 de abril

Acabamos de retornar de um chá com Barbara & Saxon no apartamento [de Barbara]. Nick foi transferido para outro hospital & escreveu uma carta de próprio punho, de modo que pelo menos parece estar livre de perigo imediato. Sim; acreditam que possa voltar para casa a qualquer momento. Tomamos chá; Saxon com seu colete marrom de lã, dando passadas fantásticas pela sala colocando a mesa; o nervosismo de Barbara era tão evidente que acredito que seja mesmo um fato, a criança... mas 4 dias sem notícias deve ser uma provação para os nervos de qualquer pessoa. O casal do interior parecia demais uma ilustração quase perfeita do espírito pós-impressionista para o meu gosto. Até mesmo o gato branco e preto era como uma decoração da Omega. Paredes caiadas onde se veem as marcas do pincel, um mastro listrado, cobertas da [loja] Burnet, cachorros de porcelana sobre a prateleira da lareira, algodão xadrez onde quer que se olhe, & para um olhar mais crítico uma ou duas coisas de gosto duvidoso ou reversões a um estágio anterior, como por exemplo um colar de contas pendurado num prego. Porém ao voltar achei meu quarto horrível. A conversa foi séria, adequada, mas não profusa. Creio que Saxon (que tinha acabado de lavar a cabeça) não disse nada; & sua atitude é meio azeda & resoluta no momento. Para mim parecia uma galinha que tivesse posto um ovo – mas apenas um. Não gostamos de Hampstead. A vulgaridade de Richmond é sempre um alívio depois.

Segunda, 8 de abril

Existe um momento estranho entre a volta de Londres & o jantar que é a salvação deste livro. Por algum motivo não conseguimos nos ajeitar para ler, & entretanto escrever parece ser o canal apropriado para a condição inquieta & irritadiça em que geralmente ficamos. Talvez o chá no 17 Club intensifique essa condição, principalmente se encontramos Roger na Charing Cross Road, com seu chapéu de abas largas & quatro ou cinco livros franceses amarelados embaixo do braço. Ele é o centro de um rodamoinho para mim. Sob sua influência fui soprada diretamente para dentro de uma livraria, convencida a desembolsar 3/7 num romance francês, *Et Cie*, de um judeu, obrigada a arrumar um dia para ir a Durbins, convidada para uma peça de teatro & um tanto assoberbada – levada a me encher por completo de ideias, dúvidas, possibilidades que não poderiam se desenvolver em Charing Cross Rd. Claro que ele estava apressado para um compromisso na Burlington & para produzir uma ou duas peças de teatro nalguma outra parte[36] – & doente também, segundo ele, mas de certo modo com o espírito aliviado depois de ler Fabre, que o faz enxergar que depois da nossa guerra, por hedionda que ela seja... mas aqui nos despedimos. Eu me deparei com uma espécie de avesso de Roger no 17 Club: Goldie & Miss Dudley, pelo menos. Mrs. Manus & Langdon Davies & L. não podem ser incluídos sob esse título. Nós nos sentamos no salão térreo; & o pobre Goldie franziu a testa & atirou-se de maneira despreocupada & ardorosa a uma pergunta atrás da outra, como de hábito – o hábito de um solteiro que vive do intelecto & salta portanto de pessoa a pessoa, sem ter morada fixa. Uma espécie de cigano ou vagabundo. Lamentou todas as mortes dos jovens – Eric Whitehead o último a ser morto. Disse que iria para a guerra caso fosse jovem o bastante; como não é, trabalha nos comitês. Deixei-os conduzindo mais um comitê & fui para a Poland St. pegar o meu relógio. No caminho andei por uma rua estreita ladeada dos dois lados com carrinhos de mão onde se vendiam meias & ferragens & velas & peixes. Um realejo tocava no meio de tudo. Comprei 6 punhados de velas coloridas. O rebuliço & as cores & a vulgaridade me agradaram do fundo mais fundo de meu coração. Mas não tive como pagar 5/6 pelo meu relógio, graças à magia sedutora de Roger em Charing X Road, de modo que tive de deixá-lo ali, tiquetaqueando como um jovem relógio. Voltei para casa pela Victoria. Fim de tarde ensolarado, enxameado de pessoas.

Terça, \
9 de abril

O tempo está estranhíssimo; & também desagradabilíssimo. De vez em quando cai chuva de um céu cinza & escuro; mesmo quando não está chovendo o céu continua cinza. Está quente, úmido, & as folhas novas têm um aspecto sedutor sob a atmosfera de inverno; parece que estamos vendo o verde à noite embaixo das luzes elétricas. Brigamos ontem, por causa da minha jarra de creme; & L. foi injusto, & eu generosa. A briga terminou às 4h25 em ponto. Às 4h30 chegou Miss Mattaei. Eu me lembro dela em Newham. Havia saído, pelo que entendemos, "sob uma nuvem".[37] É fácil perceber pela sua atitude frouxa, apologética, que a tal nuvem minou sua capacidade de resistência. Sondamos o assunto da guerra, mas ela se esquivou, & pareceu completamente repugnante alguém sentir medo de declarar suas opiniões – como se um cachorro que está acostumado a surras excessivas temesse o simples levantar de uma mão. Ela & L. discutiram o assunto deles, que tem a ver com o W[ar] & P[eace]. & talvez resulte numa oferta de emprego para ela na equipe. Ela precisa de um ganha-pão. "Devo lhe dizer uma coisa, disse ela, quando a conversa terminou, meu pai era alemão. Descobri que isso faz uma grande diferença... é um claro impedimento comercial." L. concordou que era. Ela é uma mulher magricela desajeitada & feiosa, na faixa dos 35 anos, com uma compleição que de súbito se torna vermelha & brilhante; vestida com suas melhores roupas, que eram absurdamente severas & feias. Mas seu raciocínio é rápido, & ela entusiasmada; disse que adorava escrever.

Quarta, \
10 de abril

Um dia muito chuvoso & escuro. Imprimi. Compus uma página em 1 hora & 15 minutos – meu recorde. Nesse ritmo, talvez o livro fique pronto em um mês.

Recebi ontem uma carta de Miss Harriet Weaver querendo saber se poderíamos publicar o romance novo de Joyce, coisa que nenhuma outra editora deseja fazer, graças supostamente às opiniões expressas. Devem ser bastante fogosas, considerando o sucesso que ele obteve com o último.[38] Ela virá aqui, embora tenhamos poucas condições de enfrentar outro livro. Gosto de fazer parte dessa sondagem. Por falar nisso, fui rejeitada pelo *Times* mais uma vez, & portanto sigo desenrolando meu livro a uma grande velocidade, & suponho que os livros chegarão de uma vez só numa enxurrada, dia desses. Ao impressor, que está quase terminando de montar sua nova máquina, mas sem eletricidade & sem um compositor ainda estamos longe de conseguir fazer valer nossos direitos.

Quinta,
11 de abril

Ao 17 Club esta tarde. Mas é preciso descrever o tempo. Imagine morar dentro de um balão amarelo, cujo teto flutua para baixo & para cima, com uma atmosfera interior de ar viciado. Esta é a nossa situação. Quando o teto afunda até quase o topo de nossas cabeças, precisamos acender as luzes elétricas, como fizemos no almoço. De vez em quando chove, mas isso não traz nenhum alívio. A caminho de Londres todas as luzes do trem estavam acesas. Fui à Omega, apanhei meus quadros & topei com Roger carregando um rolo de manuscrito, que, segundo disse, era sua tradução da *Lisístrata*. Isso ele fez com um moderado conhecimento de grego, & espera ter dado certo, mas duvida de até onde se possa chegar. Levei os quadros até a Gerrard Street, parando na Polland Street para pagar 5/6 & apanhar meu velho relógio de ouro, cuja distinção & dignidade ficaram bastante evidentes depois de 6 meses em Ingersoll. No clube encontrei... preciso mesmo repetir essa cena mais uma vez? Acho que a mudança de torrada para pãozinho com mel me interessou mais do que fragmentos da Scurr Cousins & Marshall, ou do que a solenidade reprimida & pálida de Alix. Depois de roubar uma quinzena dela com James me senti bastante culpada. L. voltou do encontro com os nativos. Ele irá a Londres de novo para uma festa de despedida para Bertie [Bertrand Russell] na Mrs. Hamilton. Noite passada ele foi, por menos de 30 minutos, a uma reunião do Partido Trabalhista.

Sábado, 13 de abril

A festa de despedida de L. estava livremente salpicada com nossos amigos inconformistas. Não sei por que suas virtudes, combinadas, são tão deprimentes. Lá estavam Dora & Adrian & Karin (ela anuncia que está grávida) & Burns & Alix & assim por diante. Bertie derrubado, & deverá ser preso, ou por causa de seu artigo, ou da sua consciência. A nova lei amealha todas as gerações mais idosas. Agora suas consciências estão sendo passadas por um pente fino, mas até o momento a tendência parece ser a de não ir às raias da prisão.[39]

Sexta foi um dia agradável; ensolarado; & os botões & folhas de um tom natural. Passamos a tarde imprimindo. Era a primeira noite que passávamos sozinhos em muito tempo. Afundados em nossas poltronas, fomos interrompidos na nossa leitura por Walter Lamb. Depois de repassarmos a conversa, concordamos que ele estava ligeiramente acima de seu nível habitual. Contou longas histórias de sua caminhada na tempestade de neve, em que cada detalhe ganhava uma proeminência mais interessante para ele do que para nós; até o romance mais audacioso se tornaria chato, contudo, narrado por aquela voz. Lord Canterbury está novamente à frente. Ele é um estudioso do persa & deu a W. as *Mil & Uma Noites*. Mora numa casa que não é elegante o bastante para fazer-lhe justiça. Tem um lacaio italiano que consegue qualquer quantidade de carne com um amigo. Na outra manhã deixaram um pequeno lombo de cordeiro à porta de W. Ele espera cair novamente diante da tentação. Desistiu da leitura, por não encontrar tempo para isso; mas analisa os garotos que estudam clássicos. Contou histórias sobre J.J. [Joseph John] Thompson, cuja mãe tem uma lojinha onde Watty costumava comprar doces quando menino. Assim seguimos; W. sentado entre nós dois, L. bocejando sem disfarçar, eu bocejando tentando disfarçar. A Academia guardará seus quadros valiosos, apenas 18 deles, em algum metrô. Avisaram que serão lançadas bombas imensas no fim do mês, que abrirão buracos de quase 8 metros de profundidade antes de explodir.[40]

Hoje sábado imprimimos & terminamos 6 páginas. Como começamos somente na quinta, batemos um recorde. Um dia frio terrível, & péssimas notícias nos jornais. Se não achássemos que a política é um jogo elaborado feito para manter em forma um bando de homens treinado para esse esporte, talvez nos sentíssemos deprimidos; às vezes procuro descobrir o que significam algumas das palavras que nos governam. Duvido que a maioria das pessoas faça isso. Liberdade, por exemplo.

Noite passada Desmond nos telefonou. Receio que os motivos dos nossos amigos não resistiriam a uma análise cuidadosa. O livro dele sai na quinta; ele, embora esteja se esquecendo de tudo, lembra-se de uma vaga promessa brincalhona que fiz, há pelo menos um ano, de que o resenharia para o Times. Vai me enviar um exemplar. Quer ficar aqui. Estou agora na dúvida de como lidar com esses malditos autores...

Quinta, 18 de abril

Existe um sério defeito no esquema deste livro que decreta que ele deve ser escrito após o chá. Quando recebo gente para o chá não posso lhes dizer: "Agora espere um minutinho enquanto escrevo sobre você". Quando eles vão embora, já é tarde demais para começar. E assim no próprio momento em que estou matutando pensamentos & descrições especificamente para esta página, tenho a sensação desoladora de que a página não está ali; & que eles foram espalhados pelo chão. E é difícil limpá-los. E neste exato instante a mera extensão da lista de visitas deixadas por registrar já me apavora de saída. O juiz Wadhams, Hamilton Holt, Harriet Weaver, Ka, Roger, Nessa, Maynard, Shepherd, Goldie, sem falar na Guilda & Alix & Bryn & Noel (que podem ser chamadas de 17 Club): eles todos se acumularam desde domingo; & cada qual merece algo que demarque seu lugar, & sim, eu o demarquei na hora. Mas como recuperar a impressão de Wadhams & Holt? Foi uma visita tremendamente bem-sucedida. Tínhamos nos preparado com exatidão. Fizeram discursos & olharam os quadros & elogiaram L., tudo de acordo com as previsões. Impressionaram-me em primeiro lugar pela sua vivacidade, que combinada com seus corpos grandes & bem alimentados, lhes dava uma aparência poderosa; depois porque me trataram com respeito; & por fim porque estavam pura & intensamente apaixonados pela Liga das Nações. O juiz Wadham havia "identificado" cada ministro na América. Estavam em contato com todos os grupos de pessoas do mundo, até onde pude perceber, graças a um exército de estenógrafos que enviavam panfletos com um toque pessoal para onde quer que um panfleto pudesse se alojar. Comparado a isso nosso recorde é inofensivo. "Nós o colocamos lá no topo,

Mr. Woolf, dos pensadores estruturais da guerra... consigo ver seu lugar nas minhas estantes neste exato momento... Perdão, o senhor usou a palavra 'social' mais de uma vez. Não entendo exatamente o que quis dizer com ela..." Nós dois explicamos, por 10 minutos. "Não, eu não entendo." "Bem, precisamos ir agora até a casa de Sidney Webb, mas não fizemos mais que apenas arranhar a sua superfície, Mr. Woolf, & da próxima vez temos de tentar fazer mais do que isso... Agradecemos à senhora, Mrs. Woolf, por haver nos deixado vir até sua casa..." & lá se foram eles.

Mas quase que no mesmo instante eis que aparece Harriet Weaver. Aqui nossas previsões erraram por completo. Fiz o que pude para que ela revelasse, a despeito de sua aparência, tudo o que uma editora do Egoist deve ser, mas ela permaneceu inabalavelmente modesta séria & decorosa. Seu elegante terninho cor de malva lhe caía tão bem no corpo quanto na alma; as luvas cinza dispostas com zelo ao lado de seu prato simbolizavam a retidão doméstica; suas maneiras à mesa eram as de uma galinha bem criada. Não conseguimos avançar nenhuma conversa. Provavelmente a pobre mulher se sentia tolhida pela impressão de que o que carregava naquele embrulho de papel pardo era completamente incongruente com o conteúdo dela mesma. Mas enfim; como, para começo de conversa, ela tivera contato com Joyce & o resto? Por que a imundície deles busca sair pela boca dela? Deus sabe. É incompetente do ponto de vista dos negócios & não sabia ao certo que tipo de acordo fazer. Nós dois olhamos para o manuscrito, que parecia ser uma tentativa de ampliar ainda mais os limites da expressão, porém ainda na mesma direção. E portanto ela se foi. E Ka chegou & a forçamos a tomar óleo de castor em um copinho de ovo, & ela deitou-se num sofá, & quase vomitou, & teve uma noite inquieta mas acordou melhor pela manhã.

Então fui a Guildford. Não sei como encaixar três ou quatro horas de Roger no resto desta página (& devo parar para ler Viola Meynell); falamos de toda sorte de coisas; envelhecer; solidão; religião; moralidade; Nessa; Duncan; a literatura francesa; a educação; os judeus; o casamento; & depois de *Lisístrata*. De vez em quando ele lia uma citação de um livro de Proust (cujo nome esqueci) & depois da sua tradução [da *Lisístrata*]; & ao acordarmos de manhã encontramos os morros cobertos de neve & fomos sob o vento terrível & a chuva até a Omega; depois para a Gordon Sqre; onde foram exibidos primeiro o novo Delacroix & em seguida o Cézanne.[41] Há 6 maçãs no quadro de Cézanne. O que 6 maçãs podem *não* ser?, comecei a me perguntar. Há a relação entre elas, & sua cor; & sua solidez. Para Roger & Nessa, além disso, a questão era muito mais complexa. Era uma questão de se a tinta era pura ou misturada; se pura, qual cor: verde esmeralda ou veridiana; & depois as camadas da tinta na tela; & quanto tempo lhe levou, & como a alterou, & por quê, & quando o pintou... Levamos a discussão para a sala seguinte, & meu Deus! como os quadros ali ficaram desnudados, como se houvessem colocado uma pedra preciosa verdadeira no meio de imitações; a tela dos outros parecia ter sido riscada com uma camada fina de tinta de péssima qualidade. As maçãs com toda a certeza tornaram-se mais vermelhas & mais redondas & mais verdes. Desconfio de uma qualidade verdadeiramente misteriosa de [?] naquele quadro. Choveu o dia inteiro, & L. saiu para o chá, & trouxe Goldie para jantar. Goldie se sentiu "humilhado" com a queda de Bailleul, mas contou suas histórias bem organizadas & comportadas, & eu fui para a Guilda, o que me agradou, pelo bom senso & pela evidência de que ela realmente representa algo verdadeiro para aquelas mulheres. Apesar da passividade solene, elas guardam um desejo profundamente oculto & inarticulado por qualquer coisa que está além da vida cotidiana; acredito que gostem de toda essa pompa dos oficiais & das eleições porque ela de certa maneira simboliza essa outra coisa. Desculparam-se por terem falado mal da mulher com sífilis, o que considero um ponto a favor delas. Depois disso aprenderam a lição, disseram que ela apenas falou a verdade. Querem que eu traga um palestrante para falar sobre educação sexual; Mrs. Hiscoke contou que teve de contratar um amigo para explicar o que era menstruação à sua própria filha, & que ainda se sente inibida se a filha está na sala quando se discutem assuntos de cunho sexual. Ela tem 23 anos de idade.

Na quarta, L. foi almoçar com Rowntree, & concluiu outro estágio no seu caminho até a cadeira de editor. Um boneco do jornal será preparado. R. ainda está se protegendo contra riscos, riscos financeiros, mas comentou mesmo assim "Sois o homem certo!". A mão de L. tremia demais, de modo que ele não almoçou. Isso veio inteiramente da conversa sobre o assunto antes de ele ir a Londres. Fui à Caslon [fundição], & sentei-me naquela sala sólida impressionante em meio às escrivaninhas vazias & mesas lisas enquanto eles iam apanhar 1 xelim & 6d em h's (caixa baixa) & a gráfica do banco da Inglaterra solicitava que cerca de mil quilos de tipos gráficos fossem imediatamente transportados por furgão, uma vez que o peso ultrapassava a capacidade de um táxi. Sinto uma imensa satisfação em escutar a conversa desses homens de negócios sólidos & competentes, que dão ordens com uma tal envergadura & simplicidade & sem jamais desperdiçar uma única palavra, & cuja personalidade é direta, em todos os seus gestos & características. Ao chá no 17 Club; & Alix & Bryn & Noel estavam lá; & todos eles me desagradaram bastante. Na quinta fizemos um pequeno passeio, mas em meio a tanto vento que quase não sentimos nenhum prazer. Então L. teve de jantar com Margaret. Ele vem se tornando praticamente aquele tipo que nunca janta em casa. Mas em nosso círculo isso é mais uma questão de negócios do que de prazer. A pessoa ou vai encontrar alguém, ou acertar um assunto, ou se despedir de um prisioneiro. O caso de Bertie continua em suspenso, porém. Hoje recebi o livro de Desmond, enviado, sinto dizer, a pedido do autor. Richmond, quando pedi os livros de D. & L., disse, "Mas claro... se puder manter isso em segredo". Não havia como prometer isso, de maneira que lhe escrevi para dizer que não os enviasse. E agora preciso avisar Desmond & Lytton. Não irão sofrer muito, acredito, mas ficarão ansiosos em vez de confiantes, & não sei se sinto alegria ou pena. Creio que eu poderia ter dito umas coisas bastante inteligentes, & umas poucas verdades, mas é certo que não há como evitar certa inquietação quando escrevemos formalmente sobre pessoas que conhecemos tão bem.

Sexta,
19 de abril

Um dia de gigantesco esforço para L. Oito páginas impressas. Ele saiu à 1h30 & continua (6 da tarde) na gráfica, de pé no porão, deslizando uma página atrás da outra por entre os pinos, depois de ter feito somente uma pausa muito breve para o chá. Até a noite terei oito páginas para desmontar & em seguida compor; apesar de termos tipos para nove páginas, três linhas com os novos h's: o t foi o último a finalmente morrer. Neve, ventanias, um frio terrível, & de vez em quando sol.

Domingo, 21 de abril

Quantos pobres, principalmente clérigos & funcionários aposentados, devem estar tamborilando no vidro & olhando cheios de tristeza para seus gramados cobertos de botões de flor murchos... murchos, ainda semiabertos, & em seguida arrancados das suas hastes pelo vento. Os pomares devem estar arruinados a esta altura. Ontem em Kew as magnólias eram uma visão de tristeza: os grandes botões rosados, que estavam prestes a desabrochar na mais magnífica das flores, agora estão castanhos & queimados, jamais abrirão, para sempre serão feios. Notamos que nas pontas de diversos ramos havia luvas brancas, segundo L. um sinal de que andavam fazendo algum experimento de enxerto. Até os narcisos estão todos curvados pelo vento. As árvores frutíferas, castanhas & queimadas pela geada. O tempo continua com vento & chuva & por vezes neve. Fui a um concerto no Palladium esta tarde; mas no geral me arrependi. Um homem chamado Julian Clifford tocou Mozart como se fosse o *Sonho de Valsa*, com lentidão, sentimentalismo & uma espécie de viscosidade lúgubre que estragou meu prazer no Sol menor. L. foi a Staines. Agora preciso escrever para Desmond, que tem me telefonado, receio eu, pensando naquela resenha.

Sexta, 26 de abril

Houve um salto de cinco ou seis dias – não consigo lembrar o motivo, mas deve ter sido ao menos em parte por falta do que dizer. Na segunda lembro que tomei o chá no clube & encontrei Fredegond, Ermengard, uma fazendeira & alguém que tomei por Bryn, mas que atendia pelo nome de Daphne. Os Shoves viram-se obrigados a voltarem para o campo mais uma vez; deixaram para a última hora, claro, & estando apurados por terem um trabalho a entregar até segunda ainda estavam na dúvida se tentariam Cambridge, Hertford ou Hampshire. Conversei basicamente com Ermengard – uma visitante rara, mas familiar. Como L. comentou, essas mulheres do interior adquirem um jeito lento & bovino que é um bálsamo para o meu gosto. Ela cria touros de exposição, toca baixo acústico à noite & escreve histórias infantis impróprias. Parece ter se acomodado num canto feito sob medida para ela, onde vive de modo prazeroso, & agora tem uma fé quacre a rodeá-la. Deu-me a impressão de uma grande flor de jardim que estivesse enterrando suas raízes confortavelmente, bem plantada na terra – digamos um goivo, ou uma malva.

Na terça Wright jantou & dormiu aqui. Ouvi com respeito uma longa conversa, em que tanto L. quanto ele desempenharam seus papéis com um perfeito conhecimento das regras do jogo. Tal foi a impressão que o modo de falar deliberado, tranquilo & porém conciso dos dois deixou em mim. Foi difícil dizer até que ponto Wright lamenta seu destino.[42] As regras do jogo exigem completa civilidade. Ele foi extremamente gentil por haver jogado tão bem, claro. Ofereceu-se para ajudar no que pudesse. Dado que naturalmente a opinião dele quanto aos seus talentos como editor é mais elevada que a nossa, ou mesmo do que a do conselho diretor, foi muito gentil de sua parte, embora eu acredite que tenha sido sincero quando disse preferir que aquilo que precisa ser feito o seja pelas mãos dos outros em vez de pela sua própria. Trabalha sob a pressão de várias doenças, & é bastante deliberado, demora duas vezes mais tempo do que nós para terminar uma refeição, & talvez 4 vezes mais para terminar uma frase. Discutiu-se a questão dos salários. W. acha que o consultarão a respeito. Sugere algo entre £200 e £250 para Miss Matthaei; e entre £300 & £400 para L. É mais do que esperávamos. Contudo, isso depende de mais gente além de Wright (a Águia neste momento telefona para dizer que concorrerá ao Parlamento – pelo Trabalhista... Nesse ritmo, o gato Manx tem uma chance).

Na quarta Lottie derrubou meia caixa de tipos no chão, de modo que tive de passar 4 horas arrumando cada compartimento – é basicamente o trabalho mais penoso que existe. Ela misturara completamente as letras, na esperança ou na crença de que as letras fossem todas iguais apesar de guardadas em compartimentos diferentes.

Na quinta fiquei de cama & L. foi tirar provas na gráfica.

Na sexta compomos & demos um passeio curto. O tempo varia entre neblina & sol, o que ao menos nos poupa dos ataques aéreos, apesar de a lua estar cheia.

Quarta, 1 de maio

Dá azar dizer que estamos a salvo dos ataques aéreos; na sexta fui ao Hippodrome para ver um pouco de vida; L. foi ver uma variedade diferente dela no 17 Club. A incrível & patética estupidez dessa sala de música (pois com certeza poderíamos ter alcançado um nível mais alto, & somente a educação nos obrigava a rir) quase me deixou desconfortável; mas o humor de Harry Tate, embora de baixo nível, ainda assim era o estranho humor inglês; algo natural para a raça, que faz todos rirem; porquê eu não sei; mas não há como não achar que é autêntico, assim como, em Atenas, deviam pensar sobre a poesia. Cheguei em casa por volta das 11h. Às 12h os petardos de sempre, & até uns apitos extras. A noite limpa tornou isso provável; levamos nossas roupas de cama para a cozinha & ocupamos nossas estações de sempre; L. & eu deitados perto do gradil; N & Lottie sussurrando no porão. Depois de vinte minutos, pensei ter escutado as sirenes. Nossos ouvidos podem imaginar tanta coisa que eu não disse nada. Dez minutos mais tarde Nelly irrompeu, "As sirenes!" E eram mesmo. Subimos, dispostos a jogar a culpa em algum funcionário cujos ouvidos lhe pregavam peças que a noite transformava em certezas. Mas Desmond nos conta que 3 aviões americanos atravessando a costa sem dar o sinal foram o que causou o alarme falso, que acordou Londres inteira, mas foi ignorado pela imprensa.

No sábado fomos a Hampton Court, a primeira visita em muito tempo. Mas que tempo (estou sendo injusta, porém; no sábado estava bom). Tivemos uma conversa tremenda sobre o Equador. No meio de uma demonstração com duas pedrinhas, passou Jack Radcliffe (ou achei que fosse ele). Isso distraiu minha atenção. Era preciso dar uma séria reprimenda. Descobriu-se que eu acreditava que o Equador fosse uma marca circular, de fraca cor vermelha, na extremidade de uma bola de futebol. A mistura de ignorância & desatenção exibidas nesse comentário parecia tão crassa que durante uns vinte minutos ninguém conseguiu falar nada. Porém, eu fui perdoada, & me ensinaram a respeito dos trópicos de Câncer & Capricórnio. A pergunta era originalmente sobre a hora em que a lua & o sol nascem & se põem nos diferentes meses.

No domingo Desmond veio jantar; ou seja, depois do jantar. Ele tem a aparência valorosa do velho lobo-do-mar que enfrentou as durezas do oceano, todo de preto severo com alguns emblemas dourados &

botas de couro puro.⁴³ Mas por baixo dessa casca ele é tão suave & vago como sempre, & exausto depois do seu dia de trabalho que, no fim das contas, ele ficou alarmado ao descobrir & nós idem, se dará também no nível prático conforme evidências. Seu espírito tinha uma certa vivacidade artificial, como se ainda estivesse sob o olhar militar; mas isso passou, & ele bocejou, & não conseguia se levantar, embora os bocejos de L. fossem em parte por causa dos dele. Tarde da noite começou a ler o manuscrito de Joyce em voz alta, & principalmente a imitar a imitação moderna dele do miau de um gato, mas L. foi dormir, & apesar de poder passar a noite toda dessa maneira, senti remorso & atraí Desmond até o andar de cima reunindo livros pelo caminho. Na manhã seguinte, depois de observar que o café da manhã às 8h30 provavelmente seria cedo o bastante, ficou aqui conversando sobre livros até as 10h, & foi-se embora divagando um tanto fora do tom para o escritório. L. jantou com os Webb. Nesse momento ser-me-ia útil comandar a pena como uma diarista inteligente & bem-informada, com um olho no futuro; alguém que fosse capaz de transpor para o papel as coisas realmente interessantes que Sir Wm Tyrrell, Camille Huysmans & o Sidney Webb disseram.⁴⁴

[*escrito com a caligrafia de L.*] Fui jantar nos Webb. Camille Huysmans & Sir William Tyrrell presentes. Este último é agora chefe do Departamento de Inteligência Comercial & está envolvido em preparar um dossiê completo dos nossos termos para a Conferência de Paz. Um homem baixo, rechonchudo, grisalho, simpático, mais parecido com um literato de boas maneiras – se é que isso existe – do que com um diplomata. Bastante franco – de modo ostensivo – & falava incessantemente sobre políticas & pessoas. "Um amigo meu estava em Kiel no dia do assassinato do arquiduque

& viu o Kaiser imediatamente depois que ele recebeu a notícia. O K. disse: '*Es ist ein Verbrechen gegen das Germantum*'.⁴⁵ Quando ouvi isso, entendi que isso significava guerra." "Lichnowsky tem a inteligência fraca. É uma espécie de camponês idiota. Seu sangue polonês no entanto lhe confere um tipo de intuição, de modo que por vezes ele enxerga mais adiante do que homens mais inteligentes que ele... a intuição de um camponês idiota." A única esperança, disse, era que os Aliados definitivamente se declarassem parte de uma Liga das Nações & definissem sua constituição. Ficaremos surpresos, caso a ofensiva alemã fracasse, diante da dureza dos termos alemães mesmo nesse caso. "Wilson [presidente dos EUA] sob certas circunstâncias será o mais inflexível dos *never-endians*."⁴⁶ A coisa mais impertinente jamais escrita foi a resposta de Kuhlmann ao Papa. Um amigo meu conheceu K. & K. lhe disse que quando viesse à Inglaterra me perguntasse o que eu pensava a respeito. Eu disse: "Diga a K. que eu penso exatamente o que ele pensa a respeito!" Ele disse que sempre achou que o maior erro que os Aliados já cometeram foi recusar que nossos homens fossem à Conferência de Estocolmo.⁴⁷

Na terça fui a Londres. Na verdade, fui à gráfica em Farringdon Street, & fiquei sabendo sobre uma prensa de segunda mão; mas até que ponto se trata de conversa típica de vendedores eu não sei.

Na quarta, 1º de maio, devíamos ter imprimido; nossas oito páginas estavam prontas, & uma nona também (dessa vez era o *w* que não estava funcionando). Mas o impressor está com uma revista na prensa & só estará disponível no sábado. Esses impedimentos são inevitáveis, mas irritantes... estávamos nos saindo tão bem.

Na quinta, tentamos imprimir a folha de rosto na pequena prensa. Nada era capaz de fazer com que saísse direito. A doença nos escapou. Tivemos de desistir em desespero – ou no mínimo irritação. Todos esses dias tão negros como em novembro, & um vento leste forte & gelado.

Sexta,
3 de maio

L. a Londres para ver o Henderson. No processo de ver Henderson viu todas as celebridades da época. Os Webb, Goldie & por aí vai. Fui a um cartório na King's Road conseguir uma criada para Nessa. A mulher uma verdadeira Chelsea; marcada tal como a porcelana pelo seu vestido, suas maneiras, seu refinamento. Ela tem uma criada, o que vem mais ao caso. Então em frente, de ônibus & metrô até Hampstead, & tomar chá com Margaret. Quase confundi Lilian, semi recostada em uma almofada verde, com um gato persa. Janet estava lá, naqueles trajes roxos decorosos com que as pessoas conciliam arte & moda em Hampstead. Margaret imensamente gorda & ampla; toda de preto; colocara duas fotos de Ottoline em frente ao meu prato. Senti que aquele era o coração da república das mulheres. L. chegou, & tivemos uma longa conversa semipolítica, trazida à tona pelas misturas no leite, sobre o governo. O tapete de Margaret está ali para emprestar um ar de austeridade à sala.

"Ah, sim, minha vida é ceder – tudo é ceder", disse ela. Fiquei espantada como sempre pela sua autenticidade & também pelo senso desadornado de Lilian, sempre direto ao ponto, & surpreendentemente alinhado com seus pontos de vista, considerando-se o seu ar de modéstia. Para falar a verdade eu acredito que ela compreenda as coisas melhor que a maioria das mulheres, uma vez que não possui o empecilho de nenhuma espécie de vaidade; como pode muito bem ser o caso; nas roupas, nas maneiras, na aparência, ela é do tipo mais comum possível; & portanto sua conversa, & seu cachimbo, atingem com intensidade. Janet mostra sinais de verdadeira velhice; aquiescente; não tanto grosseira, mas sim cada vez mais meditativa – balança um pouco a cabeça. Mas parecia muito bem.

Sábado, 4 de maio

Hodson veio almoçar. Um soldado agora, embora por profissão seja funcionário público. Um homem duro, direto, tudo nele parece tão rapado quanto a sua cabeça. Um homem de talentos medianos, suponho. & portanto um exemplo do que o mundo faz com os seres humanos. Não possui nenhum talento ou fortuna especial que lhe sirva de paliativo para a vida. Sob essa luz eu o achei um tanto triste; tão melancólico, despretensioso, agarra o que lhe aparece pela frente como se fosse mesmo bom o bastante para ele. Não gostava da guerra, mas juntou-se a ela "por dever". Primeiro foram os solteiros, depois os casados, depois aqueles que podiam ir. Sua passagem lhe custou £200. Mas não havia nenhum traço de heroísmo nisso: era apenas um "é a vida". Foi a Kew com Leonard. Eu à gráfica que continua fechada. O primeiro dia bonito desde 1º de abril, mais ou menos. Quente, céu azul, sem vento. Pássaros cantando; & pessoas por toda parte.

Domingo, 5 de maio

Mas quando o vento se volta para o leste, chove a cântaros. De uma primavera assim não me lembro, mas em termos de escuridão o verão que passei na cama em Twickenham está à altura.[48] Segundo Nessa, o clima é o mesmo no país inteiro. Assim sendo, saímos com nossas capas de chuva a caminhar rio acima & avenida abaixo. Mal se via um casal. Tive pena dos carrinhos de mão cor de laranja semicobertos, com um homem encharcado abrigando-se sob uma árvore, as vendas de domingo destruídas. Os jardins do salão de chá, também, pareciam acabados, com os lírios curvados & ensopados. Em frente a Dysart House ouvimos um cuco, lá dentro algum grupo infeliz que se reunira para o fim de semana escutava uma pianola. Desmond cancelou a visita, confesso que para nosso alívio; a mãe queimou o rosto acendendo um fogão a gás. L. estava com bastante dor de cabeça, talvez devido a um dente inflamado.

Segunda, 6 de maio

L. estava tão incomodado esta manhã que saímos às 11h, pois estava ensolarado & bonito, estando o vento no oeste. Queríamos ir a Kew Gardens, mas só abrem às 12h: & portanto ficamos em Kew Green, que foi transformado em jardins loteados: trechos feiosos de terra exposta, pontilhados de papéis brancos presos em pauzinhos. Às 12h entramos. À sensação geral de encanto & frescor acrescentou-se a sensação de estar ao ar livre quando devíamos estar em casa; isso sempre transforma as coisas numa espécie de espetáculo. Que parece acontecer à sua revelia. Sentamo-nos embaixo de uma árvore, & nos tornamos um ímã para pardais & pintarroxos, infernizados pelas atenções de um gigantesco avião.

L. foi ao Harrison, que lhe arrancou o dente, pois estava horrível & destilando veneno para dentro dele, o bastante para provocar várias dores de cabeça, segundo Harrison. Fui a Londres na minha ronda habitual; a que mais gosto. No meu estado de beatitude esqueci o motivo principal da minha ida; uma fita de máquina de escrever; mas tudo bem; será o deleite de outro dia. Da Mudie's não gosto muito porque sempre me deixam esperando, mas amo Holborn, & a Charing Cross Road; & adoro entrar no 17 Club & encontrar, ou esperar encontrar, alguém com quem quero conversar.

Mas não gosto de comprar chapéus: apesar de ter dominado parte do meu terror aprendendo a olhar no olho dos chapeleiros & deixando claras as minhas exigências. Dezoito xelins por um chapéu parece um preço & tanto, mas o paguei; & me sinto tão aliviada por tê-lo comprado que no final isso me deixa feliz mais uma vez. Mas as caras das mulheres nas ruas! Tão insensíveis como se estivessem jogando cartas; com línguas como víboras. Encontrei James lendo a *Antígona* no clube. Logo L. chegou, com Adrian. Adrian parece imensamente comprido, & de alguma maneira sua gravatinha borboleta lhe empresta um ar frívolo em vez de distinto, como se uma borboleta tivesse pousado nele por engano. Arrumou algum trabalho num escritório. Fofocamos. O sangue é um laço muito forte; quanta coisa se pode tomar por certo, depois da timidez inicial. Então chegou Barbara, com seu chapéu preto redondo com fita cereja, tão arrumada como se nunca tivesse estado na França; mas seja como for acho que está um pouco diferente. Nick está hospitalizado; & bastante irritadiço. Ela passa o tempo livre com Saxon. Eu diria que a gangorra não está funcionando muito bem; mas não se pode deduzir isso com certeza só por uma sombra ao redor dos olhos dela! Fomos à London Library & depois, casa.

Terça,
7 de maio

Escrevo à espera de Philip Morrell para jantar – não que alguém precise se alongar a esse respeito – vento leste & chuva violenta & céu cinzento mais uma vez. Uma carta de Harry Stephen, sugerindo uma visita, como se ele tivesse o hábito de passar aqui depois do jantar uma vez por semana ao longo de todos esses anos. Os laços do sangue? Algo muito estranho corre no cérebro dos Stephen. L. está melhor, embora ainda não de todo recuperado. O dente era um gigante antigo. Preciso ler *Trivia*, de Logan, agora. L. foi a uma reunião [da Liga das Nações] na Câmara dos Comuns. Recebi uma enxurrada de livros como de costume: três Tchekhovs, Logan, Squire & Merrick assomam sobre mim.

Terça, 28 de maio

Tratei da enxurrada de livros, & Squire recebeu uma surra daquelas, aliás; ao mesmo tempo uma tal torrente de pessoas apareceu ao mesmo tempo que fiquei obstruída numa completa mudez; percebo agora; mas pegar na caneta assim que cheguei de Asheham demonstra, assim espero, que agora este livro é um ramo natural meu – uma planta um tanto amarfanhada, errante, que dá um metro de caule verde para cada flor. Essa metáfora vem de Asheham. Mas antes quero lembrar Janet, Desmond, Katherine Mansfield & Lilian; houve outros, – sim, houve Harry Stephen & Clive. Cada um me rendeu uma página de comentários, que agora são inúteis, em parte eu acho devido ao meu hábito de contar esses incidentes a outras pessoas &, depois, não ter mais vontade de os recontar, contar deixa um sulco no meu espírito que endurece a memória, a estereotipa, torna-a um tanto monótona. Mas vaguei pelo Richmond Park sob o luar com Desmond. Saltamos uma paliçada para dentro do arvoredo fúnebre de Miss Hichman, & encontramos os montes verde-escuros pontilhados com rosetas vermelhas.[49] O rododendro é uma linda flor ao luar. E vimos uma retrete de porcelana também linda ao luar, a divindade de um inquilino abrigado entre as samambaias & os arbustos em flor.

Desmond, que tem me infernizado com persistência inescrutável, ao telefone em cartas em visitas, para ir almoçar com o príncipe Bibesco, deixou tudo isso de lado, bebeu uma garrafa inteira & murmurando como um rouxinol bêbado, sensual, divertido, saudosista, &, ao relembrar os mortos, talvez melancólico de uma maneira quase feliz. Mas falou de modo bastante incisivo sobre o encanto & a inteligência de Molly.

"Sim, nunca temi uma tragédia nas vidas de *vocês*", eu disse, & ninguém teme, embora, pelo que escutamos falar, eles passem maus bocados de vez em quando. Mas a vida moderna tem o mérito de permitir isso. Katherine andava marmórea, como de costume, acabara de se casar com Murry & gostava de fingir que era uma questão de conveniência. Parece horrivelmente doente. Como de costume chegamos a um estranho & completo entendimento. Minha teoria é que eu alcanço aquilo que é rocha pura dentro dela, através dos diversos vapores & poros que enojam ou espantam a maioria de nossos amigos. É o seu amor pela escrita, acho eu. Mas ela se foi para a Cornualha. Harry Stephen nos contou suas velhas histórias, torceu o nariz, & aludiu várias vezes à sua idade avançada. Tem 58. Um fracasso sem dúvida; mas isso produz um efeito revigorante nas pessoas; são mais irresponsáveis que os bem-sucedidos; mas também, por outro lado, não se pode chamar Harry exatamente de irresponsável. É modesto; engraçado; todo aquele orgulho pelo seu pai & seus ancestrais. Ainda tira um enorme canivete, lentamente abre a lâmina pela metade & depois torna a fechá-lo.[50] Janet definitivamente estava mais animada do que nos últimos tempos. Discutiu grego com L. Ainda se intriga com teorias sobre Platão: a cabeça muito aberta & receptiva para entender o que quer que lhe atirem pela frente. Eu atirei primeiro: o romance de Joyce; depois os Murry, que serão seus vizinhos. Lilian leu um trabalho para a Guilda com um espírito absolutamente cooperativista; creio que eu faria objeções à preocupação maternal que elas têm pelas mulheres, se eu estivesse ligada ao movimento. Mas vejo a tentação terrível de acreditar que se tem razão & desejar guiar & influenciar. Depois Clive, que estava em sua melhor vertente de homem do mundo, recém-chegado do Max Beerbohm & inclinado a enxergar a si mesmo como uma das nossas sumidades. Enviou-me seu livro, onde estou lado a lado com Hardy & Conrad; & Nessa & Duncan aglutinados à frente. Tagarelou & trombeteou & aludiu a todos os seus amigos & grupos & interesses – não de modo ofensivo, ao menos para mim. Passa a impressão, ou deseja passar, de que fica sentado bebendo no Café Royal com Mary, enquanto os jovens poetas & pintores vão chegando, & ele os conhece a todos, & entre eles acertam lá seus assuntos. Seu livro é de uma robusta moralidade & não de muito bom criticismo. Ele parece ter pouco talento natural para a análise literária. Segundo Roger não conhece nada de pintura. Por outro lado, possui o forte senso de moralidade inglês. Em Asheham tivemos Roger, um piquenique, & passei uma noite em Charleston. Isto é, a título de companhia. Mas o mais importante foi o tempo. O calor era tamanho que era intolerável sair para caminhar antes do chá; ficamos sentados no jardim, eu lendo preguiçosamente, L. não sentado, mas jardinando. Tivemos a melhor leva de flores jamais vista – flores trepadeiras em profusão, aquilégias, silenas, &, quando viemos embora, enormes papoulas escarlates com manchas roxas. As peônias praticamente prestes a explodir. Tinha um ninho de melros junto ao muro. Ontem à noite em Charleston fiquei deitada com a janela aberta ouvindo o canto de um rouxinol, que começou a distância & em seguida chegou bem perto do jardim. Peixes nadavam no lago. Maio na Inglaterra é tudo o que dizem ser – tão fervilhante, sensual & criativo. Conversei um bom tanto com Nessa – bastante sobre criadas & outras possibilidades. Roger, é claro, veio de Bo-Peep;[51] & lá estava Mrs. B[rereton], de tom castanho queimado, sólida, impassível, institucional & muito competente. Roger & eu coaxamos juntos numa espécie de coro de sapos – como amávamos & admirávamos, mas éramos apenas espezinhados pelas nossas dores – Nessa sentada em silêncio cozia um vestido à luz do lampião. Roger está se tornando mais egoísta, ou isso vem se tornando mais perceptível para mim; & suas queixas eram mais genuínas que as minhas. Todas as pessoas interessantes são egoístas, talvez; embora em si mesmo isso não seja desejável. Havia grandes quantidades de lebres belgas, & iguais quantidades de crianças a julgar pelo barulho, embora elas sejam mantidas em seus quartos & horários por Mrs. B. & nunca apareçam. Saxon & Barbara chegaram em Asheham quando estávamos de saída – esse foi o nosso acordo, pois não os queríamos como visitantes, como eles, com a maior calma, propuseram que os recebêssemos.

Quinta,
6 de junho

Esses saltos são por causa do tempo. Não é um tempo para se aproximar da lareira & se aninhar. De fato, eu sinto certa dificuldade em ler. As duas janelas estão abertas; as crianças vizinhas estão brincando no jardim; a canção habitual chega da sala da aula de canto acima da lavanderia; os pássaros cantam nas árvores. Quero vagar por amplidões verdejantes. É impossível se concentrar. Portanto as coisas passam sem registro. Uma boa dose de sociabilidade chega com esse tempo: Adrian & Karin jantaram conosco no domingo; ela resolutamente artística de uma maneira perturbadora; em verde vivo, com bordados firmes. Eles vivem um tanto à margem de nosso mundo; de todos os mundos, é impossível não achar, embora talvez eu esteja equivocada. A. nunca se dá ao trabalho de encontrar ninguém, & juntos os dois formam um bloco denso demais para serem bons convidados em uma festa. A. estava divertido, porém. O preconceito me leva a considerar minhas próprias relações bastante distintas. Ele certamente faz rir com suas histórias de Saxon: "Quinze minutos: é o tempo que ele leva para passar da posição deitada para a sentada". A. está observador, malicioso, mas mais gentil do que antigamente. Ele tem o gosto, ela a energia. Vi Alix também – na verdade convidei-a para jantar de novo aqui, pois L. estaria fora. Acho que é possível avistar um raio de sol muitíssimo tênue no negro profundo do horizonte dela. Ela consegue conceber a possibilidade de um dia encontrar um livro para ler. Tentou o de matemática de Bertie, desistiu, mas não descartou de todo a minha sugestão de história legal. Quer trabalhar em algo que não tenha importância para ninguém, & que jamais será usado, visto ou lido, & que possa ser feito em nada mais nada menos que 3 horas por dia. Depois Carrington veio tomar o chá comigo, L. estava dando uma palestra novamente. (as atividades dele são incontáveis agora – ora, com a Liga das Nações & todos os seus projetos maléficos. War & Peace, & suas possibilidades, às quais é preciso acrescentar os escurinhos persistentes, & o comitê do 17 Club.) Carrington ficou por mais de 2 horas; acho que só isso já é um sinal de juventude. Ela é estranha em sua mistura de impulso & inibição. Eu me pergunto às vezes o que ela quer: tão ansiosa em agradar, conciliatória, inquieta, & ativa. Suponho que a pressão da influência de Lytton perturbe seu equilíbrio espiritual um bom tanto. Ela ainda conserva uma imensa, estranha admiração por ele & por nós. Até que ponto esta é discriminatória já não sei. Olha um quadro como um artista; absorveu a valoração dos Strachey das pessoas & da arte; mas é uma criatura tão agitada, ansiosa, tão vermelha & sólida, & ao mesmo tempo inquisidora, que é impossível não gostar dela. Ela me atualizou de todas as fofocas. Jos casou-se com sua governanta surda, & portanto mandou para os ares as esperanças de sabe-se lá quantas Marjories. Ela foi dispensada da maneira mais cruel, humilhada diante de todos os seus amigos – ou assim eu me sentiria. Lytton reclama que os críticos não atacaram os julgamentos dele. Copiaram-se uns aos outros & o elogiaram sem grande fineza. Seja como for seu livro vai para uma nova edição; os elogios dos idosos, das Ottolines & dos Goldies, são copiosos. Ainda não o li, porém; na verdade, esquivei-me de formular minha própria opinião, esperando considerá-lo um tanto complicado. De qualquer maneira, como estou na iminência de preparar o jantar & ir a Londres escutar a *Flauta Mágica* não é agora que vou começar. E Oliver arrumou uma nova amante, & Barbara & Saxon partiram de Asheham, & não consigo pensar em mais nenhuma fofoca por enquanto.

Sexta,
7 de junho

Uma coisa que Adrian me disse me divertiu – como ver a cara das pessoas no Heath definitivamente o amedrontava, "como gorilas, como orangotangos... perfeitamente inumanas... amedrontadoras" & cutucou a boca como um macaco. Ele atribui isso à guerra – embora eu consiga me recordar de outros comentários parecidos com este, antes disso. Talvez o horrível sentimento de comunidade que a guerra produz, como se todos nós estivéssemos sentados juntos num vagão de terceira classe, chame a atenção para o fato de que a face animalesca do ser humano esteja mais próxima. Disseram a L. outro dia que os ataques aéreos são conduzidos por mulheres. Corpos de mulheres foram encontrados nos aviões destruídos. São menores & mais leves, portanto resta mais espaço para bombas. Talvez seja sentimentalismo, mas essa ideia me parece acrescentar um toque especial de terror. Fui à *Flauta Mágica*, & a minha opinião da humanidade melhorou muito por possuir algo assim dentro de si. Goldie estava na mesma fileira que eu, pensando, ouso dizer, basicamente os mesmos pensamentos, embora a proximidade de dois jovens rapazes talvez tenha lhes dado outras cores. Lá estavam Roger & Pippa, & Sheppard & finalmente Mary Hutch. & Jack & Alix & James – todos reunidos no saguão por um momento à luz do crepúsculo, pois o sol, às 10h de um dia quente, mal deixara o céu. Mary & Jack com suas roupas de gala me fizeram voltar uns 20 anos no tempo; me fizeram voltar mais precisamente ao New English Art Club, ela com o cabelo emplastado, & ele com o rosto vermelho & a faixa preta cruzando a frente da camisa. Para casa, & no vagão vi Jean [Thomas], & me mantive escondida atrás de um oficial. Consegui desviar-me dela ao sair, & então, quando andava apressada na rua principal, ouvi distintamente o meu nome ser chamado, "Ah, aí está Virginia". Hesitei, mas considerando uma tal falta de educação impossível, virei-me, vi Jean! fui recebida com a maior das surpresas, pois ela estivera falando sobre um táxi, embora estivesse pensando, segundo disse, em mim... Ela me apresentou a Ann, que costumava estar presente quando eu estava de cama; a mulher com um romance na Índia, que Jean rezava para que ela encontrasse forças de superar. Só consegui ver um vulto indistinto, & segui caminho novamente, Jean insistindo para vir nos ver, muito cordial.

Admito que pode ser vaidade, mas com certeza as pessoas se mostram muito cordiais & ansiosas para virem até aqui, apesar da distância – creio que formamos uma boa mistura... seja como for, cá estão os Sanger, Kot & Gertler, Pippa, todos aguardando um encaixe, enquanto Ottoline nunca deixa de escancarar as portas para o fim de semana. E prometemos um aos Waterlow.

Segunda, 17 de junho

Outra lacuna de dez dias me leva à conclusão da nossa visita aos Waterlow. Com a típica falta de jeito que seria de se esperar deles, escolheram ao acaso uma casa na vila de Oare; alugam-na há 28 anos, apesar de ela não ter nenhuma das boas qualidades que poderia ter, quando há uma variedade tão grande à escolha. A vista dá para um pátio de fazenda deprimente; só se consegue ver uma nesga das colinas; & a casa fica na rua da vila, numa depressão, de modo que não se consegue ter uma vista bonita. Sidney com a idade está mais brando & menos suscetível às opiniões boas & más dos amigos. Ela parece um gnomo, mas tão perspicaz quanto as mulheres desinteressantes que dependem do trabalho duro para ganhar a vida tendem a ser. Serviu uma comida excelente, & cuida das duas crianças desinteressantes sem uma babá. "Tudo é negro ao meu redor" ela disse, numa conversa no sábado à noite, "não tenho sensações intensas; eu me pergunto se vale a pena". S. fala em dedicar-se novamente à literatura. O defeito daquele lar está no relacionamento deles. Ela não sente nenhuma admiração por ele; ele nenhuma paixão por ela. As pessoas penetrantes dificilmente poderiam sentir de outra forma; mas como odeio a média! Estritamente falando, os dois estão acima da média. A média é um estranho objeto de estudo, porém: humilde, ambiciosa & sem ilusões. Nenhuma dessas qualidades é comum entre as pessoas que vemos na maior parte do tempo. Há que passar pelos nomes dos que vimos em 10 dias, até onde consigo me lembrar. Ray à noite; Molly para o jantar & também à noite; os Sanger & Murry... os outros agora esqueci. Ray deu uma palestra na W.C.G. Como é estranho ver uma amiga falando daquela maneira pré-fixada! Como é possível prever como será a meia-idade para ela & quase vê-la com os olhos da geração mais jovem! "Um terror", creio que dirão de Ray. Ela tem aquela aparência de moralidade consciente que vem de estar eternamente demonstrando o que é certo. Engordou, está mais dogmática; suas atitudes são as da palestrante acostumada a percorrer o país. Fala em todos os condados da Inglaterra. Perdeu o charme feminino que tinha; parece madura. Mas é feita de material sólido; & isso se torna aparente & me agrada, & L. gosta mais dela do que das cabeças rapadas. Conversamos sobre a eminência moral de Moore, comparável à de Cristo ou Sócrates, assim pensavam R. & L. Eles me desafiaram a encontrar entre meus amigos quem lhe fosse páreo nesse aspecto. Argumentei que Nessa Duncan Lytton & Desmond têm algo diferente, mas de igual valor. R. tende a nos ver como um bando de vadios talentosos, mas que não valem nada. Seu trabalho diário lhe dá algum motivo para nos desmerecer; mas seria injusto dizer que ela é condescendente ou julga. Ela simplesmente nos abre os olhos para um ideal diferente. Qual o ideal de Molly? Um fogo-fátuo dos mais errantes – mas ela o persegue & finca o pé no pântano, pobre mulher, sem ter a menor ideia do que está perseguindo. Tem o caráter de Desmond na cabeça. Imagina que ele é muito discutido & imensamente ridicularizado. Vale notar para meu próprio bem quão pouco se conversa, em comparação com a noção que a vítima tem do quanto se deve conversar. Ela tinha preparado uma defesa elaborada de D., mas ao ver que era desnecessária, confessou a verdade – que o considera meio mimado, dono de uma vontade terrivelmente fraca & muito à mercê de qualquer gentil cavalheiro ou dama que tenha bom vinho. Não fui capaz de negar tudo isso. Acredito que ela se preocupe imensamente. Sem falar na preocupação com dinheiro. Ela tem uma sensação de fracasso, de decadência & promessa não cumprida. Quer desistir de Londres & morar no interior, numa tentativa de cura. Mas agora há qualquer coisa de sórdido nisso – não é mais pura diversão. Ela acha o espírito dele viciado; não enxerga mais seus pontos de vista como algo de grande interesse. Murry & os Sanger vieram jantar aqui no domingo passado. Dora anda se tornando incrivelmente desajeitada. Está tão coxa que, para tirar uma das botas, precisa estender a perna & depois se curvar sobre ela até ficar numa posição que lhe permita enganchá-la mais uma vez. Na verdade, tive de fazer isso por ela. Murry estava branco como a morte, com olhos brilhantes, & com um jeito de se curvar à mesa que parecia proclamar fome ou desespero extremo. Charlie ainda conserva sua animação fria, mas atormentado por toda essa companhia cadavérica, mal conseguiu gorjear o seu melhor. E depois do jantar Murry & Dora grasnaram um tal dueto de desesperos que aqueceram o coração de Dora.

"No Natal, disse Murry, eu estava à beira do suicídio, mas desenvolvi uma fórmula que me faz seguir em frente. É a concepção do indiferentismo. Já não tenho mais esperanças. Habito 2 camadas de consciência." (mas eu esqueci quais eram) Dora o incitou a continuar, & lhe encheu de elogios enquanto nos debatíamos com as botas mais uma vez.

Mas para nós ele pareceu menos simpático, talvez mais ansioso em causar uma impressão, do que da primeira vez. Jovens desesperados que criam filosofias & as descrevem me lembram demais de Henry Lamb. Mas existe muito mais em Murry. Acredito que ele esteja acostumado a ser visto como um oráculo no submundo.[52]

Depois Leonard foi ao jantar anual, que foi praticamente um jantar em homenagem a Lytton; mas não muito interessante para L. pelo menos; fui ver Don Giovanni, para meu deleite infinito; & sexta passada fomos à reunião da Liga das Nações. Os patriotas fanáticos foram derrotados pelos excêntricos. Foi esplêndido de se ver. O principal fanático era H.G. Wells, uma laje de homem de massa formidável, mas fora isso igual a um jogador de críquete profissional. Fala com sotaque cockney palavras como "day". Enfrentou a oposição de Oliver [Strachey], Mrs. Swanwick & Adrian. Também estavam presentes aqueles gnomos que sempre se infiltram em tais ocasiões... velhas senhoras de casacos & saias com laços vermelhas volumosos, com botõezinhos & broches presos a elas... homens aleijados, gaguejantes; & velhos patriarcas de barba; & trabalhadores; & nós. Lord Shaw presidiu, & Sir W. Dickinson. Foi cômico o horror educado dos dois ao verem nosso grupo, mas Hobson venceu, por virtude, espero, da sua aparência acadêmica. Wells, ao se ver frustrado, perdeu aquela espécie de bom humor efervescente dele & atacou com o máximo de selvageria que pôde, cuspindo sarcasmos em Williams & Hobson; até por fim sair da sala; mas nós o encontramos tramando no saguão com McCurdie & Spender, & L. agora está em Londres escutando o resultado numa reunião do comitê executivo.

Segunda,
24 de junho

A intriga da Liga das Nações não permaneceu ao nosso favor, graças a várias chicanarias praticadas por Sir Willoughby depois da Reunião Geral. Mas não tenho competência para fazer um relato objetivo delas. Para mim o divertido é ver Adrian transformado num orador, num agitador, um homem de convicções. Não consigo levar muito a sério; quer dizer, creio que isso se deve em parte à necessidade dele de defender sua própria atitude como O.C.[53] É meio acanhado; mas desenvolve argumentos, faz circular cartas, angaria pessoas para a causa & organiza encontros com os devotos no 17 Club, onde eles planejam as medidas mais extremas. É estranho como as pessoas invariavelmente caem nesses grupos separados, & não se pode mais juntá-las, & cada qual garante ter uma compreensão total do que é certo. Mas essa semana inteira foi perturbada além de qualquer possibilidade de prazer pela grande questão das criadas. Como ainda não tracei seus estágios, não vou começar agora. A questão era se N. & L. deveriam ou não ir à Nessa por 3 meses. De início elas concordaram com alegria; depois hesitaram; depois quiseram garantia de que as receberíamos de volta; depois aceitaram formalmente; depois recusaram com violência; depois Trissie chegou, de repente, como embaixatriz; passou a noite, discutiu, venceu a causa & perdeu-a em seguida. Por fim ela & eu encontramos uma viúva com uma criança no Soho que aceitou o posto; & agora tudo voltou a ser como antes, depois de mais conversas, emoções, cartas, telegramas, discussões, acordos & diplomacias que teriam incendiado a Europa. O caráter de Trissie, até onde consigo perceber, é a única coisa permanentemente danificada aos nossos olhos; o valor do resto aumentou um pouco.[54] Em determinado estágio dessa agonia, Gertler & Kot jantaram aqui. Gertler é um rapaz gorducho & branquelo, muito bem arrumado para a ocasião com calças sociais risca-de-giz. Seu rosto é meio contraído & tenso; mas a palavra com que ele desejaria ser chamado é evidentemente "poderoso". Existe qualquer coisa de condensado em todos os judeus. O espírito dele decerto tem um impulso poderoso. Ele é também, evidentemente, um imenso egoísta. Deseja dominar a arte apenas com a força de vontade. Mas à parte essa espécie de agressividade, valeu muito a pena conversar com ele. L. notou sua rapidez de raciocínio impressionante. Mais um pouco & ele teria nos contado toda a história de sua vida. Tive a impressão sobre ele, como tenho em relação a algumas mulheres, que repressões anormais o levam a fazer observações anormais. Examinou nossos móveis & quadros. Gosta mais dos objetos brilhantes das casas de pensão, disse. Nunca se sentiu semelhante a ninguém. Considera-se muito mais esperto do que a maioria dos pintores. Kot ficou sentado, preguiçosamente em silêncio, mal parecendo notar o que havia diante de seus olhos. Os dois descreveram suas famílias judias. Sobre Gertler, tal como sobre Murry & Katherine, repousa, para mim, a sombra do submundo. Não se pode confiar nele; em princípio, imagino, é inescrupuloso. Kot é diferente... tem mais o estilo da sólida mobília das casas de pensão, mas com algo de romântico. Recebemos uma visita de Margaret; que começou com um tremendo panorama da cooperativa; queixas, ambições, & expectativas confiantes demais; muito exageradas, assim achei, em comparação com o que de fato valem. O voto no congresso contra a paz para ela parece ser de inominável importância & horror.[55] Ainda fala em se aposentar ano que vem; mas nesse momento fomos interrompidos por um estranho ataque num dos olhos de L.; saiu correndo para a farmácia, &, sozinha com Margaret, tornei-me pura vulgaridade. L. fez Fergusson retirar de seu olho uma pequena mosca; voltou & continuou; & M. ficou até o último trem. Ela é um belo espécime de mulher pública: um tipo que, afinal, não é menos marcado que o literário, mas ainda não foi completamente observado & registrado. Suas excentricidades me divertem, mas, para ser sincera, deixei de acompanhar suas intrigas & denúncias. Elas têm o costume de se considerarem fadadas à morte, assoberbadas de trabalho, sem qualquer possibilidade de descanso; & jamais nem uma só vez vi Margaret relatar algum estado de saúde a não ser o de estar exausta. Mas essas peculiaridades não passam de piadas para mim; & o estilo direto & o extremo vigor de seu caráter sempre me enchem de admiração. Se ela tivesse uma inteligência mais entusiasmada, ou sutil, ou alguma espécie de disciplina que nunca teve, talvez tivesse feito maravilhas. Às vezes tenho a impressão de que ela acha o seu trabalho pior do que devia ser. Ou talvez seja apenas a sombra terrível da velhice, na qual ninguém, nem Roger nem Goldie nem nenhum deles, pode adentrar sem um calafrio.

Mas esses comentários sobre funcionários públicos podiam ter sido escritos novamente para Ka também. Ela jantou conosco ontem à noite & dormiu aqui, saindo pontualmente para o trabalho esta manhã. Com algum esforço consegue falar de outros assuntos, mas parece dominada & derrotada sob a carga da responsabilidade, que acredito ser quanto à madeira agora. Além disso, pensa demais na guerra. Sua felicidade, desconfio, foi-se totalmente com a morte de Rupert; acredito que ela esteja buscando aceitar uma vida infinitamente mais fria & empobrecida do que a que esperava ter.[56] Se for assim, sua ilusão quanto ao valor de um cargo nos correios & sua alucinação sobre sua própria condição exaurida, enérgica, & perturbada são misericordiosas. Para nós, pareceram meio excessivas. É o clima que se cria em um escritório, mais que tudo, a atitude comum. Ofereceram-lhe um posto em Newham [College]. De modo que todos nós assumimos a posição das pessoas de meia-idade, responsáveis, carregadoras de fardos. Isso me deixa um pouco melancólica. O fracasso nos conservaria jovens, pelo menos.

Essa tarde antes do chá terminei de compor as últimas palavras dos contos de Katherine – 68 páginas.

Quinta,
27 de junho

Ainda se ouvem os ecos do grande caso de Charleston, especialmente na região da cozinha. Mas não será mais necessário eu espero fazer algo a respeito; desperdicei a tarde de quinta escrevendo primeiro uma carta agressiva depois outra calma para Nessa com minha versão da nossa virtude & da baixeza de Trissie. Enquanto isso L. imprimia provas. O congresso do Trabalhista claro faz o possível para impedir que esse livro [o de K. Mansfield] chegue ao fim. L. ficou lá o dia inteiro ontem & presenciou a sensação da visita-surpresa de Kerensky. Ainda acho difícil juntar lé com cré da política do partido Trabalhista, ou na verdade de qualquer outro, mas com a prática suponho que não será mais árduo do que resenhar Mr. Merrick. O interesse em política floresce entre nossos amigos no momento. Adrian & Karin se tornaram rebeldes & extremistas & são vistos em todas as galerias & locais de encontro. L. teve de repetir a história toda duas vezes depois do jantar, primeiro para Margaret & depois para Bella. Bella é antibolchevique; mas o mais significativo é que todo mundo assume um lado ou outro. Todos transformam a situação do país numa questão pessoal. Mrs. Woolf & Herbert jantaram aqui na terça. Ela possui, na minha opinião, as qualidades de uma pessoa que nunca chegou a amadurecer realmente, apesar de nove filhos & de todos os seus cuidados. Fofoca & se diverte & cai no choro porque acha que deve cair no choro; mas conta suas lembranças com entusiasmo, & de certa maneira lida com a vida de maneira muito livre & tranquila & com o interesse mais animado & infantil que se possa existir, misturado com as convenções mais absurdas. Tagarelou sobre seu primeiro casamento, que eles haviam viajado para a Áustria, que ela teve um conjunto de peles de marta, & comprou seu enxoval na Swan & Edgars. "Mas Rasselas falou a verdade...[57] uma belíssima verdade", observou ela. "A felicidade nunca é perfeita... jamais encontrei a felicidade perfeita... sempre falta alguma coisa, Virginia", & lá estava ela levando um buquê de centáureas para Bella porque era aniversário da morte de Dick. Herbert cordial, distante, & alheio como sempre.

No clube ontem apanhei o *Times* & soube da morte de Tia Minna dois dias atrás em Lane End.[58] Será enterrada lá hoje. Tinha 91 anos. Não se pode imaginar vida mais composta & aparentemente inútil que essa. Ela meramente viveu todo esse tempo, sem aventuras, tristezas, dificuldades, dúvidas, ações. Nunca foi perturbada. Creio que sua maior qualidade era seu bom senso. Nunca era absurda ou cansativa, de nenhuma maneira, & se necessário ela seria o tipo de pessoa a quem se poderia pedir alguns tipos de conselho. Eu a vi algumas semanas atrás, aparentemente inconsciente de sua morte, renovando o aluguel de sua casa por mais 4 anos & conversando exatamente sobre o que conversava em qualquer ocasião: sobre romances bons & ruins, sobre George & Margaret, & como Dalingridge na verdade não era uma boa casa de campo, mas que, claro, não se devia dizer isso. Ao seu lado estava uma idosa bajuladora, que fora uma beldade no passado & ainda era bonita, & além disso uma mulher bondosa, segundo Tia Minna. Creio que a pobre velha senhora era mais estoica do que deixava transparecer: decerto em nenhum momento pareceu egoísta ou insensível; sempre tinha seus pequenos assuntos a resolver, que lhe davam a quantia exata de interesse que ela desejava, & era sensata demais, perceptiva demais para fingir nem que por um segundo sentir mais do que sentia ou pedir por demonstrações de afeto. Acho que era de Gerald que ela mais gostava; as alterações de humor dele a preocupavam imensamente. Tinha muito orgulho de George & Margaret. Achou necessário me contar que na idade dela não conseguia andar de bicicleta. Acredito que o excesso de dinheiro sempre a manteve mais afastada da vida do que seria bom para ela. Ofereceu grande apoio à família Duckworth, & morreu como a última representante deles todos.

Segunda, 1 de julho

Acabo de voltar do chá no clube, com a mesa posta com duas toalhas compradas na Souhami & aprovadas. L. na Liga das Nações. Conversamos muito desde que escrevi aqui pela última vez. Primeiro teve a festa no clube na sexta. Cheguei atrasada & encontrei primeiro Lytton & depois o pequeno Sanger com seu nome escrito & alfinetado na casa do seu botão. Toda sorte de pessoas que se conhecia mais ou menos pelos jornais – homens com cabeleira despenteada & enormes sobrancelhas – mulheres cadavéricas ou exibicionistas – Macdonald, Huysmans, Mrs. Despard, Thomas & por aí vai. Fui lançada, por mais estranho que possa aparecer, para os braços da viúva Creighton que se lembrava de mim, disse ela. Talvez a idade tenha tonificado seu dogmatismo. Achei-a razoavelmente agradável; uma velha sincera & bonita, o rosto emergindo de uma bruma de carnes & parecendo infinitamente amassado & desgastado, como um sol antiquíssimo brilhando por entre as brumas. Ela disse que a meia-idade era mais feliz que a juventude. Fui atirada para longe mais uma vez. Jantamos com A[drian] & K[arin].: um bom jantar no andar de baixo, & depois sentamos à janela aberta deles, olhando para o Parliament Hill. Às 9h fomos à festa de Ray – um evento monótono, nem respeitável nem boêmio, inundado de belgas. Porém conversei com Jack [Hills]; muito parecido com a nossa versão dele – enfático, sentencioso & bastante confiável & gentil. Eu o achei patético, também; tanta coisa parece ter dado errado para ele. No sábado fui tomar o chá com Janet... mas minha mão está tremendo tanto de ter carregado embrulhos que não posso mais escrever.

Terça,
2 de julho

Minha mão já não está mais tremendo, mas meu espírito vibra desconfortavelmente, como sempre acontece depois de uma incursão de visitas; inesperada & um pouco distante. Falou-se absurdos;

sentiu-se vergonha; elas ficaram incomodadas; o contato de um com o outro foi difícil. Eu estava lendo a vida de Macaulay tomando meu chá. (L. tinha ido ver Snowden em Londres) quando anunciaram Mrs. Woolf. Edgar & Sylvia passaram aqui por estarem em Richmond. Ele é muito mais gentil do que ela; como acredito já ter registrado antes neste livro, eu a considero um exemplar tão mediano de seu gênero, classe & idade quanto se pode ser; considerando que o lugar onde nasceu foi Putney, sua origem é de classe média & suas posses moderadas. A grande máquina produz milhares iguais a ela todos os anos. No entanto, elas também recebem um certo número de comentários pré-fabricados com o conjunto, de modo que conversamos nossos 20 minutos... & agora eles se foram. Mas o que o levou a casar-se com ela? "Meu querido rapaz", ela o chama. Comecei a dobrar o livro de Katherine esta tarde; & fui até a gráfica, que não pode garantir que terá a prensa livre amanhã. Todos os obstáculos concebíveis foram atirados no nosso caminho, embora estejamos nos esforçando ao máximo para que o livro saia na semana que vem. A gripe, que vem se alastrando por toda parte, bateu à casa vizinha.

Quinta,
4 de julho

Recebemos uma grande irrupção de pessoas ontem, como tende a acontecer ultimamente. Mary Hutch. Clive & Borenius. Tinham ido ver quadros na casa de Sir Cook, & chegaram mais tarde, elegantes, frívolos, todos tagarelas exceto Mary que mal fala alguma coisa, desejando tomar o chá. L. estava imprimindo; portanto me sentei entre eles & começamos a conversar. Borenius imagino é um chato de boa índole do tipo estrangeiro. Eles contam histórias longuíssimas & muito explícitas, bastando para isso a menor provocação; mas por uma noite foi ótimo. Jantaram aqui, & de novo nos reunimos na sala de estar & conversamos até mal conseguirmos ver uns aos outros. As histórias de B. preencheram um espaço considerável; de como ele foi nomeado conde, & outras histórias que invadiam a vida das Asquiths & Cunards. Clive, divertido & jovial, estalava seu chicote & chutava para os lados; & conversamos sobre pintura & inveja, & zombamos de uma boa quantidade de nossos contemporâneos. Mas, como sempre, eu me diverti; L. nem tanto. Mostrei a casa a Mary Hutch.; uma mulher muito tímida & de certa maneira reservada; simpática, acredito eu, ainda que por baixo de tanta extravagância & beleza de vestido & chamariz duvidemos que possa ser simpática. Vai escrever um conto para nós, se conseguir parar de rascunhá-lo.

Hoje, sexta, L. imprimiu as últimas páginas de *Prelúdio*, restam apenas a folha de rosto & a dedicatória. Hoje a prensa do impressor está em uso, para nossa grande preocupação, mas ele parece ignorá-la. Talvez a compremos por £25. Tempo muito bom & quente.

Terça,
9 de julho

Não consigo preencher os dias saltados, mas com certeza posso atribuir ao trabalho de impressão boa parte deles. No domingo finalmente terminamos a página de rosto. Agora estou na fúria do trabalho de dobra & grampeamento, para que tudo esteja pronto para a colagem & envio amanhã & quinta. Com razão, esses processos podem ser tediosos; mas sempre se pode criar alguma habilidadezinha ou economia, & o prazer de lucrar com eles nos deixa felizes. Ontem tiramos um dia de folga, & fomos, juntos para nosso espanto, à Souhami's; & eu a partir de agora prometo comprar todos os tecidos, cobertas, cortinas, tapetes com eles & nunca mais passar perto da Omega ou da Burnet's. Sublimamos aquela checagem dolorosa com um corte de tecido azul e verde claro... algo infinitamente preferível. L. foi a Londres para se reunir com Bonwick a respeito do boneco & para uma reunião no 17 Club. Um indiano agora se estabeleceu naquela instituição, jogando xadrez eternamente. Saxon, falando nisso, jantou conosco no sábado, & suplementou este jantar com uma conversa longa íntima desnecessária acerca de seus sentimentos & de sua saúde ao telefone. Não se dá bem com Nick, diz ele, apesar de Barbara lidar bem com a situação. Acho que sente um prazer natural em se achar o preferido, apesar de tanta estranheza. Agora, ao grampeamento.

Quarta,
10 de julho

Despachamos nossos primeiros exemplares à noitinha [de *Prelúdio*], depois de passar a tarde colando & montando as capas. Ficamos surpresos com o ar profissional – a capa dura azul nos agrada especialmente. Devo ler o livro inteiro depois do jantar, em parte para encontrar erros, mas também para decidir o quanto gosto dele como literatura.

Adrian & Karin jantaram aqui ontem à noite & ele palestrou sobre a paz na Guilda – muito composto, muito claro; falou muito bem, pondo os óculos para ler a partir de anotações com um tom intelectual agradável. Tem qualquer coisa do espírito & das maneiras dos juristas. As mulheres estavam mais agitadas que o normal, apesar de não terem uma linha de raciocínio muito firme & de serem, claro, ignorantes. Mas todas abraçariam um acordo de paz amanhã mesmo, sob quaisquer condições, & insultaram nosso governo por nos engabelar num plano que era só deles. Quando lhe pediram que participasse de um comício sobre a paz no Hyde Park no domingo, Mrs. Langston, como porta-voz, declarou que sob nenhuma hipótese poderiam violar o dia santo. Que poder terrível tem ainda o cristianismo... num instante ela ficou rígida & fanática, como se estivesse dominada pela mão de Deus. Esse, creio eu, ainda é o principal inimigo: o temor de Deus. Mas fui cuidadosa o bastante para esconder meu ponto de vista. Karin bastante falante com suas opiniões avançadas, embora eu nunca entenda como as arranjou. Não se consegue vislumbrar nenhuma paixão nela. Chuva pela primeira vez em semanas, hoje, & um funeral na casa vizinha; vítima da gripe.

Sexta,
12 de julho[59]

Acabei de voltar do Clube, & portanto estou no estado de inquietação que escrever pode mais certamente aplacar; uma vez que ler, embora eu tenha *Don Juan*, *The Tragic Comedians*, Verrall sobre Meredith, Crees sobre Meredith, os poemas de Heredia & os poemas de Laforgue para ler, sem falar na autobiografia de Tagore & na vida de Macaulay, está fora de questão antes do jantar. A Mudie's, confesso, me faz sentir desgosto de ler: eu me sinto desestimulada até mesmo para escrever, o que um desses livros poderá um dia vir a se tornar, tão parecidos com os fardos na estante de uma loja de tecidos... só que sem os méritos da lã de qualidade. Fiquei parada ao lado dos pálidos & respeitáveis para receber a minha cota. Grandes tempestades têm açoitado a Inglaterra nos últimos 3 dias, resultado da importunação do bispo, & Deus foi, como sempre, vingativo em suas concessões & agora ameaça destruir as colheitas.[60] Devo a Deus certo rancor pelo efeito dele sobre a Guilda. No Clube encontramos Lytton, com quem tínhamos marcado previamente, & tomamos o chá no andar de baixo, conversando principalmente sobre o livro dele, seu sucesso, & o ataque violento que Mrs. Ward lhe lançou no Lit. Sup. ontem. Ela enxerga a brutalidade alemã no retrato que ele faz de Nightingale & Clough, professando que deixaria passar a caricatura malfeita de Arnold. Como isso ilumina o estofo do vagão de primeira classe que é o mundo onde ela vive! Lytton vai pedir para Walter Raleigh escrever uma réplica, embora eu ache que somente uma coroa impressionaria a imaginação dela.[61] Vai passar o fim de semana com a duquesa de Marlborough, que conheceu no camarote dos Cunards na ópera; & acabou de voltar da Mrs. Asquith. Mrs. A. é da opinião que a autobiografia de Haydon é superior às *Confissões de Rousseau*. Empurrou para ele um exemplar das obras de Hubert Crackhanthorpe. Até agora ele não tem ilusões em relação ao brilhantismo ou à desejabilidade deste grupo como familiares, embora esteja muito feliz & à vontade & tranquilo com o próprio sucesso. A Country Life implora para que ele continue a série em suas páginas. Lalla Vandervelde vai estrelar uma peça dele. A sua única ansiedade é se a fama vai durar. Maynard observa, ansioso para que ele se converta; mas não vejo a menor chance, a menos que o prazer seja sua ruína: não, creio que ele está a salvo, & aprimorado, como suponho que aconteça com muita gente quando encorajada.

Passamos o dia de ontem & o dia anterior colando o livro, & agora pagamos nossas dívidas; de modo que suponho que a esta altura muitas línguas estejam ocupadas falando de K.M. Da minha parte vejo uma espécie de beleza no conto; é meio vaporoso, admito, & regado livremente com algumas das realidades baratas dela; mas tem a força viva, a existência desinteressada de uma obra de arte. Estou curiosa para ouvir outras opiniões. L. agora um tanto sorumbático com as perspectivas da revista. Thomas retirou seu nome do conselho, alegando que os sindicatos têm o mesmo fim em vista. É muita frieza, tendo em vista que foi L. quem lhes deu a ideia. Apostei 1 xelim que tudo estará resolvido até 1 de outubro; com L. como editor; & a revista em andamento.

Terça, 16 de julho

No sábado colocamos na cabeça que faríamos umas compras, uma vez que o livro está temporariamente fora das nossas mãos; de modo que fomos a Kensington com uma cesta, mas descobrimos que as ervilhas & feijões estão com o mesmo preço que aqui. Comprei um pergaminho de Grotius [*De Imperio Summarum Potestatum Circa Sacra*] numa livraria que prometia mais do que cumpria.

No domingo, um dia chuvoso nublado como todos os dias têm sido desde que o duque de Rutland caiu de joelhos, fomos ao Staines nos despedir de Philip, que será enviado para o front na segunda. É inevitável sentir uma boa dose de solidariedade pela minha sogra, não apenas por essa despedida mas pela atitude dela em relação à vida. Nela inexiste qualquer constrangimento; & há uma espécie natural de retidão & sabedoria, apesar de jamais dizer uma única coisa inteligente, & de na verdade dizer até muitas bobagens, & de suas convenções serem tão absurdas que mal contam. Caminhamos de um lado para o outro por uma alameda estreita entre os canteiros dos legumes de Herbert; & ela chorou; & riu; & depois me deu 2 ovos grandes; & girava em meio a seus filhos, muito animada & desgovernada, & afetiva, evidentemente adorando aquela espécie de reunião misturada de filhos com suas esposas mais do que qualquer coisa na face da Terra. Mas para transmitir esse efeito eu precisaria de um capítulo, & espero muito que um dia escreva um.

Segunda foi um dia habitual, Londres & chá no clube. Eu fiz a tolice de torrar 3 xelins – 1/6 na caneta azul com que escrevo agora, & quando não escrevo é terrível; 1/6 em papel, numa loja de uma extravagância repulsiva em Pall Mall. Justifiquei tais extravagâncias com o fato de podermos visitar a National Gallery de graça. Passei uma hora vagando por ali, depois voltei & tentei descrever minhas impressões para Vanessa.[62] Mas entendo por que gosto de quadros; é igual às coisas que me animam a descrevê-las; só que apenas determinados quadros fazem isso; insisto (pelo bem da minha alma estética) que não quero ver histórias ou emoções ou nada do tipo neles; somente os quadros que apelam para a plasticidade das palavras me fazem sentir vontade de inseri-los como naturezas-mortas no meu romance. Mas o clima das galerias de arte, sempre deprimente, agora está pior do que nunca, quando a glória da guerra precisa ser ensinada com um quadro em tamanho real de Lord Kitchener & cenas de batalha quase em tamanho real; embora como as batalhas sejam do século 18 só consigamos olhar para elas como cenas em um ginásio em uma escala um tanto grande. Esqueci agora quem estava no clube na hora do chá; mas com certeza seria possível colocar Alix em uma cadeira, & vesti-la com um casaco verde-cinzento & uma saia com cinto de couro ao redor da cintura, & uma pasta de couro ao seu lado. Como ela não está trabalhando para Alix não podemos adivinhar o que está na pasta de couro.[63]

Terça foi um dia em que fiquei em casa dobrando & grampeando papel. Uma secretária francesa de Mr. David Davies me interrompeu. L. transforma a terça numa espécie de receptáculo onde atira reuniões dentro.

Na quarta dia 17 colamos cinquenta cópias de *Prelúdio*. Até agora nosso estoque atual é vasto. Parece duvidoso vendermos mais do que cem. Clive escreveu uma carta tolerante, mas não muito entusiástica a respeito. "Não incendeia o Tâmisa, nem é de virar a cabeça meticulosa dele", foi o que disse. Bob Trevelyan jantou conosco, & Adrian chegou atrasado. Bob passou pela maior crise de sua vida – o que lhe dará assunto por dias a fio. Escapou do exército, & agora pode ir à França ou à Holanda. Seu trabalho literário foi interrompido muito seriamente. Ele me irritou tanto com seu comentário de que na sua ausência Bessy "iria morar com Crompton Davies – quero dizer ficar com ele. – Na verdade ela está lá esta noite para ver se gosta..."[64] que não fiz nada além de rir, a intervalos discretos. Leonard & Adrian riram também. Ele é uma figura tão ridícula quanto o falso mandril, principalmente agora que está todo curvado pelo reumatismo, & só consegue se arrastar por aí. É um dos nossos egoístas, & além do mais, consegue ser mais maledicente do que qualquer pessoa que conheço, sob um disfarce de boa índole extrema. Para mim parece aqueles homens com os bastões pontiagudos que apanham papéis na rua. Da mesma maneira, Bob apanha cada fofoca ao seu alcance – & chega até a esticar-se para apanhar as que não estão ao seu alcance. Ele me disse que "ouviu falar que eu estava levando meu livro para as editoras" & que estas, presumivelmente, o recusaram. Em seguida lamentou o fracasso dos contos de K.M. Aceitou minhas correções a essas suas duas declarações, mas de modo tão pouco sincero que vai continuar repetindo-as aonde quer que vá. Também insistiu ter me visto nos Verralls quando ele ainda estava na universidade nos anos 90... E divagou sobre uma longa discussão acerca de grandes músicos & grandes escritores; & num fôlego elogiou os livros dos nossos amigos & no outro encontrou mais defeitos do que os elogios que lhes tinha dado. Mas gosta tanto de toda essa fofoca & maledicência que é difícil ressentir-se dele por isso. Foi embora às 9h30 hoje de manhã com L. & conversou o trajeto todo até o trem sobre as experiências dele diante da corte.

Quinta,
18 de julho

L. passou três horas tentando entender Sir Willoughby Dickinson & os outros; & às 4h eu o encontrei na sala de leitura da London Library. Antes, no entanto, encontrei um cavalo branco como leite na St. James Square, com uma antiga sela espanhola de veludo vermelho bordado. Um velho o guiava. Nenhum sinal de propaganda. Talvez algum grande duque monte assim no exterior. Fomos então tomar chá no clube – & que chá! Dois biscoitos secos, de modo que tivemos de recorrer a um bolo ao chegarmos em casa. Todos os exemplares que colamos ontem ficaram com a contracapa branca. Não sabemos o motivo. Richmond ligou para me oferecer a biografia de Rupert para a semana que vem. Eu lhe disse que gostaria de explicar Rupert ao público. Ele concordou que havia mesmo muitos mal-entendidos. "Ele até que era um ótimo camarada", disse. Estou tentando conseguir umas cartas com James.[65]

Os alemães não estão tendo sucesso desta vez, & está ventando, quente; chuvas violentas alternam-se com o sol. Mais uma vez estamos a salvo por causa da lua.

Terça,
23 de julho

Acho que foi na sexta que ganhei meu frasco de vidro verde do farmacêutico... de graça! É um frasco que sempre cobicei; pois o vidro é a melhor das decorações, absorve a luz & a modifica. Em Lewes, por frascos redondos o farmacêutico pede £2,2. Enfim, na sexta Jack Hills & Pippa jantaram aqui. Tudo correu com muita tranquilidade & desenvoltura. Jack vem lidando com a vida de modo louvável, apoiado, segundo Pippa, pela solidariedade que sente pelos outros, & conduzido por ela na direção do sufrágio feminino, da reforma, da educação para os pobres &tc; embora ele continue se afirmando um conservador. De alguma maneira a aparência dele me lembra uma bota excelente, marrom, extremamente lustrosa & experiente. Parece sempre recém-chegado do campo. Ele nos fez um relato longo & bastante vívido de suas campanhas, do qual se podia facilmente perceber suas imensas virtudes como líder de exército.[66] Para minha surpresa, também, conhece poesia georgiana, & leu o livro de Lytton, & condena os vitorianos. Talvez tenha existido antes uma inclinação à arrogância, a confundi-lo com George & Gerald. Pippa passou a noite aqui. Aprecia Waller imensamente. Conversamos sobre o futuro das mulheres na manhã seguinte. Ela chefia uma espécie de negociação para encontrar cargos & treinamento para mulheres que queiram trabalhar & enxerga o futuro nesses termos, é claro.

No sábado fomos a Tidmarsh.[67] Como paisagem não há nada que possamos dizer a respeito, embora a casa & o jardim sejam passáveis. O rio traz uma imensa torrente de humanidade barata para lá; casinhas vermelhas encarapitadas em toda parte; gente passando o fim de semana em Pangbourne com malas de couro & varas de pescar. Lytton & Carrington estavam sozinhos. Não havia nenhuma criada à vista & a maioria das tarefas parecia ser feita por Carrington. Ela é quieta, meio dominada, fazem uma pessoa tomar consciência de sua admiração & juventude solícita. Se estivéssemos preocupados com ela, poderíamos ficar apreensivos com a sua posição – tão dependente de L., & tendo incendiado de modo tão aberto as convenções do passado. Está disposta a correr riscos, é evidente. Lytton tinha acabado de chegar da Duquesa de Marlborough & Dabernon, que vai se encarregar da peça dele. Quaisquer portas da alta sociedade londrina suponho que agora estarão abertas para ele. Está fazendo suas investigações, não com o intuito de se fixar de modo definitivo, mas para ampliar sua visão da natureza humana. Declara que conhece mais tipos diferentes de pessoas do que qualquer um de nós; mas contestamos isso. Boa dose de conversa sobre Rupert. O livro é uma rapsódia sentimental piegas & tira boa parte do lustro de Rupert. Lytton muito divertido, charmoso, benevolente, & como um pai para C. Ela o beija & espera suas ordens & recebe bons conselhos & algum tipo de proteção. Ele voltou conosco na segunda, para almoçar com Dabernon. Margaret jantou conosco. Fiquei deitada no sofá & só apanhei umas poucas frases ininteligíveis.

Terça. L. foi como de hábito aos seus comitês. Há dificuldades com a revista. Macdonald quer torná-la parte da sua revista socialista. Tem ainda as dificuldades da Liga das Nações. Unwin vai publicar o livro da cooperativa, mas todos esses movimentos são tão difíceis & prejudicados por invejas & intrigas quanto podem ser.[68]

Sábado, 27 de julho de 1918

**Hogarth House
Richmond**

Sábado, 27 de julho

Como sempre, esse diário saltou um ou dois dias. Mas primeiro é preciso pausar para dizer que aqui começa um novo volume, o terceiro, & portanto ele dá toda mostra de uma vida longa, ainda que intermitente. Se sobreviver ao verão, quando as noites não favorecem a escrita, vai florescer no inverno. Talvez a falta de carvão seja sua ruína. Talvez tenhamos de morar de vez no 17 Club. Mas olhar para a frente é desastroso, considerando o quanto ainda é preciso registrar do passado. Na quarta, tive um dos meus dias de excursão. Rumo a Londres, primeiro para encontrar James no clube. Ele iria me contar coisas sobre Rupert para meu artigo. Suas primeiras palavras foram, no entanto, "Ficou sabendo do noivado de Ka?" "Com Hilton?" perguntei. "Não, com Arnold Foster." Isso me irritou consideravelmente. Fico feliz que ela vá se casar, embora fosse mais provável que ela se tornasse uma solteirona distinta, mas casar-se com W.A.F não vai passar de uma aliança de conveniência & solidariedade, que fará dela mais que nunca uma funcionária pública. Então, como James tinha um exame médico, não pudemos conversar muito sobre Rupert, a não ser que ele era invejoso, temperamental, desequilibrado; tudo isso eu já sabia, mas não posso colocar num texto. Fredegond apareceu em seguida; fui com ela até metade do caminho para Charing Cross. Tinha feito confidências com Alix, & estava arrastada numa torrente de afeição por ela. Essas emoções correm demais no espírito dos Fisher para meu gosto. Os poemas dela logo serão publicados. Então, depois de espalhar o boato sobre Ka, que só me chegou pelo Bob, através de uma carta de A.F., & portanto talvez nem seja verdade, espero que não seja, fui até Gordon Sqre; onde os furgões estavam retirando os móveis, Nessa entrava & saía do quarto o tempo todo; & é claro Clive & Mary deram as caras; & depois tudo segue pelas mesmas corredeirazinhas de sempre. Todos jantamos no Mont Blanc. Clive jamais me perdoou... pelo quê? Percebo que segue minuciosamente um plano, nas suas relações comigo – & que ressente qualquer coisa que o tente distrair disso. Seus comentários pessoais sempre parecem se basear em alguma espécie de reserva de rancor, que ele resolveu não declarar abertamente.

"Você arruinou uma das minhas melhores amizades", comentou ele, "com esse seu costume de descrever os fatos a partir do seu próprio ponto de vista..."

"Que você chama de Verdade Divina", disse Nessa. "Não dava para ter intimidade com você & com qualquer outra pessoa ao mesmo tempo... Você descreve as pessoas da mesma maneira como eu pinto vasos."

"Você enreda as coisas, & só vamos saber mais tarde", murmurou Mary, da sombra do seu silêncio solidário.

Mas existia certa amargura nas palavras de Clive. Ele queria me fazer perceber que eu tinha, de alguma maneira, destruído nossas antigas relações – & nada agora se compara a elas. Ficou claro também que ele sente medo de que eu & Mary criemos alguma aliança que possa ameaçar a posição dele perante ela. Protestou que mostrar as cartas dele para ela seria injusto, da minha parte ou da de Nessa. Ela é um livro em branco, diante de nossas páginas já tão escritas & reescritas, rasuradas & arrancadas. A situação já é complicada & delicada o bastante. Ele não consegue se decidir a romper comigo de vez. Mas pagou meu jantar & nos separamos em bons termos. A chuva caía forte & saí correndo para apanhar meu trem. Gostaria de ter a paciência de anotar os trechos mais inteligentes da nossa conversa: crítica de livros

& de vida, não de pessoas & sentimentos. Mas ando crítica demais do criticismo mal escrito, & escrevo com tanta pressa que certamente sairia ruim.

Na quinta tivemos nosso dia de folga; em que colamos mais alguns exemplares de Prelúdio; acho que só recebemos mais um pedido. As pessoas reclamam que embora seja bem-escrito & tudo o mais, a história não fecha. Na sexta dia 26 L. foi fazer sua ronda na Liga das Nações & no clube. Eu à Omega apanhar o novo papel de Roger, a Gordon Sqre apanhar quadros, & depois, carregadíssima, ao clube para o chá.[69] Dando-lhe a importância de direito, devo comentar hoje que L. foi convidado a se candidatar ao Parlamento. Ainda não me acostumei com a ideia. Uma disposição natural a achar o Parlamento ridículo aniquila qualquer consideração séria a respeito. Mas talvez não seja tão ridículo quanto os discursos levam a acreditar. Ofereceram um chá aos jornalistas no clube. Fui ao andar de cima, me escondi atrás de uma porta & vi Mrs. Hamilton pela primeira vez, ou melhor, a escutei, falando sem parar como um bom frequentador de clube; pois não arrisquei olhar.

James veio jantar. Promete nos enviar cartas de Rupert para datilografarmos em Asheham; mas existe qualquer estranha intriga à la Strachey por trás desse assunto.

Segunda, 29 de julho

Sinto-me paralisada diante da tarefa de descrever um fim de semana em Garsington. Creio que falamos mais ou menos um milhão de palavras; escutamos muitas mais, principalmente da boca de Mrs. Hamilton, que puxa a gola da roupa como um cocker spaniel, & realmente, tem os olhos grandes, pasmados & cor de avelã de um spaniel. Lá estava Gertler; [Montague] Shearman & [Patrick] Dallas para o chá; Brett. Ottoline, 3 crianças & Philip. O fio que uniu tudo do princípio ao fim foi o ataque de Philip a Murry pela resenha que ele escreveu de Sassoon no *The Nation*.[70] Ele estava em parte orgulhoso de si mesmo & em parte incomodado; em todo caso, antes de 10 minutos de conversa já fui acusada de estar do lado de Murry; & depois para provar seu ponto de vista Philip leu o artigo de Murry, a carta dele & a carta dele a Murry, três vezes seguidas, ou pelo menos foi minha impressão, enfatizando seus argumentos & levantando o dedo para nos convencer. E ainda teve a carta de agradecimento de Sassoon também. Acho que Ott. ficou meio entediada. Por sorte o tempo estava bonito, a comida boa, & passeamos por ali razoavelmente alegres & sem nenhum tédio considerável, o que é mais do que se pode pedir de um fim de semana. Na verdade, não sei por quê, eu me sentia bastante satisfeita. Minha cama era como camada após camada da relva mais elástica; & depois o jardim era quase melodramaticamente perfeito, com seu lago oblongo & cinzento, & suas casas de fazenda cor-de-rosa, a pedra lisa branco-acinzentada & sebes enormes de teixo macio, denso, verde. Por essas trilhas passeamos; uma ou duas vezes com Ott., uma com Mrs. Hamilton. Ela é uma trabalhadora intelectual dinâmica. Não tem um centavo seu; & tem a inteligência ansiosa, laboriosa, de uma mulher profissional que está a todo momento buscando ganhar a vida. Não tenho certeza, porém, se não se assemelha muito a Ott. Pouco depois do chá nós três vagamos até "o bosque". Mas jamais chegamos lá é claro. Ott. logo sentou-se num portão & se pôs a discutir o caráter de Lady Margaret Sackville; & como sempre Ott. deplorou & se maravilhou com as mesmas características que, pode-se dizer, ela conhece de primeira mão. No entanto, sua fala ziguezagueava quase sempre de uma maneira desnorteante; & creio que muitas vezes nem ela sabe por que está dizendo determinada coisa. A dificuldade é que quem está ouvindo percebe que existe algum motivo inconfesso; o que dá à sua conversa um efeito um tanto distrativo & cansativo. Na metade da subida do morro ensolarado ela parou, apoiou-se na sombrinha, olhou vagamente a paisagem & começou um discurso sobre o amor. Um vento parece dispersar metade das suas palavras – mais um motivo para achar difícil escutar o que ela diz...

"Não é uma tristeza que quase ninguém *realmente* se apaixone hoje em dia? É uma coisa raríssima, raríssima... quero dizer, ninguém se olha mais de uma forma ideal. Não sentem que cada palavra é algo maravilhoso só porque o outro a disse. Bertie sim, claro... mas por outro lado as escolhas dele são tantas vezes infelizes."

Aqui, basicamente para podermos voltar para casa, eu disse que o amor queria dizer tantas coisas diferentes; & que o restringir ao amor romântico era absurdo. Também sustentei que era possível amar grupos de pessoas, & paisagens. Infelizmente essa observação fez Ott. apoiar-se mais uma vez na sua sombrinha & olhar languidamente para o trigal.

"Sim. Amo aquilo... por si só... a curva daquele trigal me parece tão divina quanto qualquer ser humano. Sempre fui assim, desde que me entendo por gente. Amo a literatura também..."

"Eu amo umas coisas absurdas... o I.L.P. por exemplo", disse Mrs. Hamilton.

Até que enfim continuamos a andar, & perguntamos àquela pobre bobinha por que motivo, se amava tanto assim a literatura, ela não escrevia nada.

"Ah, mas é que eu não tenho tempo... nunca tenho tempo. Além disso, minha saúde é horrorosa... Mas o prazer da criação, Virginia, deve transcender todos os outros."

Eu disse que com toda a certeza deve; apesar de achar que esse comentário deveria ter incluído Mrs. Hamilton também. Voltamos nos arrastando pela aldeia, onde todos os camponeses estavam descansando na estrada, com seus cachimbos & seus cachorros & seus bebês. Houve a mais afável & infelizmente servil troca de cumprimentos; a aparência ofuscante de Ott. com as suas pérolas não parecia nem errada nem ridícula para o trabalhador rural, mas sim parte do espetáculo aristocrático pelo qual ele pagara para assistir. Ninguém riu. As velhas de preto queriam a todo momento parar & conversar sobre o calor. Todos pareciam meio alvoroçados & muito ansiosos para agradar. "Ótima gente, não é?", disse ela quando entramos em casa; & eu arrisco dizer que nada nos próximos 300 anos os fará mudar. Levaram-me ao ateliê de Gertler & me mostraram seu bule de chá sólido & "inexorável" (para usar uma palavra de Brett). É um rapaz determinado; & se produzir bons quadros depender de força de vontade, poderá fazer maravilhas. Nenhuma motivação mesquinha poderia empolgá-lo, & é por esse motivo que não ponho muita fé nele. É tudo por demais intelectualizado & moral; ou talvez seu talento natural não seja tão abundante a ponto de compensar pela sua consciência & força de vontade. Diz o que pensa sem pestanejar, senta-se muito empertigado; tudo nele é rígido, tenso, muscular; sua arte frequentemente uma agonia, conforme me disse. Mas por fim compreende que deseja pintar formas com as cores mais vivas. A forma é para ele uma obsessão.

Enxerga um lampião como uma massa de matéria iminente, dominante, esmagadora. Desde criança a solidez & as formas dos objetos o torturam. Eu o aconselhei, pelo bem da arte, a manter a sanidade; a compreender, não a exagerar, & colocar vidraças entre ele & seus temas. Isso, conforme ele disse, é o que deseja no íntimo agora. Mas é capaz de pensar a música de um realejo na mesma chave de um objeto artesanal, pois possui forma, & o estilo & a expressão não valem nada.[71]

Quarta,
31 de julho[72]

Chegamos em Asheham. Estou sentada como se estivesse a céu aberto – a sala de estar fornece apenas uma concha de sombra no calor intenso. O ar dança pelo campo; & a fumaça da fazenda nas campinas se mistura à névoa. As plantas do jardim cresceram demais, & as flores ficaram machucadas. No entanto, neste momento L. está cortando vagens para o jantar. Ontem passamos o dia resolvendo coisas em Londres. Vi um cavalo morto no asfalto – literalmente um exemplo do que os políticos chamam de morrer no seu posto, & para mim muito patético – morrer na Oxford Street numa tarde quente, tendo sido apenas um cavalo de carroça; & quando passei por ali novamente ele tinha sido removido. Isso demonstra o assunto que eu tinha ido tratar. Mudie's. O clube. Passei diante das vitrines das joalherias procurando uma joia para substituir a safira que perdi no trem a caminho de Garsington. As esmeraldas pálidas, rachadas & de valor duvidoso são para mim uma imensa tentação. Lytton & Alix no clube – a cena final daquele drama familiar. Lytton estava indo apanhar seu trem. Alix, suponho, nunca conseguiu apanhá-lo. Por mais terrível que a ideia seja, ela está sentada no 17 Club neste exato momento – uma espécie de destino, inspecionando a passagem das gerações morais. Lytton almoçou com Lord D'Abernon & também Lord Ribblesdale & um empresariozinho vulgar & grato, que pediu para ler a peça chinesa dele & lhe deu esperanças de produzi-la. Lytton finge não gostar muito da peça. Eu esqueci o que acho. Dei-lhe parabéns pelas mudanças em Carrington – ele a melhorou. "Ah, mas o futuro é muito sombrio... *preciso* de liberdade. Uma hora irei partir." Sugeri que ela pudesse querer fazer a mesma coisa, o que talvez não o tenha agradado muito. Na rua cruzamos com Oliver & a deslumbrante Inez [Ferguson]; & depois fomos parados por Kot., que queria que fôssemos encontrar D.H. Lawrence – ou talvez convidá-lo a vir aqui. Os olhos injetados de Kot, ou sua sordidez generalizada, nos espantaram, no meio da St. James Square. Ele é uma figura misteriosa – não apenas por causa de suas ocupações, mas pelo desejo de ser nosso amigo, embora ele não pareça ter muitos amigos. Enfim, foi a última pessoa que vimos em Londres, já que Mr. Cox da London Library não conta.

Hoje as criadas partiram no trem das 7h, & chegamos via Clapham, & queríamos ir via East Grinstead, mas no fim das contas encontramos assentos no trem de Lewes, & chegamos a Glynde por volta das 2h30 – uma viagem nada ruim. Todos se parabenizaram por terem acabado encontrando lugares, depois dos boatos de que multidões tinham sido dispensadas. No meu vagão éramos uma "reunião de família", segundo um homem de negócios judeu extremamente capaz, simpático, dogmático, que se ocupou de nós. São encontros estranhos; tanto nos impressionam na hora; & depois se apagam. Já meio que esqueci o soldado com a placa de níquel no joelho & o arco de metal no pé, apesar de ele falar a todo volume, vangloriando-se & me fazendo odiá-lo; & esqueci a mulher com as crianças, que bebeu uns goles de uísque, & como todos nos ofereceram goles de chá & mordidas de sanduíches – & fomos prestativos & gentis & nos comportamos como um cavalheiro & uma dama. Almoçamos sob umas árvores, vindo de Glynde.

Sábado,
3 de agosto[73]

Não há nada além de notícias rústicas a registrar, já que conforme esperávamos os Murry nos deixaram na mão. Katherine escreveu dizendo que está doente. É impossível não pensar que talvez ela esteja desenganada. De todo modo, a vinda dela está fora de questão. O tempo não anda muito bom. Ontem foi um dia chuvoso como os que a Inglaterra produz com tanta frequência. Quase nunca chove à tarde na Inglaterra; & foi mais ou menos o que aconteceu. Fomos apanhar cogumelos à tardinha & conseguimos um lenço cheio. De modo que começou de novo uma das nossas grandes diversões. No alto da colina encontramos uma amora madura. Enquanto eu estava deitada na relva uma lebre passou por mim saltitando. Talvez no fim das contas estejamos bastante satisfeitos por estarmos a sós.

O tempo melhorou hoje, porém céus negros devem ser a coisa mais medonha que existe na natureza. L. a Lewes. Foi apanhar um pacote da *New Statesman* que não estava lá. Dei uma volta na trilha do M., depois retornei ao topo. Meu registro deverá ser unicamente de besouros & borboletas. Um raio de sol faz grandes quantidades de urzes castanhas aparecerem. Um zepelim sobrevoou Newhaven, &, estando o céu azul ao longo de um trecho, o mar também estava. Fiquei a pensar em todo o azul radiante que arde a salvo por trás das nuvens; & como basta um raio de luz sobre a terra para transformá-la em um lugar diferente. Preciso sair para apanhar cogumelos; o sol saiu.[74]

Domingo, 4 de agosto

Enquanto não compro um livro onde registrar minhas impressões, primeiro de Christina Rossetti & depois de Byron, melhor anotá-las aqui. Uma coisa é certa, não tenho quase mais nenhum dinheiro, depois de comprar Leconte de Lisle em grandes quantidades. Christina tem a grande distinção de ser uma poeta nata, & ao que parece sabia disso muito bem. Mas se eu fosse argumentar contra Deus, ela seria uma das primeiras testemunhas que eu invocaria. É uma leitura triste. Primeiro ela se absteve do amor, & portanto também da vida; depois da poesia, em deferência ao que ela achava que exigia sua religião. Houve dois bons pretendentes. O primeiro de fato tinha lá suas peculiaridades. Ele tinha uma consciência. Ela só poderia se casar com um determinado tipo de cristão. Ele só era capaz de ser desse tipo durante alguns poucos meses por vez. Por fim tornou-se católico romano & perdeu-se de vez para ela. Pior ainda foi o caso de Mr. Collins – um estudioso realmente encantador – um recluso abnegado – um adorador incondicional de Christina, que jamais foi incluído no grupo dela. Por conta disso, ela só podia visitá-lo afetuosamente nos aposentos dele, coisa que fez até o fim da vida. A poesia era castrada também. Ela se decidiu a transformar os salmos em versos & a colocar toda a sua poesia a serviço das doutrinas cristãs. Graças a isso, eu acho, matou de fome, numa emaciação austera, um talento muitíssimo original & belo, que só precisava de licença para assumir uma forma mais bonita do que, digamos, a de Mrs. Browning [Elisabeth Barrett Browning]. Escrevia com imensa facilidade; de uma forma espontânea, infantil, assim imaginamos, como ocorre em geral com o talento verdadeiro; ainda não desenvolvido. Tem o poder natural do canto. E pensa, ainda por cima. Tem imaginação. Poderia, sendo profanos o bastante para desconfiar, ter sido irreverente & espirituosa. E, como recompensa por todos os seus sacrifícios, morreu aterrorizada, sem ter certeza da salvação. Confesso, no entanto, que apenas folheei sua poesia, indo inevitavelmente atrás dos poemas que eu já conhecia.

Quarta, 7 de agosto

O diário de Asheham esgota todas as minhas observações meticulosas de flores, nuvens, besouros & preço dos ovos, &, estando a sós, não há outros eventos a registrar.[75] Nossa tragédia foi esmagar uma lagarta; nossa empolgação a volta das criadas de Lewes ontem à noite carregadas com todos os livros de L. sobre a guerra & com a *English Review* para mim, com um artigo de Brailsford sobre a Liga das Nações & "Êxtase", de Katherine Mansfield.[76] Atirei "Êxtase" no chão exclamando, "Agora ela está acabada!". Realmente não tenho mais muita fé nela, nem como mulher, nem como escritora, depois de um conto como esse. Terei de aceitar o fato, infelizmente, de que o espírito dela é um solo muitíssimo raso, com uma ou duas polegadas de profundidade sobre uma camada de rocha bastante estéril. Pois "Êxtase" é longo o bastante para lhe dar a chance de ir mais fundo. Sim, ela se satisfaz com a habilidade superficial; & a concepção inteira é pobre, chinfrim; não a visão, ainda que imperfeita, de um espírito interessante. E ainda por cima escreve mal. E, como eu disse, o que me fica é a impressão de que ela é um ser humano cruel & duro. Vou lê-lo de novo; mas não imagino que minha opinião mude. Ela continuará fazendo esse tipo de coisa, perfeita para a satisfação dela & de Murry. Agora me sinto aliviada por eles não terem vindo. Ou será absurdo fazer toda essa crítica da personalidade dela a partir de um conto?

Seja como for, fiquei muito satisfeita de continuar com meu Byron. Ele pelo menos tem as virtudes masculinas. Acho engraçado perceber a facilidade com que sou capaz de imaginar o efeito que ele exercia sobre as mulheres – principalmente sobre as mulheres bastante estúpidas ou pouco instruídas, incapazes de fazer frente a ele. Já outras tantas gostariam de levá-lo para o bom caminho. Desde criança (como diria Gertler, como se isso provasse que ele é alguém particularmente notável), tenho o hábito de me arrebatar com uma biografia, desejando construir a minha figura imaginária da pessoa a partir de qualquer informaçãozinha que eu pudesse encontrar. Durante a minha paixão, o nome de [William] Cowper ou Byron, ou quem quer que fosse, parecia saltar das páginas mais improváveis. E então, de repente, a pessoa se tornava distante, nada mais que um dos mortos de sempre. Impressiona-me muitíssimo a extrema falta de qualidade da poesia de B. – tão ruim que Moore a cita com admiração quase muda. Por que achavam que esse material para álbum era o fogo mais puro da poesia? É apenas um pouco melhor do que L.E.L. [Letitia Elisabeth Landon] ou Ella Wheeler Wilcox.[77] E o dissuadiram de fazer o que ele realmente sabia fazer, que era escrever sátira. Ele voltou do Oriente com sátiras (paródias de Horácio) & o *Childe Harold* [*Childe Harold's Pilgrimage*] embaixo do braço. Meteram-lhe na cabeça que o *Childe Harold* era o melhor poema já escrito. Mas ele jamais, quando jovem, acreditou na sua própria poesia; prova, numa pessoa tão dogmática & confiante, de que ele não tinha o dom. Os Wordsworth & Keats acreditam nela tanto quanto acreditam em qualquer outra coisa. Sua personalidade me lembra um pouco a de Rupert Brooke, porém para desvantagem de Rupert. Enfim, Byron tinha uma força tremenda; suas cartas bem o demonstram. Tinha também em diversos aspectos uma índole excelente; embora, como ninguém risse das suas afetações, no fim tenha se tornado mais parecido com Horace Cole[78] do que o desejável. Só uma mulher poderia rir dele, mas em vez disso elas o idolatravam. Ainda não cheguei em Lady Byron, mas imagino que ela, em vez de rir, simplesmente o desaprovava. E assim ele se tornou byroniano.

Quinta, 8 de agosto

Na ausência de interesses humanos, o que nos dá paz & contentamento, pode-se muito bem continuar a ler Byron. Depois de sugerir que estou prestes, a um século de distância, a me apaixonar por ele, suponho que meu julgamento de *Don Juan* tenha sido parcial. Deve ser o poema deste tamanho mais legível que já foi escrito; qualidade que se deve em parte à natureza aleatória, flexível, caótica, galopante de seu método. Este método já é em si mesmo um achado. É aquilo que se procurou em vão – uma forma elástica capaz de conter qualquer coisa que se deseje colocar. Desta maneira, ele conseguia escrever conforme o humor do momento; dizer qualquer coisa que lhe viesse à cabeça. Não se sentia na obrigação de ser poético; & assim escapou do seu gênio maligno, do falso romântico imaginativo. Quando é sério, é sincero; & capaz de abordar qualquer assunto que lhe apeteça. Escreve 16 cantos sem nem uma única vez chicotear os próprios flancos. Tinha, evidentemente, a inteligência espirituosa & capaz que meu pai, Sir

Leslie Stephen, chamaria de natureza absolutamente masculina. Sustento que este tipo de livro ilícito é muito mais interessante do que os livros decentes, que sempre respeitam as ilusões com devoção. Contudo, não parece ser um método fácil de se seguir; & de fato, como todas as coisas livres & fáceis, somente os talentosos & maduros são realmente capazes de executar. Mas Byron era cheio de ideias – qualidade que empresta resistência ao seu verso, & me leva a fazer viagenzinhas pela paisagem ao redor ou pelos interiores que as rodeiam, no meio da minha leitura. Que esta noite terei o prazer de terminar – embora por que motivo isso deva ser um prazer, já que gostei tanto de quase todas as estrofes, é algo que eu realmente não sei. Mas assim é, sempre; seja o livro ruim ou bom. Maynard Keynes da mesma maneira confessou que sempre tapa os anúncios no fim do livro enquanto está lendo, para saber exatamente o quanto lhe falta ainda ler.

Todos até agora nos deixaram na mão: Katherine doente: Ka & Will A.F. precisam trabalhar no domingo que vem; de modo que, num louco desejo de parear Bonwick com alguém capaz de mitigar seu tédio, telegrafamos tanto para Marjorie Strachey quanto para Mrs. Hamilton. Maldosamente me demorei sobre os belos cabelos de B. para Marjorie, mas ela cortou-me com a sua confissão, ou melhor, declaração, de que pretende se casar.

Segunda,
12 de agosto

(Creio que deva estar perto do nosso aniversário de casamento, seis anos atrás.)[79] Bonwick veio; mas Marjorie & Mrs. Hamilton só enviaram telegramas. Por ser um homem de negócios, aproveitou ao máximo seu descanso, & subiu o morro com dificuldade para nos encontrar, no lugar onde catávamos amoras. É um homem convencional, comum, rígido; impermeável a qualquer coisa fora do normal. Descendo o morro, ele nos contou que tinha gastado um quinto da sua renda na Prisoners of War,[80] para justificar sua isenção como O[bjetor] de C[onsciência]. Nossa conversa girou quase que totalmente em torno do *The Nation*. Era o único assunto dele. O pobre homem tem um forte sotaque cockney; um espírito perseverante, ambicioso, que se aproveita enormemente de seus contatos literários & finge ser a parte mais importante do "Nós" quando fala, & ele sempre fala, do *Nation*. Para falar a verdade, tive o primeiro vislumbre do que é a sedução do ouro ouvindo-o falar. Ele deixou escapar que negocia na casa das centenas & milhões. São as centenas & milhões de Rowntree, mas Mr. B tem o ar tranquilo & poderoso de quem negocia com essas coisas. "Rowntree me perguntou se o Nation podia arcar com isso (1000 por ano) & eu disse que sim. De modo que ele aceitou... Sim, pagamos nossos redatores valores mais altos agora. Hobson comentou por acaso que nunca tinha ganhado tão pouco com o Nation, portanto eu disse a Rowntree que era preciso aumentar os cachês." Eu o imagino sentado a uma mesa numa antessala & abrindo a porta para gente procurando Massingham. Ele nos disse que tinham oferecido £500 a Mrs. Phillimore por um livro de seus esboços religiosos. Contou-nos um monte de fofocas, que Edward Garnett fora recusado; & que eles recebiam pilhas de cartas contra os artigos de Roger; & que loucos lhes escrevem dizendo, "sou o filho de Deus". Mas o que mais me impressionou foi seu tino comercial, mais do que suas anedotas. Ele as contou meio que como se considerasse a si mesmo superior a toda essa gente literária... (mas eu confesso que os mosquitos estão mordendo meus dedos do pé, & uma mariposa cai a todo instante do candeeiro, de modo que não consigo me lembrar de todas as coisas que eu queria falar sobre Mr. Bonwick. Leonard vai passar a noite com ele "na minha casa" perto de Croydon, & amanhã vai a York ver Rowntree. L. declara que um psicólogo profundo acharia B. notável acima de tudo pela completa ausência de humor.

Sexta,
16 de agosto

Minha visita a Charleston & a de L. a York são em parte responsáveis por esse salto. Mas o salto foi grande demais para que eu consiga escrever um relato muito completo de uma ou da outra. A casa de Bonwick expressa Bonwick com precisão: & ainda por cima tem cheiro de mofo; janelas com cortinas brancas espessas; fotos do Niágara. Eles levaram dezessete horas para ir e voltar de York; & o resultado é: ainda precisam esperar mais uma reunião com o conselho diretor, apesar de Bonwick ter certeza de que eles irão concordar. Devem se desvincular dos trabalhistas. Passei a maior parte da minha visita a Charleston sentada na sala de estar conversando com N., enquanto ela costurava para si mesma um casaquinho marrom. Duncan entrava & saía; às vezes cavava um canteiro de legumes, às vezes pintava uma aquarela de louça de quarto, pregada numa porta. À noite vinha o desmazelado do Bunny; tendia a ser insolente, & N. tendia a ser ríspida com ele. Do que conversamos? Teve o noivado de Ka, sobre o qual Duncan tinha muito a dizer; uma de suas declarações foi que A.-F. tem & sempre teve 45 anos. Outra é que ele era dado a certos gostos, & que os praticava numa casa italiana. Fiz uma descrição de Garsington. A ânsia da pobre Ottoline de ser reconhecida em Sussex fica clara pelo fato de ela ter se oferecido para vir para cá em *qualquer* dia de verão depois do dia 8 de julho. Disseram-lhe abruptamente que nenhum estava disponível – o que explica a vontade dela de botar o pé aqui. Então falamos do casal A[drian] S[tephen]: ele um peso morto; ela um peso vivo, segundo N., que me avisa que vamos nos arrepender de termos convidado os dois para cá – isso na frente de Duncan, ainda por cima, que não disse nada para a contradizer. Assim nossas amizades se transformam, imperceptivelmente. Quando eu & N. ficamos a sós, creio que conversamos sobre os dois periquitos & sobre dinheiro, que não é mais essa espécie de bem distante & teórico como era antes... pelo menos para ela. Conversamos sobre as crianças também; o tipo de conversa que se dá quando a pessoa conhece todos os fatos, mas quer conferir se eles mudaram de posição... Por exemplo, o que Lytton pensa de Mrs. Asquith; & ela dele; & Maynard dos dois. Os conceitos de pintura de Gertler: o que ele pensa da pintura *deles*; a fama de Duncan: o socialismo de Bunny. Assim Bunny define sua posição: todos os capitalistas estão errados; portanto não há problema que ele seja sustentado por Nessa, já que ela desfruta de um dinheiro ao qual não tem direito, & não haveria melhor maneira de ela gastar os seus lucros do que com ele. Isso veio de uma declaração sentimental sua de que ele deveria passar a vida dando mel de graça a seus amigos. O cérebro dele deve ser uma confusão de sentimentos & socialismo mal-compreendido. Voltei de bicicleta na quarta & encontrei L. & ficamos muito felizes, até chegar ao bacon gordo... quando então, ai de nós!

Segunda, 19 de agosto

É possível que tenhamos conseguido resolver o problema das visitas: não vê-las. Neste momento A. & K. estão aqui, conforme atesta um som ou outro vindo da sala de estar. Mas nos encontramos somente na hora das refeições; de modo que é possível pensar em coisas para dizer nos intervalos. Descobri que a surdez se impõe sobre o espírito tal como a voz; ela espanta os pensamentos mais rápidos, tímidos, profundos, de modo que toda a conversa que chega a uma pessoa surda deve ser do mesmo tipo farto, simples, pragmático. Por mais que nos esforcemos, não conseguimos que seja de outra maneira. Carrington veio passar o fim de semana. Ela é a visita mais tranquila que existe porque está sempre fazendo alguma coisa – bombeando água, ceifando ou caminhando. Suponho que parte dessa atividade seja intencional, para que ela não se entedie; mas tem lá suas vantagens. Depois de se arrastar por aqui, foi arrastando-se até Charleston, & só voltou às onze ontem à noite, quando já estávamos fechando as janelas. O pobre lúgubre do Bunny a acompanhou, protestando que uma caminhada de 16 quilômetros não era nada em comparação com a alegria de ter alguém com quem conversar. Lá se foi ela de novo esta manhã para fazer a mala de Lytton ou comprar uma escova de cabelo para ele em Londres – uma figura robusta, com um vestido estampado baseado no vestido de um dos quadros de [Augustus] John; com um cabelo curto & espesso loiro-avermelhado & um rosto gordo, inteligente, resoluto, com olhos azuis brilhantes & fixos. Falta-lhe alguma coisa, mas decididamente vulgaridade ela não tem. Parece uma artista – digo *parece* porque no nosso círculo a corrente nesse sentido é forte a ponto de arrastar gente que não tem mais talento artístico do que Bárbara. Ainda assim, acho que Carrington gosta verdadeiramente de arte, em parte pela maneira como ela olha um quadro. Terminei, aliás, a *Electra* de Sófocles, que eu vinha arrastando aqui, embora no fim das contas não seja assim tão assustadoramente difícil. O que sempre me impressiona, como se fosse a primeira vez, é a qualidade soberba da história. Parece quase impossível *não* produzir uma boa peça com ela. Talvez seja resultado de haver enredos tradicionais que foram criados & aperfeiçoados & libertos do que é supérfluo pelo polimento de inúmeros atores & autores & críticos, até se tornarem uma massa de vidro sem forma, tão desgastada pelo mar que se tornou lisa. Além disso, se a plateia sabe de antemão o que vai acontecer, é capaz de perceber detalhes muito mais belos & sutis; & é possível poupar palavras. Seja como for, a sensação que sempre tenho é que nunca é excessiva a atenção que damos à leitura, como nunca é excessivo dar valor a cada linha, a cada alusão; & que o despojamento aparente é apenas superficial. Entretanto, a questão de ler emoções equivocadas no texto permanece. Em geral eu me sinto humilhada diante do quanto [Richard C.] Jebb é capaz de enxergar; minha única dúvida é se ele não enxerga até demais – como acredito que se possa fazer com uma peça inglesa moderna ruim, se alguém desejasse. Por fim, o encanto especial do grego permanece tão forte & difícil de se definir como sempre. Sentimos a diferença imensurável entre o texto & a tradução já nas primeiras palavras. A mulher heroica é basicamente a mesma, na Grécia & na Inglaterra. É do tipo da Emily Brontë. Percebe-se claramente que Clitemnestra & Electra são mãe & filha, & portanto deviam sentir alguma afinidade, embora talvez a afinidade desviada para o caminho errado gere o mais intenso dos ódios. E. é o tipo de mulher que coloca a família acima de tudo; o pai venera mais a tradição do que os filhos da casa; sente que pertence ao lado do pai, não ao da mãe. É estranho notar como, apesar de as convenções serem perfeitamente falsas & ridículas, nunca parecem mesquinhas ou indignas, como nossas convenções inglesas muitas vezes parecem ser. Electra teve uma vida muito mais limitada do que as mulheres de meados da era vitoriana, mas isso não exerce nenhum efeito sobre ela, a não ser o de torná-la rígida & esplêndida. Não poderia sair para um passeio sozinha; no nosso caso seria uma questão de criada & cabriolé.

Sábado, 24 de agosto

Tive de checar com atenção antes de anotar "sábado"; muito estranho alguém não saber que amanhã é domingo, eu acho. Se não fosse tão preguiçosa, acho que eu tentaria descrever o campo; mas, enfim, não conseguiria fazê-lo bem. Não conseguiria trazer diante dos meus próprios olhos a imagem de todos os tapetes velhos, belos, muitíssimo desgastados, que se espalham sobre as ondulações mais baixas das colinas; nem conseguiria expressar como as colinas se parecem com uma esmeralda nublada; a sua semitransparência, quando o sol & as nuvens mudam, & o verde se torna ora vívido, ora opaco. Porém confesso que quase da mesma maneira me esquivo da tarefa acumulada por 7 dias de descrever nossas visitas. Ficarão aqui mais uma semana, de modo que não preciso tentar encontrá-las neste exato momento. O bridge derrubou a divisão entre as nossas salas. L. está jogando neste exato momento, 5h40, determinado a parar às 6h; mas duvido que pare. Hesito um pouco antes de falar mal dos meus hóspedes, & não penso mal deles – não exatamente. Estou me referindo, de maneira um tanto rabugenta, a qualquer coisa grosseira, material, insensitiva em relação a Karin. Ninguém encontraria nada de grande interesse nela; mas também nada de desprezível ou maldoso. Não: mas ela é uma americana competente, que há de conseguir tudo o que puder ser reclamado; & nada que não possa.[81] Tenho a teoria de que quando um sentido falha, outro o compensa; ela come absurdamente. Não tem vícios ocultos. Seria mais interessante se tivesse? Não é burra; nem tediosa; nem trivial; ao contrário, é inteligente, competente & estimulante: estimula Adrian a ler livros sobre economia, & o estimula até mesmo a aprender estenografia, que segundo ela é algo útil numa carreira literária. Pretende que ele tenha uma carreira. Seja como for, ela irá reclamar isso também, porque com certeza Adrian nunca irá reclamar nada por iniciativa própria. No entanto (confesso que é "no entanto" para mim) ele é feliz; transmite a impressão de que está sendo bem cuidado, enquanto ele contribui com boas maneiras, boa aparência & bom gosto. Eu me sinto assustadoramente superior, tão fina a ponto de quase pedir desculpas a Leonard; tão repleta de sentimentos nobres, percepções sutis, gostos intelectuais & tudo o mais, que quase enrubesço de ficar sentada aqui a sós, escrevendo ou lendo Milton. Ela me informa que eu, com meus gostos, teria muito em comum com Hope Mirrlees; "com meus gostos", ora essa! Esse relato enfatiza nossas diferenças; por fora somos todos bons amigos, que conversam & se entendem, sem precisar recorrer a fofocas apenas para ter o que falar no jantar. Conversamos sobre o Partido Trabalhista, & política, & anarquia, & governo. Ela compreende uma argumentação, lê um artigo com virilidade –E à sua maneira é uma criatura boa & honesta, não tão segura quando o assunto é gosto; mas ela sabe disso – apesar de que foi o gosto que a levou, ai de mim, a bordar um par de sapatos que

A. usa, obedientemente. Devo deixar o que tenho a dizer sobre Milton, os prisioneiros alemães, a vida & outros assuntos para uma próxima vez.

Terça,
27 de agosto

Agora confesso ter meio que esquecido o que eu pretendia dizer sobre os prisioneiros alemães; Milton & a vida. Acho que era ? (tudo o que posso me lembrar agora (sexta, 30 ago.) é que a vida em outro ser humano é tão difícil de compreender quanto uma peça de Shakespeare quando o livro está fechado. Isso me ocorreu quando vi Adrian conversando com o prisioneiro alemão alto. De direito os dois deviam estar se matando. O motivo pelo qual é tão fácil matar alguém deve ser que a nossa imaginação é lenta demais para conceber o que a vida significa para ele – as infinitas possibilidades da sucessão de dias guardados dentro dele, & dos que já passaram. Porém esqueci como continuaria isso. O prisioneiro, que parece muito magro & sem esperanças, dava a impressão de gostar de conversar; eu o encontrei mais tarde & sorrimos, mas o sentinela não estava lá.

Aqui estamos nós, quase no fim de agosto, & no final da visita de A. & K. Eles partem para Charleston amanhã. Estranho como passamos por vários estágios numa visita desta natureza. Os meus estágios em geral foram mais próximos da simpatia & do prazer do que da irritação; embora exista um elemento de crítica no nosso relacionamento, baseado em parte nas maneiras de K., no seu apetite & na sua aparência. Dessa última, pobre coitada, ela não tem culpa; apesar de não ter por que enfatizar os processos naturais com um vestido cor de laranja amarrado com uma faixa larga.[82] O apetite dela, sinceramente, parece o de um menino em fase escolar. "Que carne!", exclamou hoje. "Você não fica nas nuvens ao ver uma bela carne?" As refeições acrescentam uma espécie de romantismo à vida dela, parecido com o que eu sinto, digamos, com a chegada da correspondência & dos jornais. Por exemplo, bem posso imaginar Karin pensando cheia de animação que o dia seguinte será o da carne seca; da mesma maneira que penso, talvez, que irei receber meu livro do *Times* ou uma carta interessante. L., por outro lado, se irrita, & estando irritado com discordâncias superficiais, encontra motivos mais profundos para elas, com os quais não concordo totalmente. Nosso método costumeiro é começar com: "Por que Adrian se casou com ela?" Ao que eu digo, "Eu entendo por quê... ela tem energia", & por aí vai. Então L. diz, "Eu preferiria mil vezes me casar com Ka... Na verdade eu preferiria me casar com qualquer outra pessoa do mundo. Jamais conseguiria me sentar no mesmo cômodo que ela." Porém eu entendo por que Adrian se casou com ela. Em primeiro lugar, ela o torna mais parecido com as outras pessoas. Ele guarda sempre, acredito, a desconfiança de que os outros são profissionais, enquanto ele continua um amador. Ela lhe dá um lar, filhos, contas, um cotidiano, de maneira que na aparência ele é exatamente igual aos outros. Acredito que ele necessite de tranquilização constante nesse sentido; & que lhe agrade a substancialidade dela. Sim, queremos que nos vejam fazendo coisas normais quando um amigo vem de visita. Eu também sinto o mesmo, em certa medida. Suponho na verdade que compartilho de muitos dos sentimentos de A. Quando estou com ele me vem a sensação de que, em vez de sermos confortavelmente obtusos, somos crepusculares um com o outro; & portanto, entre outras coisas, assustadoramente acanhados quando estamos a sós. Fizemos uma caminhada até o correio marcada por esses emperramentos, tão desconcertantes; nada parece possível; depois, com um solavanco odioso, nos impulsionamos para diante novamente. Lidamos melhor com isso do que de costume. Ele deixou cair sua reserva & a vaidade de ouvir a própria voz quando me falou de Karin; de como ela é surda, & fica deprimida, & acha que as pessoas não falam alto com ela de propósito, & portanto não gosta dos Strachey & dos outros naquela família que fala baixo, aos murmúrios. Ele sente muito orgulho da vitalidade dela. Suponho que isso forneça uma bela quantidade daquilo de que a vida é feita, coisa que ele não consegue fornecer para si mesmo.

Ontem, dia 22, fui de bicicleta até Charleston, almocei & voltei para casa à noitinha.[83] Foi o primeiro dia de outono, quente, suavemente azul, & borrado pela névoa. Duncan passou a noite anterior conosco. Foi indo e vindo na conversa até que, com métodos de que só ele conhece o segredo, nos fez gargalhar até as lágrimas. Seu principal feito foi uma descrição de Lady Strachey lendo em voz alta "O menino caipira moribundo fala do túmulo", de Laurence Housman...[84]

"Ouço os sinos soando deitada na cama da minha mãe. É o mais lindo poema da nossa língua, além disso." Então conversamos sobre as bexigas no limite das pessoas; a National Gallery; incesto, talvez; & outras fofocas. Tudo isso sentados na sala de estar, até ficar escuro demais para enxergar qualquer coisa. Acendemos os candeeiros quase na hora do jantar, mas não exatamente. Fofoquei com Nessa. Um novo plano está se pondo de pé, de trazer Liz para trabalhar para ela como cozinheira. Trissie está de saída – & nunca mais voltará para o serviço. É um daqueles casos de transição: a criada que ainda não se transformou em dama, mas já deixou a época da criadagem para trás. Karin & A. foram a Brighton ver um especialista de ouvido para ela.

Terça,
3 de setembro

Pernel [Strachey] veio no sábado; & sua vinda deveria ter coincidido exatamente com a partida dos Stephen; mas houve um empecilho; pois o cabriolé se recusou a levá-los, de modo que desfrutamos de mais uma refeição com Karin. Lamento dizer, no entanto, que ou os protestos da natureza ou os nossos, mudos, diminuíram o seu apetite, de maneira que ela deixou de ser uma atração para as visitas. Declarou que desejava ser levada a Charleston na bicicleta de Adrian; o que, considerando sua baixa estatura, sua largura & as pernas grandes como colunas, resultou numa cena cômica, & essa deve ter sido a opinião de Adrian, pois ele a dissuadiu de montar na bicicleta antes que eles estivessem no final da trilha da entrada. Creio que a melhor maneira de resumir a impressão sobre Pernel é citando nossa exclamação simultânea ao nos deitarmos na noite de sábado: "Que alívio conversar com um ser humano!". Parte desse alívio, claro, se deve ao fato de ela ter ouvidos bons; mas além disso ela é sutil, cheia de gradações, com belos tons de compreensão & percepção, algo que não é de todo, no fim das contas, mérito dos ouvidos. Suponho que se Karin pudesse servir de testemunha a seu próprio favor, apontaria uma certa fraqueza, um certo alheamento, um certo pedantismo em Pernel; talvez ela realmente enxergue a vida com lentes coloridas, mas seus olhos são bons, & ela é sensata demais, bem-humorada demais & indolente demais para ter assumido a forma de professora, ou na verdade para acreditar com tamanha fé em Newham, na educação ou em qualquer coisa que não livros & ideias & poesia & coisas do tipo.

Pessoa menos ambiciosa não há; porém ela não tem o enfado & a insipidez que costumam existir nessas solteironas abnegadas que apagam a si mesmas. Sobre o que conversamos? Em parte sobre Hope Mirrlees, a quem pedi que nos escrevesse um conto; & Jane, & Lady Strachey, & sobre escrever romances, & comida. Noite passada L. leu os poemas de Hardy em voz alta. Na noite anterior falamos sobre complexos. Por acaso, ela tinha ido a uma palestra sobre o pulgão da batata. Não deveria me surpreender ao descobrir que ela sabe tudo sobre turbinas e abelhas: tudo que é possível aprender pelos livros, claro. Falta-lhe a ambição, & talvez o poder, de lidar com as coisas em si. Aqui mais uma vez Karin tem um argumento que se deve considerar. Imagino que ela tenha feito muito mais coisas do que Pernel. Ventou muito, mas mesmo assim os cogumelos apareceram de novo. Ela não pôde vê-los; mas desconfio que devaneou, mais do que olhou ao redor. Sempre vem para cá com dois livros de um xelim de capas berrantes, um para ler na ida, o outro na volta. No fim de semana sempre lê um clássico & uma biografia sem pé nem cabeça, como a de Lady Jeune. Acho, entretanto, que à sua maneira quieta & sonhadora ela seja teimosamente metódica & um tanto militar em relação a si mesma.

"Nada jamais faria com que eu me casasse", disse ela, com a mais absoluta das convicções. De fato, imagino que sua vida de solteira, com diversas amigas mulheres, & uma enorme quantidade de livros, & palestras para preparar sobre literatura francesa, lhe caia perfeitamente bem.

Isso foi escrito na volta da grande viagem a Brighton que nos demos de presente. Tudo deu certo. Pela luz em nossas persianas, L. previu um dia chuvoso, mas ao abri-las encontramos uma manhã de setembro perfeita. O sol é mais tênue, mas muito distinto, & o ar cintilava, agora que agosto ficou para trás. As cores começam a se abrilhantar nas árvores, também. As sombras parecem mais leves & pálidas. Ninguém seria capaz de confundir o dia 3 de setembro com o dia 31 de agosto. Um presente perfeito precisa incluir uma visita aos sebos. (Comprei a biografia do coronel Hutchinson); doces (encontramos chocolate em quantidades ilimitadas); almoço no Mutton's; a banda no píer; algumas figuras humanas grotescas; chá no Booth's; pãezinhos na Cowley's; um passeio pelas lojas cheias de tentações, às quais resistimos, na maioria das vezes; nossa corrupção na papelaria; & depois a volta para cá, onde encontramos as colinas & esta casa mais adoráveis do que nunca. Tudo isso fizemos; & tínhamos além disso uma sensação de leveza, por causa das cidades conquistadas na França. Queant & Leans foram tomadas, conforme lemos na vitrine de uma loja. Será possível não ver as cortinas sendo erguidas, muito de leve, & certa promessa de um mundo repleto de comida & tudo o mais? Não pude deixar de pensar que ver um cavalheiro inglês passeando pelo campo após a colheita atrás de perdizes, com seus filhos & seu cão de caça, era um presságio de dias melhores.

Domingo, 8 de setembro

Enfim, hoje sou a esposa de um editor. Leonard recebeu uma carta de Bonwick avisando que ele deve publicar o primeiro número em janeiro. Quer saber que tipo de equipe & de escritório L. irá solicitar. Eu acho que é um grande triunfo ter driblado todos os cardumes de MacDonald, sindicatos, Rowntrees, Bonwick & o resto. A ideia é muito divertida & estimulante, além disso. Gosto de pensar em escritórios imaginários, com folhas de papel para anotação, &

garotinhos fardados, & eu subindo a escada para tomar uma xícara de chá, & observando a Strand pela janela. Talvez haja uma cama improvisada num canto. E depois Miss Matthaei em sua salinha, & enormes provas de revisão; estrangeiros distintos de visita; telegramas de capitais distantes; importância & glória em geral; tudo um êxito sólido & incrementado; sim, uma excelente perspectiva mesmo do seu lado pitoresco, que, confesso, é o mais perceptível para mim. Ao mesmo tempo recebemos uma carta de Hoper oferecendo-nos um contrato anual de Asheham, para a eventualidade de ele um dia precisar da casa – mas hoje não há chance de isso acontecer. Nós nos sentimos razoavelmente seguros mais uma vez. Ka, diz outra carta, vai se casar amanhã às 11h. Impossível não ler na carta uma espécie de ênfase dos méritos de Will & do amor que ela sente por ele. Apesar disso, confesso que quando penso nela eu a vejo como uma pessoa muito mais redonda, simpática & completa do que quando estava solteira. Suponho que eu tenha me acostumado a vê-la como alguém fiel, solitário & isolado até o fim dos tempos; gosto demais da felicidade para ser muito exigente em relação ao marido. O que aconteceu nessa última semana – depois do sucesso soberbo em Brighton? Antes de mais nada, o tempo anda tão tremendamente generoso, oferecendo após um véu de neblina matinal um tal presente de sol & de nuvens de alabastro firmemente dispostas contra o azul, que até mesmo pessoas como – devo dizer Melian Stawell? – devem ter se sentido joviais & livres & desobrigadas das altas moralidades. Ou estarão elas sempre preocupadas em como compartilhar a luz do sol? Eu me lembro de deitar na encosta de um vale, esperando L. para irmos apanhar cogumelos, & de ver uma lebre ruiva saltitando, subindo o aclive, & pensar de repente, "Isto é a vida da Terra". Tive a impressão de ter percebido como tudo aquilo era terreno, & de que eu era uma espécie de lebre evoluída; como se vista por um visitante da Lua. Uma boa vida, esta, em momentos assim; mas não consigo recapturar a estranha impressão que eu tive de que aquilo era a vida terrestre vista da Lua. Ontem o pobre Bunny veio passar a noite & trouxe 8 favos de mel, pelos quais cobra 2/6 cada. Como fomos roubados em Brighton! 3/– por uma mistura de leite & sacarina. Coitado do Bunny! É como se ele estivesse coberto de terra, duro como um torrão; quase se pode ver as azedinhas & urtigas brotando da sua mente; suas frases rangem, com ferrugem. Só consegue pôr as mãos nas palavras mais simples. Suponho que seu vocabulário hoje seja menor que o de Mrs. Attfeld & igual o de Fred. Porém, por gentileza, nós o confortamos; & devo confessar que durante 20 horas nos saímos muito bem. Queríamos saber coisas sobre cogumelos, & em matéria de fungos ele é uma autoridade; inclusive descobriu pela primeira vez um dos menores. Além disso, pôde nos trazer notícias do sindicato dos trabalhadores rurais, que vem sendo organizado meio que em segredo, até mesmo entre os nossos Freds & Wills. Ele tem uma humanidade que não é teórica, embora insista em quebrar a cabeça com possíveis partidos trabalhistas. Conversa com os prisioneiros alemães, que são sociais-democratas, só foram combater porque seriam fuzilados caso se recusassem, & consideram a guerra toda uma artimanha da aristocracia. Bunny anseia por um futuro democrático. Sacrifiquei metade da minha manhã para sentar com ele & costurar a bainha dos lenços. Como exemplo de suas absurdidades broncas, das quais não há como não gostar, descreveu para mim uma cena de Hope Mirrlees em Paris. Estava possesso – a criatura é uma amiga entusiasmadíssima – porque corria o boato de que o romance de Lawrence tinha sido queimado. Hope estava hospedada no mesmo hotel. Explodiu com ela, sobre a iniquidade de se queimar livros. Nunca tinham se visto antes. O jeito de pensar dela era tão parecido com o dele que ele exclamou, "Sua querida!" – & ela se sentiu ofendida... embora, conforme ele explicou, ele estivesse do outro lado do quarto, & tenha usado a palavra "querida" com outro sentido. Suponho que ele nunca teve um vocabulário rico. Enfim, Hope insinuou que ele deveria estar no exército. Bunny não conseguia ver nada de errado em chamar uma mulher jovem de "sua querida"![85]

"Virginia", disse ele, com intimidade, "quero te pedir para me dar uma foto de... Alix." Ele tinha uma foto em mente, que fui obrigada a dar a ele, para ele olhar & meditar, imagino, horas a fio, à sua maneira meio sentimental, simples & bondosa, enquanto ara os campos de Mr. Hext com o trator. Mas eu estava interessada na sua história da tentativa de resgate de Sovercar, um indiano. Bunny parecia o herói viril, sério, & romântico de um romance de Meredith.

Terça,
10 de setembro

Passei os primeiros cinco minutos com este livro à minha frente tentando apanhar duas moscas afogadas no meu tinteiro com a ponta da caneta; mas começo a perceber que essa é uma daquelas empreitadas que são um tanto impossíveis – absolutamente impossíveis. Nem Darwin nem Platão poderiam fazê-lo com a ponta da minha caneta. E agora as moscas aumentam em quantidade & se dissolvem – hoje foram três. Em Asheham naturalmente penso em Darwin & Platão; mas nisto não sou a única. Meu esnobismo intelectual foi repreendido esta manhã ao saber por Janet que ela está lendo *Don Quixote* & *Paraíso Perdido*, & sua irmã, Lucrécio à noite. Pensei que ninguém em Sussex estivesse lendo *Paraíso Perdido* em Sussex neste momento. Janet sustenta o típico ponto de vista de que *Don Quixote* tem mais humor que Shakespeare. As grosserias de Shre, percebo, devem incomodá-la; provavelmente lida com elas de modo intelectual. Quando se trata de livros toda a geração dela usa a inteligência de modo metódico demais, indo atrás de significado em vez de se deixar levar pelo prazer, o que é mais ou menos o que faço, & portanto, por natureza, algo mais rico & melhor. Dizem que Margaret não anda muito bem. Tendo a ser dura em relação às doenças dos idosos & às de Margaret especificamente, para meu malefício um dia desses. Na minha opinião, ela parece habitar uma atmosfera em que os pés frios são mais importantes do que a bronquite em outros lugares – parte do romantismo da vida, tal como a comida é para Karin & resenhar livros é para mim. E depois, que eco mais atencioso & solícito fazem Lilian & Janet! Margaret domina, & elas, por sentirem prazer no altruísmo, enchem-na de compaixão & de certa maneira criam uma escala de saúde diferente para M. da que vale para o resto do mundo – mas isso é meio fantasioso, & vem em parte do fato de que, se eu fosse gentil, escreveria uma carta comprida, afetuosa & divertida para M. O que me impede de fazer isso é o meu preconceito contra a condescendência para com os velhos. Não quero que me tratem com condescendência, nem quero tratar os outros assim; & sinto que o tipo de carta que se escreve nessas ocasiões é um gesto de bondade, & portanto não deveria ser recebida nem enviada. Inevitavelmente, o trabalhador social aborda o trabalhador não social tencionando receber o que esse último possa lhe dar, & de certa maneira depreciando-o, ainda que ligeiramente, pois este não passa de alguém que proporciona entretenimento. O tédio é o reino legítimo do filantropo. Ambos dominam a metrópole.

Embora eu não seja a única em Sussex que lê Milton, gostaria de anotar minhas impressões sobre *Paraíso Perdido*, já que estou nisso. Impressões define muito bem o tipo de coisa que ficou no meu espírito. Muitas das charadas não consegui desvendar. Deixei-me levar por ele com facilidade demais para sentir o seu sabor pleno. Porém percebo, & concordo até certo ponto, que esse sabor pleno é a recompensa da mais alta das erudições. Fico impressionada com a diferença extrema entre esse poema & qualquer outro. A diferença reside, acho, no sublime alheamento & impessoalidade das emoções. Nunca li o sofá de Cowper, mas imagino que o sofá seja um substituto degradado de *Paraíso Perdido*. A substância de Milton é toda feita de descrições belas, maravilhosas & magistrais de corpos, batalhas, voos & moradias de anjos. Ele lida com o horror, a imensidão, o imundo & o sublime, mas jamais com as paixões do coração humano. Terá algum outro grande poema lançado tão pouca luz sobre as nossas alegrias & sofrimentos? Não oferece nenhuma ajuda para julgar a vida; quase sinto que Milton não viveu nem conheceu os homens & as mulheres; a não ser quando faz comentários ranzinzas sobre o casamento & os deveres das mulheres. Foi o primeiro machista; mas suas injúrias nascem da sua própria falta de sorte, & parecem até ser uma última palavra despeitada, por causa de suas brigas domésticas. Mas como tudo é suave, forte & elaborado! Que poesia! Consigo entender que até Shakespeare depois disso pode parecer meio problemático, pessoal, intempestivo & imperfeito. Consigo entender que esta é a essência, enquanto quase todas as demais poesias são a sua diluição. Só a fineza inexpressível do estilo, em que se percebem todas as tonalidades, já seria suficiente para nos manter embasbacados, muito tempo depois de terminado o processo superficial da leitura. Lá no mais fundo, captamos ainda mais combinações, rejeições, inspirações & maestrias. Além disso, ainda que não haja nada parecido com o terror de Lady Macbeth ou o brado de Hamlet, nenhuma piedade, compreensão ou intuição, as figuras são majestosas; nelas se condensa muito do que os homens pensavam sobre nosso lugar no universo, nosso dever para com Deus, nossa religião.

Quarta, 18 de setembro

Deixei o primeiro frescor dos Webb apagar-se do meu espelho; mas deixe-me refletir sobre outra metáfora que eles impuseram sobre mim, lá para o fim do domingo. Eu estava exaltada sobre uma vastidão de mar cinza pálido, quase sem ondas, & recortado pelas sombras mais escuras de pequenas irregularidades, as pequenas ondulações que representavam o caráter & a vida, o amor & o gênio & a felicidade. Mas "eu" não estava exaltada; "eu" praticamente não existia. Isso resultou de uma conversa com Mrs. Webb. Na verdade, eles merecem um tratamento mais cuidadoso. Mas como capturar o curioso incômodo na alma que Mrs. Webb provoca em mim a cada vez que a revejo? Nos intervalos uma pessoa se esquece disso; porém num segundo tudo volta mais uma vez. Há nela qualquer coisa absolutamente sem adornos & impessoal. Faz com que uma pessoa se sinta insignificante, & meio descompassada. Ela reprime a simpatia ou a pessoalidade. Não apreci a individualidade de alguém. De certo modo adivinha as inclinações naturais de uma pessoa & as ilumina com sua lanterna a pilhas. Foi um dia de chuva torrencial, o sábado; não estava um dia para genialidades. Webb porém ainda tem certa carapuça para despir; já ela é desnuda como um osso. Nós nos sentamos para tomar o chá, sem George Young. Eles comem com rapidez & eficiência & me deixam com pedaços de bolo nas mãos. Depois do chá logo ficamos sem assunto, & comecei a me sentir nervosa, com medo de que nossos armários ficassem vazios. Então apareceu G. Young, depois de ter, como todos os Young, ficado satisfeito com sua luta contra a chuva & a distância. Gostou da caminhada, disse ele. Enquanto ele se trocava, Mrs. Webb rapidamente me explicou por que motivo ela dizia jamais ter conhecido um grande homem, ou uma grande mulher. Quando muito, disse ela, possuíam uma ou outra qualidade admirável, mas no geral não havia grandeza. Shakespeare ela não apreciava, porque uma irmã sua, que era uma tola, sempre o citava para ela de forma errada quando ela era criança. Goethe teoricamente podia ter sido um grande homem. Então, depois de encerrado esse assunto, desceram L. & G. Young, & todos eles saltaram sobre algum objeto de interesse que flutuava muito, muito longe da minha capacidade de visão. Acho que tinha a ver com as eleições gerais & as opiniões dos soldados rasos. Young chegou cheio de fatos, mas acredito que não resistiriam a uma investigação mais profunda. Ele é um homem lento, rígido, bondoso, com o mesmo romantismo de Hilton, porém sem a inteligência de Hilton; & por seguir seus ideais deixou o serviço diplomático & é hoje um fuzileiro naval em Portsmouth. Depois do jantar Mrs. Webb mergulhou de uma discussão animada para um ronco indisfarçado. Então foi a vez de Sidney. Achei que ele falava um pouco depressa demais para esconder os roncos, mas basta lhe fazer uma única pergunta para ele engatar uma série de informações até você não aguentar mais. Esboçou seu conceito de autoridade supranacional, & o futuro das letras de câmbio. O trabalho do governo aumentará muitíssimo no futuro. Perguntei se um dia eu ganharia um pedaço da torta. "Ah sim, você terá um pequeno cargo, sem dúvida. Minha esposa & eu sempre dizemos que um guarda ferroviário é o mais invejável dos homens. Tem autoridade, & responde a um governo. Assim deveria ser com todos nós."

E então conversamos sobre o plano de L., um estado concebido de tal maneira que toda pessoa tivesse de produzir trabalho. Aqui houve uma longa discussão sobre a distância crescente entre os homens de diferentes posições sociais & profissões, Young afirmando que ela existe, os Webb a negando. Fiz (ao relatar conversas, as frases que dizemos se destacam como faróis) uma das minhas perguntas mais frutíferas, a saber: o quanto é fácil mudar de posição social? Isso trouxe uma chuva de informações, mas digamos que as chuvas dos Webb são de água com gás. Jamais afundam ou saciam ninguém. Webb nos contou quantas bolsas de estudo eram concedidas em Londres a cada ano, & também relatou sobre o sistema educacional de E. Sussex, que, por pior que seja, ainda é um pouco melhor que o de W. Sussex. "Eu mesmo", disse ele, "nasci cedo demais para desfrutar da educação secundária. Meus pais eram comerciantes de baixa classe média, possuídos, como tantos de seu meio, pela determinação cega de educar de alguma maneira os filhos, mas sem a menor noção de como fazer isso. Deram com o plano de enviar a mim & a meu irmão para estudar na França & na Alemanha; de modo que pelo menos aprendemos francês & alemão. Ainda consigo ler nessas línguas, mas raramente o faço." Nossa conversa deve ter girado bastante em torno da educação, porque lembro que Mrs. Webb acordou sobressaltada & começou a argumentar que os alemães tinham "virado para o lado errado", & corrigiu Young em alguma questão relativa à divisão entre caráter & intelecto. Ele teve a simplicidade de separar os dois & preferir o que era incapaz de definir. Ela o atacou sem parar com sua espada, mas ele resistiu. No dia seguinte, que supostamente começou às 5h30 para os W., hora em que começam a tomar chá no quarto, tive de me retirar para lutar contra uma resenha muito obstinada de *Joan & Peter*, de Wells. Minhas ideias ficaram rígidas graças ao som dos passos de Mrs. W. caminhando para lá & para cá no terraço & ao som da sua voz um tanto alta & zombeteira, discursando para L. enquanto aguardava ou a chegada de W. ou que a chuva parasse. Eles caminharam pelas colinas até a hora do almoço. Devo agora saltar uma boa parte da conversa; & vamos imaginar que Sidney & Beatrice & eu estamos sentados à beira da estrada contemplando Telscombe, fumando cigarros, sob o sol forte, enquanto o Silver Queen patrulha lentamente acima de Newhaven. As colinas estavam em sua melhor forma, levando Mrs. W. a uma digressão sobre a beleza da paisagem, & recordações da Índia, às quais ela recorre quando está deitada na cama sem conseguir dormir, saboreando mais a lembrança do que a realidade. Sidney, percebe-se, não tem absolutamente nenhum órgão da visão, & não deseja ter. Mrs. W. tem um compartimento só para a natureza. Então, enquanto ela narrava rapidamente suas viagens & impressões, que não guardavam nenhum respeito pelo domínio britânico, começamos a voltar para casa. Eu os vi por detrás, um casal desmazelado, simples, desajeitado, caminhando com o passo incerto de quando as forças começam a falhar, ela segurando o braço dele & parecendo bem mais velha que ele, em sua angulosidade. Pareciam aquelas fotos de turistas ingleses nos jornais franceses, faltando apenas os óculos & Baedekers [guias turísticos] para completar o quadro. Suas roupas pareciam empoeiradas, & os olhos pareciam inspecionar o que estava à frente. As poucas palavras que eu disse a respeito de mim mesma vieram, como eu sabia que viriam, quando Mrs. W. se juntou a mim ao passar pela igreja de Southease. Ela me perguntou do meu romance & lhe forneci um enredo cuidadosamente preparado. Eu desejava, ou ao menos foi o que eu disse, descobrir quais aspirações motivam as pessoas a seguir adiante, & se são ilusões ou não. Ela prontamente respondeu: "Duas aspirações dominaram minha vida; uma é a paixão pela investigação científica; a outra a paixão por produzir um determinado estado de bem-estar social por meio dessas investigações". Não sei como, ela se pôs a me advertir contra desperdiçar energia em amizades sentimentais. Só se deve ter um grande relacionamento íntimo na vida, disse ela; ou no máximo dois: o casamento & a parentalidade. O casamento era necessário porque é um canalizador de emoções & uma segurança na velhice, quando somem os atrativos pessoais, além de ser uma ajuda para se trabalhar. Estávamos tentando passar pelas grades da passagem de nível quando ela comentou: "Sim, uma velha criada de família também serviria". Na subida do morro ela declarou sua opinião de que devemos desejar o bem do mundo inteiro, sem discriminar ninguém. Segundo ela, as diferenças não são grandes; os defeitos não variam; devemos cultivar a impessoalidade acima de tudo. Na velhice as pessoas se tornam irrisórias, disse ela; especula-se principalmente sobre a possibilidade, ou impossibilidade, de uma vida futura. Essa visão sombria das coisas me deprimia cada vez mais; em parte, imagino, porque eu tinha uma noção egoísta da minha própria irrelevância na perspectiva dela. E então terminamos com leves fofocas políticas & um capítulo de reminiscências, que foi dividido em partes iguais por Mr. & Mrs. Webb. & depois, cama; & para meu horror, lá veio Mrs. Webb de manhã cedo no dia seguinte para se despedir, & acomodou toda a sua longa impessoalidade na beirada da minha cama, olhando para minhas gavetas de meias & urinol. Isso levou tanto tempo para escrever que agora chegamos na <u>Segunda, 23 de setembro</u>, & tantas coisas se acumularam que mal consigo continuar o resumo magistral dos Webb que eu queria fazer. Queria especificamente me demorar na visão meio crítica, meio humorada & cínica que se intromete quando se descreve os Webb. Tinha a intenção de apontar as boas qualidades que surgem de hábitos intelectuais tão bem-cuidados & ativos; o quanto eles se provaram cabeça aberta; o quanto eram completamente, consistentemente <u>sensatos</u>. Isso, eu acho, merece ser sublinhado. O bom senso me parece ser a característica invariável deles. Como foram sensatos em não fazer drama com uma despedida ou um Collins;[86] & com que sensatez abordam cada questão, seja ela criados ou política, colocando sua inteligência a serviço das pessoas sem a menor ostentação ou leviandade. Seu horizonte é completamente claro, exceto Mrs. Webb, que, como disse o vidente, tem uma nuvem de poeira em volta do seu horizonte; não têm ilusões; olham o panorama completo, que lhes é surpreendentemente claro, de maneira estoica, tanto pela raça humana quanto por si mesmos como indivíduos. Sidney é o mais acolhedor & humano dos dois, & se poderia até mesmo cometer a impropriedade de gostar pessoalmente dele, o que é quase impossível de fazer no caso de Mrs. Webb. Com que estoicismo, & seu eterno sorrisinho, ele comentou que os dois agora têm sessenta anos, & portanto podem esperar um derrame nos próximos cinco anos; mas que se ele pudesse acertar as coisas com o mensageiro divino, insistiria em morrer exatamente no mesmo instante que "minha esposa". Por direito Lottie deveria ter um capítulo inteiro só para si a esta altura; mas passar por essas coisas já é desagradável o suficiente sem ter de revivê-las aqui. Nesse momento, graças ao que ela ouviu L. me dizer antes do café da manhã, não tenho certeza se ainda temos duas criadas ou não, & para falar a verdade, isso para mim é completamente indiferente, tamanho é o alívio de ficar sem as duas por quinze dias. Considerando a desimportância delas, deviam ser comparadas a moscas no olho, pelo desconforto que são capazes de causar, apesar de tão pequenas. Mas vamos mudar de assunto. Fui a Charleston na terça passada & Quentin me mostrou suas conchas; sentei com Nessa & falei de todos os meus sofrimentos, que ela mais que consegue entender; & então Clive & Mary chegaram de carro para o chá – quantos pacotes & malas, os deles; & realmente Mary trouxe chocolates, bolos & doces em quantidade. Sinto vergonha em dizer que essa foi a minha principal impressão, mas fui embora logo em seguida, & eles prometeram passar uma noite aqui, de modo que deixei todas as minhas ideias & perguntas por dizer & por fazer. Ela estava, como sempre, muda como uma truta – digo truta por causa do seu vestido de bolinhas, & também porque, apesar de quieta, ela tem a compostura ágil de um peixe. Voltei a pé para casa arrastando a minha bicicleta, cujo pneu estava furado demais para que eu conseguisse montá-la. Bem, então o *Times* começou a derramar livros em cima de mim, & a certa altura fiquei reduzida a escrever minha resenha à tarde, & tampouco consigo descobrir qualquer motivo pelo qual o cérebro de alguém deva estar indisponível das 3h às 5h. Quando a garota do telégrafo chegou com um telegrama de Clive cancelando a vinda deles, devido a alguma doença de Mary, nós dois ficamos imensamente aliviados, & atirei minha caneta, como dizem; & tomei um enorme chá, & minha carga de escrita diminuiu enormemente. Quando preciso escrever uma resenha por ordem de um telegrama, & Mr. Geal precisa sair apressado no meio de uma chuva para apanhar um livro em Glynde, & chega & bate à janela por volta das 10h da noite para receber seu xelim & entregar o pacote, eu me sinto pressionada & importante & até mesmo um pouco empolgada. Surpreendentemente, valeu a pena ler o livro – Hudson. Então no sábado fomos a Lewes de trem & compramos um serrote de dois cabos, & peixe, & envelopes, & depois encontramos Gertler na estação & voltamos para cá.

Se nossas exclamações após a partida de nossas visitas são uma prova boa ou não, não sei, mas desta vez nós dois gritamos, "Meu Deus, que egoísta!". Falamos sobre Gertler para Gertler durante umas trinta horas; é como levar um microscópio ao próprio olho. Um montinho de terra se torna maravilhosamente distinto; todo o mundo ao redor cessa de existir. Mas ele é um jovem impetuoso, ainda que limitado, capaz & respeitável dentro dos seus limites; duro como uma bola de críquete; & tão apertadamente redondo & inchado nas beiradas quanto uma. Conversamos sobre... bem, o assunto sempre voltava a ser Gertler. "Tenho uma personalidade bastante peculiar... não sou como nenhum outro artista... meu quadro não teria esses espaços em branco... não vejo isso, porque no meu caso tenho um sentido que falta às outras pessoas... vi num instante o que ela jamais sonhara em ver..." & assim por diante. E se você se afasta um tantinho, ele observa cheio de ciúme, do seu próprio ponto de vista, & dá um jeito de enganar você para que volte ao assunto de novo. Acumula uma vaidade insaciável. Suspeito que na verdade ele se sinta muito ansioso em ser bem visto por pessoas como nós, & gostaria imensamente de que Duncan, Vanessa & Roger tivessem uma boa opinião a seu respeito. Seus êxitos foram medíocres até agora. Porém isso sinceramente foi franco demais, & como eu disse, ele tem força & inteligência, &, percebe-se, irá pintar quadros bons & interessantes, embora tenha de acontecer alguma ruptura em seu cérebro antes que ele se torne um pintor.

Quarta,
2 de outubro

Não, não posso escrever a Margaret Davies. Gastei com ela o primeiro fluxo de ideias depois do chá... É fatal não escrever aquilo que se deseja escrever no momento em que se deseja escrevê-lo. Jamais impeça um processo natural. Eu tinha tanto a dizer aqui também. Em primeiro lugar, que o tempo mudou, & estamos à beira do inverno. Atrasamos nossos relógios no domingo à noite; simultaneamente vesti roupas grossas; o sol perdeu metade de seu calor, as noites se tornaram congelantes; começamos a queimar lenha antes do chá; a jantar com o candeeiro; & a tremer de frio sem casacos de pele nas nossas camas.

Mas o impulso de unir & dar forma & sequência à minha cabeça cheia de ideias pereceu na carta frustrada a Margaret Davies.

Segunda, 7 de outubro

Eu me arrependo infinitamente do meu impulso generoso de escrever uma carta descrevendo os Webb para Margaret; naquela noite minha cabeça estava cheia de ideias; & Asheham merecia uma despedida mais rica do que a que sou capaz de lhe dar, perturbada que estou pela [?] de voltar para casa, & um tanto agitada pela questão das criadas, que devo enfrentar amanhã. Sinto-me inclinada a me demorar sobre o calor & a beleza desta sala. Comprei outro frasco de vidro por 2/–. Essas coisas vêm em primeiro plano. Em parte é por causa delas, & em parte por causa da umidade de Harmsworth[87] que não escrevo em primeiro lugar & com destaque sobre a oferta de paz da Alemanha. Certamente isso fez nossos corações saltarem em Asheham esta manhã. Mas, como o *Times* insiste em minimizá-la, não resta muita empolgação. Voltamos por East Grinstead para evitar as multidões, uma longa viagem portanto, parando em todos os lugares mais tediosos de Sussex – entre eles West Hoathly. Almoçamos em Valcheras, & ali olhamos para o poço mais baixo da natureza humana; vimos carne ainda sem a forma da humanidade... se é o ato de comer & beber o que degrada, ou se as pessoas que almoçam em restaurantes são naturalmente degradadas, não sei, mas com certeza é quase impossível encarar a própria humanidade depois disso.

Sábado, 12 de outubro

A primeira semana em Londres é sempre uma das mais ricas; & as semanas ricas sempre tendem a passar sem registro. Tenho um aniversário a comemorar, além disso; este diário está fazendo um ano,

& olhando em retrospecto vejo com que exatidão repetimos as mesmas coisas. Por exemplo, esta semana fomos comprar um sobretudo para L.; no ano passado compramos botas. Mais uma vez a questão de uma festa; mais uma vez o que eu posso chamar eufemisticamente de "discussão". Nessa estava em Londres também; & jantei com ela & Clive, só que desta vez também estava Duncan, & jantamos em Gordon Square. Mas a reunião com Lord Grey não tem contraparte no ano passado; nem eu poderia ter escrito naquela época, como posso agora, que amanhã o jornal matutino poderá estampar a notícia do armistício. Provavelmente a guerra já terá acabado a essa mesma altura na semana que vem. Tudo o que fizemos esta semana foi com esse extraordinário pano de fundo de esperança; uma versão tremendamente maior da sensação que eu me recordo de ter, quando criança, com a proximidade do Natal. Os jornais de Northcliffe fazem o que podem para insistir em como a guerra é indispensável & um deleite. Aumentam nossas vitórias para nos fazer salivar por mais; gritam de alegria quando os alemães afundam o correio irlandês; mas também mostram alguns sinais de apreensão quanto aos termos de Wilson serem aceitos. L. acaba de voltar de Staines com um jornal que diz, com tristeza evidente, que segundo boatos a Alemanha concorda com a evacuação. Não será permitido a ela, é claro, estabelecer nenhuma condição, acrescentam. Enquanto isso, Philip está no meio do combate, & o filho de Maurice Davies foi morto. A reunião de Grey foi tão impressionante quanto uma reunião pode ser, o que não quer dizer grande coisa, claro; mas é o mesmo que dizer que Grey me pareceu um escudeiro inglês sólido, direto, curiosamente parecido com tio Herbert, mas aumentado em aparência, & com o mesmo tipo de honra visível & de sagacidade que sentimos, em certa medida, num homem como Waller [Jack Hills]. Não disse nada além do que já lemos & concordamos em relação a uma Liga das Nações, mas o disse de forma simples, & o fato de um "grande estadista" exibir bom senso & humanidade em vez de alguma fala bombástica produz em mim uma estranha sensação de espanto & humildade, como se no fim das contas a natureza humana tivesse algum valor. Não estendo, entretanto, a minha caridade para Lord Harcourt, que se sentou à nossa frente, nem a Mrs. Asquith & Elizabeth; eles não foram de modo nenhum admiráveis ou mesmo dignos de nota; mas é visível que Mrs. A. triunfou por ter uma vitalidade de chicote, que vibra como um violino, apesar de não possuir nem sinal (julgo a partir da minha visão do perfil dela) de qualquer coisa mais profunda ou interessante; & quanto à pobre descorada Elizabeth, parecia ter acabado de sair de trás do balcão da chapelaria de Marshall & Snelgrove. A plateia era enorme, & ao sairmos pessoas espalhavam o rumor de que o Kaiser havia abdicado.

Fui então para o meu jantar na Gordon Square, depois ao Coliseum com Nessa, onde tivemos de suportar um tempo interminável de Miss Clarice Mayne, & só depois vimos nosso balé – Sche – (não consigo nem escrever nem pronunciar isso), que não é um dos melhores, & depois de assistir lembrei-me de um melhor encenado em Covent Garden. Maynard, que agora tem a generosidade & em certa medida as maneiras de um príncipe oriental, havia alugado uma berlinda para Nessa – um coche infinitamente pequeno, antiquado, lento, puxado por um quadrúpede com todo o jeito de cavalo alugado.[88] Roger, Duncan, Maynard, Nessa & eu nos apertamos ali dentro & atravessamos Londres lentamente a passos pesados até o Chelsea. Não sei como, passamos por Ottoline, brilhantemente pintada, tão chamativa quanto uma meretriz, que apareceu por um instante entre os ônibus à luz do lampião de um arco; & depois reapareceu na sala de estar de [Edith] Sitwell. Eu tinha conhecido os dois irmãos Sitwell no dia anterior & sido convidada para a festa. Naquela mesma manhã tinha saído uma resenha minha dos poemas de Edith Sitwell no *Times*. Estranho como grupos inteiros de pessoas inundam de repente a nossa vida. Esse grupo, ao qual pertencem Gertler & Mary H., me era desconhecido um ano atrás. Eu os inspecionei com uma calma considerável, quase inquietante. O que existe numa festa como esta para provocar empolgação ou briga, eu não sei; & me vi dizendo as coisas mais maternais do mundo para Gertler, que estava pela primeira vez de traje de noite, comprado do bêbado Mr. Dallas. De pé, comparamos nossas sensações. Edith Sitwell é uma moça altíssima, com uma expressão sempre assustada, curiosamente finalizada por um turbante alto de seda verde que escondia seus cabelos, de modo que não se sabe se ela possui algum. De resto, eu conhecia todas as outras pessoas, acho. Nina Hamnet, Mary H., Jack H., Ottoline, [John Tresidder] Sheppard, Norton, & assim por diante. Eu me vi discursando para Sheppard sobre Sófocles. Nunca antes o vira sério, nem por um momento.

"Não penso em mais nada além de peças gregas, disse ele, & pessoas... E não tenho certeza se não enxergo as pessoas como se estivessem numa peça grega." Gostei mais dele do que antes; ainda assim, creio que ele achou estranho ficar de pé discutindo Sófocles com seriedade; de modo que nos despedimos.

Minha maestria absoluta das festas se demonstra pela indiferença com que sou abandonada, & a compostura com que decido a minha próxima escolha. Fiquei bastante impressionada com isso; & também com a calma com que olhei meu relógio & disse, preciso ir, & saí sozinha, & fui até Sloane Square, não empolgada, nem deprimida, mas contemplativa & introspectiva.

Terça,
15 de outubro

Não achei que teria de descrever tão cedo um encontro com um ministro – mas confesso que parecemos estar sendo arrastados, sem grande desejo de nossa parte, a um círculo onde uma hora ou outra surgem os homens públicos importantes. Isso se deve basicamente à revista [*International Review*]; mas a visita de Herbert Fisher não se deveu à revista; & sim obviamente a uma velha amizade de família. Eu estava sentada tomando o chá sozinha no domingo lendo o meu odioso jornal de um centavo (os alemães haviam concordado em evacuar tarde da noite no sábado), pois L. tinha ido a Sutton falar sobre nossas colônias & as criadas não estavam em casa, quando tocou a campainha & vi diversas figuras contra o vidro. Ao abrir a porta, de início eu fui realmente incapaz de recuperar a presença de espírito; lá estavam Olive & M. Heseltine & Herbert Fisher. Os H. se foram, & Herbert entrou, como eles haviam combinado antes. Será que eu estava nervosa ou orgulhosa, ou qualquer coisa que não interessada & ansiosa para saber dele as notícias? Acho que não senti nem um segundo de incômodo. Primeiro porque ele tinha perdido o ar de intelectual magro; as faces magras estão agora cheias; os olhos têm aquele ar pálido & gélido que os olhos azuis ganham com a idade; todo ele era muito silencioso, simples, & quando não estava falando, um tanto entristecido & conformado. O número de mortes na família talvez seja a causa;[89] mas é impossível não pensar que a vida londrina lhe arrancou fora a vontade de dizer o tempo todo coisas inteligentes a universitários. Seja como for, conversamos sem parar & sem dificuldades.

"Hoje ganhamos a guerra", ele disse, de pronto. "Vi Milner[90] esta manhã, & ele disse que até o Natal teremos paz. Os alemães já entenderam que não poderão impedir a retirada. O Estado-Maior enfrentou o fato, & eles tiveram a coragem considerável, na minha opinião, de admiti-lo. Claro que não podemos aceitar as condições atuais deles. Ora essa, continuariam tendo o maior poderio militar da Europa. Daqui a dez anos poderiam começar outra guerra. Mas agora a questão está nas mãos da França. Lloyd George vai a Paris na segunda; mas estão segurando as coisas até a evacuação da Alsácia-Lorena como garantia. Provavelmente exigiremos o desarmamento de certos regimentos também. Mas ganhamos a guerra."

Ele então me contou como havíamos ganhado a guerra, o que se deveu, segundo ele, ao fato de termos nos arriscado tremendamente em algum momento em julho & deixado a frente inglesa sem reservas, & recuado o exército para reforçar o ataque de Foch, que foi cronometrado com precisão francesa para 10 minutos antes do ataque dos alemães. Se tivesse dado errado, não haveria nada entre os alemães & os portos do Canal da Mancha. Agora existem boas perspectivas de uma derrota completa do exército alemão; Foch diz, "Ainda não travei a minha batalha". Apesar da atitude extremamente vingativa da nossa imprensa & da imprensa francesa, Herbert acreditava que iríamos impedir a batalha de Foch, em parte porque os alemães estarão dispostos a aceitar quaisquer condições para evitá-la. "Lloyd George me contou várias & várias vezes que pretende ser generoso com os alemães. "Queremos uma Alemanha forte", diz ele. O Kaiser provavelmente deve cair. Ah, eu era um grande admirador dos alemães no início. Ali fui educado, & ali tenho muitos amigos, mas perdi a fé neles. A proporção de brutos é maior entre eles do que entre nós. Eles foram ensinados a serem brutais. Mas nada disso compensou. Cada um dos seus crimes deu errado. Ninguém seria capaz de enfrentar mais uma guerra. Ora, em 10 anos eles poderiam apagar Londres do mapa com seus aviões. Para nós, matar um alemão na batalha do Somme [1916] custou £1000; agora custa £3000. Mas é grande a proporção de homens que nunca foram feridos, ou que não viram nada de horrendo. Seeley me disse no outro dia que falou com milhares & milhares de soldados, & que todos eles queriam que as condições de vida da guerra continuassem, mas "sem essas malditas granadas". Teremos problemas quando eles retornarem. Vão achar suas antigas vidas monótonas demais. Vou educá-los, é verdade; mas não vai ser para tão logo... não no meu tempo. Em seguida pretendo reformar as universidades, & depois, para mim acabou. Não posso continuar no Parlamento sem um cargo. Muito provavelmente devo voltar a Oxford para lecionar." Assim conversávamos, quase como em um romance de Mrs. Humphry Ward. Tentei achar tudo aquilo extraordinário, mas achei difícil – extraordinário, quero dizer, estar em contato com alguém que estava no centro do centro das coisas, sentado num gabinetezinho na Downey St. onde, segundo ele, chegam mensagens de rádio de todas as partes do mundo, a um milhão de milhas por minuto; onde é preciso constantemente despachar assuntos de gigantesca dificuldade &

importância... onde o destino dos exércitos depende mais ou menos das decisões de dois ou três senhores de idade. Herbert acha que existem 2 ou 3 gênios no governo (L. George, Balfour & possivelmente Winston Churchill – ele os define como gênios pelo fato de fazerem tudo parecer diferente) & um sem-número de gente medíocre. As qualidades dele são, suponho, o equilíbrio, a visão de futuro & a erudição. A importância parece aplainar excentricidades superficiais; dar às pessoas uma aparência de simplicidade; são pessoas muito cordiais; mas de certa maneira deixam de ser espontâneas; carregam a mácula do mordomo da família. Mas isso tornou-se mais perceptível depois que L. chegou. A sós comigo, H. foi muito simpático & quieto; não deu a si mesmo ares de dignidade.

Sexta,
18 de outubro

É bastante óbvio, claro, que por algum motivo talvez não creditável a mim considero que as palavras de H.F. [Herbert Fisher] valem muitíssimo mais do que as de Ka, ou de Saxon, dois dos visitantes que jantaram aqui desde então. Minha teoria é que por algum motivo o espírito humano está sempre em busca do que concebe como o centro das coisas; às vezes se pode chamá-lo de realidade, ou verdade, ou vida – não sei que nome lhe dar; mas eu o visualizo distintamente como um bem que se encontra mais nas mãos de H.F. do que na de outras pessoas. No momento, ele faz todo o resto das atividades do mundo parecerem ramificações que se irradiam dele. Mas digo isso sem muita elaboração... A velha Ka, seja como for, não está no nó do meio da trama. Veio sozinha, pois Will tinha machucado o joelho; & por ele não estar aqui em carne & osso, não era possível rastrear o seu espírito. Ela não parecia mudada; mas creio que decididamente parecia mais feliz, & um pouco desafiadora quando se tratava de Will. Para ela, a pobre criaturinha gentil & fracote é ousada & estranha & o fato de ter aberto mão de seu patrimônio & se recusado a ir para Balliol é prova disso. De minha parte, desconfio dos rapazes que retornam à natureza nos Wiltshire Downs, pintam quadros unicamente do céu & querem mais do que qualquer coisa voar. Confesso, entretanto, que estou julgando a partir da minha antiga opinião sobre ele em Fitzroy Sqre. Saxon, assim acreditamos, encontrou consolo absoluto em Mrs. Stagg & num novo conjunto de dentes de ouro. Nunca o vimos tão animado, audaz & comunicativo. Já está falando da sua próxima visita a Beirute. Não tricotou o enxoval do filho de Barbara; & só demonstrou uma ligeira aspereza quando mencionamos Nick. Mas escrevo apressada, sem falar nada sobre o Albert Museum, nem de nossa suspensão sobre o que um dos jornais chama de "o precipício da paz", já que preciso ler um pouco sobre Voltaire antes de ir assistir a um concerto no Queen's Hall. A verdade é que não se sabe de nada muito definido sobre a paz. O segundo comunicado de Wilson foi dado na terça, em que ele usou o termo "quiçá"; até o momento, nada de resposta dos alemães. Mas a retirada deles continua; & a noite passada, bonita, sem nuvens, tranquila & enluarada, foi para mim a primeira dos tempos de paz, já que fomos para a cama com a razoável certeza de que nunca mais na vida precisaremos temer o luar.

Quarta,
23 de outubro

Fui ao concerto, & ouvi os fantasmas de coisas lindas, pois a substância não sei como escapou-me; em parte devido ao meu estado de espírito, em parte à vulgaridade costumeira de Wood [maestro]. Ainda assim, os fantasmas de duas obras de Bach (uma para um dueto de violinos) foram maravilhosamente belos. Edith Sichel, cuja alma inteira agora se abre para mim via suas cartas, me enche de determinação a não escrever descrições nem de imagens nem de música. Ela me leva a pensar que o golfo que atravessamos entre Kensington & Bloomsbury foi o golfo entre a falsidade mumificada & a vida crua & talvez impertinente, mas viva. O hálito de South Kensginton vive nas páginas dela – quase inteiramente, acredito, porque eles nunca mencionariam nem cópulas nem banheiros. Contudo, isso me leva ao nosso jantar com os MacCarthy, quando peguei emprestado esse livro. O livro guarda uma espécie de fascínio para mim. Vejo a exterioridade daquele mundo com tanta clareza, & tenho um tipo de prazer torpe em colocar aquelas figuras em ação – em enviá-las a bairros miseráveis, a Pops [concertos], à National Gallery, sempre repletas de pensamentos elevados, moralidade, bondade, & nunca enxergando nada além de High St. Kensington. Molly, graças a Bloomsbury, escapou do toque dos Ritchie. Seja como for, o livro dela está lhe dando um prazer maravilhoso, mas também dor. A cabeça dela, segundo Desmond, encolheu até ficar do tamanho de uma maçã; agora volta a inchar para o tamanho normal. Os dois estavam de ótimo humor – extraordinário, se consideramos que estavam na sua própria casa, & não havia vinho. Eles nos ofereceram uma carne excelente; D. tem certas esperanças de que se a Turquia fizer o acordo de paz ele seja liberado, & então irá se dedicar a vagar por aí & escrever artigos.

Quinta,
24 de outubro

A degradação das pontas das canetas de aço é tamanha que depois de me esforçar ao máximo para cortar & lixar uma delas para que fique no formato, sou obrigada a recorrer a uma Waterman [caneta-tinteiro], por mais profundamente que desconfie delas & desacredite na sua capacidade de transmitir os pensamentos mais nobres & profundos. Sim, hoje posso falar de mim mesma, com mais confiança, como uma pessoa nobre & profunda; posso disputar o Parlamento & assumir um cargo, & me tornar igualzinha a Herbert Fisher, talvez.[91] Para mim, o voto foi tão surpreendente quanto para um clérigo aposentado qualquer nos vales de Westmorland, que verá nisso as badaladas do funeral da liberdade & fará um sermão a respeito no domingo que vem. De modo que a grande dama em Stocks deve estar incomodada, embora eu seja maldosa o bastante para imaginar que se, por algum processo de seleção ela pudesse representar sozinha a Belgravia na Câmara dos Lordes, a mudança não pareceria tão devastadora assim. Imagine-a toda paramentada com calças pretas (assim a minha imaginação a enxerga) sentada na Conferência de Haia! O livro dela, dizem as críticas, enfatiza o fato de que seus romances foram vistos no passado apenas como bela literatura.[92]

Acabamos de voltar de Kingston – já que hoje é feriado, L. não vai a Londres & ainda não começamos a imprimir. McDermott em geral é invisível, & quando o apanhamos estava de saída – "de certa maneira também por seus interesses, se me permite dizer" – & atirou indiretas ameaçadoras quanto ao declínio de seus negócios, que ameaça nossas sete libras, ou assim imaginamos (mais uma vez voltamos à fluência & persuasão superiores do aço). Porém, depois de atravessarmos a pé o Bushy Park, & ouvirmos um veado emitindo sons guturais de modo bastante mal-humorado, com sua corça deitada ao seu lado, pegamos um bonde até Kingston & ali ouvimos os meninos jornaleiros gritando a mensagem do presidente, que compramos & devoramos no trem. O principal é que ele vai manter as negociações, embora o *Times* tenha vindo com uma enorme manchete esta manhã, "Nada de conversa". Ele diferencia, além disso, entre o povo alemão & o Kaiser; irá negociar o armistício com um, mas com o outro só a rendição total. Enfim, a questão agora está nas mãos da Inglaterra & da França; de modo que começa mais uma etapa nesse negócio enfadonho.

Intimamente, nossos espíritos tentam decidir a questão de ir ou não a Tidmarsh no domingo. Lytton mandou um telegrama ontem implorando que fôssemos, alegando "desolação extrema". As dificuldades são o aborrecimento de se mudar; trabalhos a fazer; Herbert [Woolf] & sua Freda, que vêm jantar aqui no domingo. Sim, Herbert foi aceito por uma certa Miss Freda Major – para além do fato de ser bastante ativa, quem ou o que ela é eu não sei.

Sábado, 26 de outubro

Aqui estou eu experimentando a mãe de todas as canetas – a J. preta, *a* caneta, como eu costumava achar quando era criança, junto com outros objetos, porque mamãe a usava; & portanto todas as demais canetas não passavam de variedades & excentricidades. O que tenho a registrar com ela é a alegre notícia de que mais uma vez estou numa fria – desta vez graças a Gertler, – Monty Shearman – Mary – Clive – Vanessa –, que caiu em cima de mim reclamando que eu quase a levei ao desastre. Minha consciência está limpa; mas começo a achar que as amizades mantidas em um clima desses são ácidas demais, instáveis demais, dolorosas demais. Escrevi a Charleston a esse respeito.[93] Se eu pudesse receber cartas de Mary & Clive eu me sentiria recompensada. L. foi a Tidmarsh, & escrevo para me aliviar da sensação que me toma, na ausência dele, de ser uma cidade sitiada. Passamos o dia em Londres ontem – não sei por quê, mas o encanto desses dias não é mais exatamente o que era. Estarei ficando blasé – estará o 17 Club tornando-se menos cativante? Fomos à exposição da Omega, encontramos Roger, fomos convidados a tomar chá em seu estúdio, falamos da mudança no estilo de Duncan, do enterro do pai dele [de Roger Fry], meio anglicano, meio quacre, da representação, da realidade, & por aí vai; Waley chegou quando estávamos de saída. Jantamos num restaurante muito abafado no Soho, onde servem uns seis quilos de comida por 2/3. De novo ao clube, onde Leonard fez seu discurso sobre o império austro-húngaro. Como sempre eu o achei não apenas muito claro, mas com o grau certo de paixão para ser interessante. A plateia, como acontece no 17 Club, parecia formada de curiosidades que as aberrações das feições tivessem empurrado rio acima e amontoado nos ermos da vida, onde moram numa semiobscuridade, só saindo de suas cabanas para cravar flechas nos flancos dos moradores elegantes das cidades. Se isso não fosse tão feio, poderia ser pitoresco. Ou será apenas que o corpo se ressinta de tanto uso do cérebro?

Segunda, 28 de outubro

L. encontrou Lytton com um dedo inchado & 2 ou 3 manchas na mão sentado à lareira, só se mexendo se estivesse envolvido numa toalha de mesa de seda, & com a mão também envolvida em lenços de seda, reclamando do frio, & descrevendo noites de agonia, quando uma dor parecida com uma dor de dente se apodera dele & se transforma em agonias malucas que só são aliviadas com morfina. Isso vem acontecendo há um mês, & Carrington já não sabe o que fazer, naturalmente. Qualquer coisa que se assemelhe à dor é intolerável para os Strachey, mas, descontando os exageros e os terrores dessa pobre criatura, ele já teve lá uma boa dose de horror, imagino, & o médico conversou em particular com Carrington para avisar que o herpes pode durar meses. Entretanto, daqui a um ou dois dias Lytton deve se mudar para a casa de Mary, para fugir de Londres por causa da gripe... (estamos, a propósito, no meio de uma peste sem precedentes, só comparável à Peste Negra, de acordo com o *Times*, que parece tremer só de pensar que ela pode atingir Lord Northcliffe & assim precipitar-nos a um acordo de paz.) Mas eu estou longe da paz. Há quinze dias Bloomsbury inteira reverbera com meus crimes; M.H. [Mary Hutchinson] foi transportada por Londres semidesmaiada dentro de táxis; apelaram para que Lytton viesse em seu socorro; Duncan Clive Vanessa... todos em agonia & desespero. Por que ninguém me acusou quando tudo isso aconteceu, eu não sei; minha teoria secreta é que Clive inspirou a carta de V. como precaução contra futuras indiscrições, dando ordens rígidas para que não mencionassem seu nome. O que me consola é ter denunciado o esquema de espionagem, & agora não consigo nem mesmo me sentir irritada. Tudo isso vem, eu acho, da maneira indiscreta como pessoas como M.H. aceitam posições que são incapazes de manter, & portanto, num estado eterno de sobressaltos & hesitações, mantêm todo mundo em desgosto. Declaro minhas intenções de manter distância desse grupo no futuro; & enquanto escrevo isso, o correio me traz uma carta de [T.S.] Eliot pedindo para nos visitar. Para minha grande surpresa, uma voz ao telefone no fim era a voz de Lady Mary Murray; convidando-nos para almoçar amanhã. Trocamos almoço por chá & fomos até More's Garden, um quarteirão de apartamentos no Embankment, onde depois de tocar a campainha por algum tempo, uma forte batida na porta foi atendida por Lady Mary em pessoa. L. tendeu a pensar que ela fosse uma criada desmazelada, mas cordial. Os Fisher William estavam lá. O chá é a menos natural das situações, & produz uma quantidade máxima de desconforto, eu acho. Além do mais, juntos os F.W. só tinham a inteligência de um coelho de porte moderado. Seja como for, o que pesou sobre mim foi a respeitabilidade, & não a ausência de intelecto. Há certos dias enevoados de cor parda no outono que me remetem ao clima dos Murray. O asseio de Gilbert era digno de nota; alguma enfermeira maravilhosa deve esfregá-lo com pedra-pomes todas as manhãs; ele é tão discreto, tão sensível, de tom tão moderado & gosto tão puro que quase não dá para entender como ele tem a audácia de gerar filhos. Ela é uma senhora idosa & magricela, extremamente nervosa, meio casual & muito aristocrática em suas maneiras elegantes, gentil, detalhista, & também refinada – Ah, sim, todos eles são refinados. Conversei com Gilbert primeiro sobre a nossa paixão por doces, depois sobre a paixão dos gregos pelo vinho, depois sobre a posição dele no governo. Ele, segundo conta, recusou diversas honrarias, mas foi repreendido por enviar a resenha de um livro sobre Jó para os Estados Unidos. Maldosamente, senti que sua simplicidade se devia a anos de adoração & adulação, & que o adequado a dizer é, "Como o querido Gilbert Murray é maravilhosamente simples!". Mas sua gentileza era desmesurada. Chegaram os Toynbee. Entabulei uma longa lengalenga com Arnold sobre o cargo dele & sua educação & assim por diante; acho que lhe meto medo; ou talvez não esteja acostumada com a maneira de Oxford, cuja suavidade & afabilidade me são estranhas. Sua visão é tão limitada que ele exibe um círculo rosado em torno dos olhos, como se fosse um aluno do secundário exaltado, pela sua dedicação, a assumir posições acima das dele. Sempre me sinto surpresa ao ver o quanto ele é bem-intencionado & até mesmo sincero apesar disso.

Para casa, & descobrimos que Freda Major estava abandonada na estação, de modo que L. teve de ir apanhá-la. Herbert chegou após um dia de trabalho; estivera fora desde as 6h da manhã & levou F. para casa, depois apanhou o último trem a Staines. Freda não passa de um cãozinho de colo recoberto de carne humana, porém retendo o comportamento bonitinho, lamuriante & um tanto rabugento de sua existência canina. Incentivou Herbert a falar com mais fluência & entusiasmo que de costume sobre a greve dos policiais & os automóveis da Ford.

Quarta, 30 de outubro

Acabo de voltar de uma caminhada no parque nesse dia de outono incrivelmente adorável. Em várias casas crescem frutinhas cor de laranja; as faias estão tão chamativas que tudo parece sem graça depois de olhar para elas. (Como odeio escrever logo após ler Mrs. H. Ward! – ela é uma enorme ameaça à saúde mental, tanto quanto a gripe é para o corpo.) Falamos de paz: de como os balões de observação serão içados para a terra, & moedas de ouro pingarão; & as pessoas logo se esquecerão da guerra, & os frutos da nossa vitória se tornarão tão empoeirados quanto os enfeites guardados em estojos de vidro nas salas de estar das casas de pensão. Com que frequência as boas pessoas de Richmond se alegrarão ao pensar que a liberdade foi conquistada para as boas pessoas de Potsdam? Posso acreditar, no entanto, que deveremos ficar mais arrogantes em relação a nossas próprias virtudes. O *Times* ainda fala na possibilidade de outra temporada, a fim de levar a guerra ao coração da Alemanha, & lá impingir respeito pela liberdade nos camponeses alemães. Acho que a improbabilidade de a pessoa comum ter sentimentos desse tipo é a única salvaguarda & garantia de que iremos nos acomodar mais uma vez – nem para o bem, nem para o mal. Passamos o dia em Londres ontem; que para mim terminou com conversas com Ka & James no clube, que está se renovando aparentemente. Ka deixou de ser uma burocrata graças à doença de Will; deixa cair o poder da mesma maneira que uma castanha a sua casca; mas permanece intocada por dentro. James acaba de voltar da Cornualha, onde pegou gripe. Alix está de volta também, sem ter pegado gripe & pronta, imagino, a começar sua campanha de outono, que Oliver aposta que ela irá ganhar. Eu observo aqui que comprei minha nova bateria na terça, 29 out.; até agora de um brilho extremo.

Domingo,
3 de novembro

Na noite de sexta fomos jantar com os Arnold Foster, em parte, confesso, para evitar a palestra de Mr. Seymour Cocks sobre os tratados secretos, pois pensei já saber de antemão tudo o que Mr. Seymour Cocks diria. Ka & Will moram logo depois da redação do *Spectator*, num pequeno semicírculo de casas afastadas da rua, mas que apesar disso são relativamente barulhentas. Era aqui que ele morava antes de se casar. Parecia estranhamente pequeno, cansado & pálido, como um rosto visto sob um lampião a gás, por causa da sua doença; & não mais jovem. Ele me lembra uma daquelas velhas senhoras que têm o cabelo loiro & as faces muito rosadas, mas que mesmo assim podemos dizer sua idade pela maneira como a carne está retesada ao longo do osso & enrugada em linhazinhas bem finas & delicadas. Sua postura & suas maneiras não o favorecem. Transmite a impressão de ser bastante inteligente, bastante irascível & ácido. Acho que tudo isso se deve em grande parte à sua voz ranzinza, & a seu corpinho magricela, que ele balança quando fica entusiasmado, & não é preciso muito para ele logo ser enfático. Também não gostei das decorações pálidas & ácidas da sala – as paredes cor de lavanda, a única rosa branca murchando junto a elas; nem do quadro sentimental & insignificante dos Downs pintado por ele. Parecia lhe faltar uma espécie de calor, de profundidade, de substância. Talvez nada disso tenha muita importância. Os princípios dele são os do marido moderno – liberdade & independência para a esposa, prazeres iguais. E os princípios também importam. Ka será feliz ao seu lado. Conversamos muito rapidamente. Acho que não gostaria do seu gosto literário; não gosto do seu modo de falar; nem do que ele admira; mas gostei de sua empolgação pelo jornal do Ministério da Guerra. Suspeito que ele tenha um espírito excitável, capaz, um tanto febril, que, por princípio, tenha se dedicado a pintar quadros; eu poderia apostar minha própria cabeça muito inteligente que ele jamais conseguirá pintar nenhum que seja bom.

No sábado tivemos uma de nossas tardes de Hampstead, L. foi ver Margaret, eu Janet. Tenho feito a mesma coisa tantas vezes. Encontrei-a naquela sala verde destemperada, com aqueles quadros feiosos. Como conheço bem o olhar benevolente do falecido Mr. Case quando jovem, desenhado pelo falecido Mr. Richmond em papel amarelo com as faces tingidas muito de leve, em escala maior que a natural, numa moldura dourada. Conheço as fotografias dos jovens soldados, & as silhuetas, & os livros de Janet, que parecem nunca ser lidos, & o dicionário de grego com o papel de fora. Tem também Diana, que demanda muita atenção, mas que agora é um caráter reformado. Emphie vaga, entrando & saindo da sala. Preparam o chá. Sou pressionada a comer um pouco mais de tudo. Perguntam sobre a manteiga & o carvão. Ontem Emphie quis me mostrar um novo tipo de removedor, que só se compra em Highgate. Mr. Marshall variou os procedimentos: um senhor de meia-idade bem conservado de Hampstead que proclamou seu desejo de dominar o mundo, & seu medo de que os Estados Unidos o dominem. Ali estava em carne e osso material para um editorial do *Times*. Mas ele era também um velho fofoqueiro tagarela; & ele & Emphie tinham notado tantas casas sem luz, novos moradores que eram quase desconhecidos, árvores que precisavam de poda, carros à espera de Mr. [John] Galsworthy, preparativos para a inauguração da YMCA, que escutar aquilo era como ler *Cranford*.[94] E então eles foram embora & Janet conversou comigo sobre literatura, & eu caí numa tristeza passageira. Ela disse que se escrevem muitos romances, mas que parece razoavelmente claro que nenhum deles é "imortal". Suponho que interpretei isso como uma referência aos meus próprios romances; &, realmente, ela me incentivou a escrever a biografia de Basil Williams. Mas imagino que o que mais me deprimiu não foi apenas a questão pessoal, & sim o cheiro de moralidade mofada. Nenhum de nós é bom o bastante – nem Lytton nem Forster nem ninguém; mas senti, para além dessa crítica razoavelmente inabalável, o efeito deprimente de conversar com alguém que parece desejar que toda a literatura vá para o púlpito, que transforme tudo em algo infinitamente valoroso, inabalável & respeitável. Fui levada a tentar definir minha própria busca específica – não da moralidade ou da beleza ou da realidade – não; mas da literatura em si; & isso deixou Janet um pouco ansiosa & insistente, como se, na teoria, ela tivesse deixado escapar alguma coisa. Onde eu encontraria a literatura? Como a explicaria? Concordamos acerca de determinada passagem de Sófocles, mas como ela logo veio com uma de *Lear*, creio que estávamos falando de coisas diferentes. E ela me pressionou para explicar o que eu queria dizer; & claro que nem cheguei perto, & por fim ela disse que achava que estava começando a entender o que eu queria dizer... depois de todos esses anos lendo os gregos! Sim, eu fiquei deprimida com a sua velhice, com qualquer coisa de instável nela, mas também me deprimi com sua crítica implícita a *A viagem*, & com a insinuação de que era melhor eu me dedicar a outra coisa que não ficção. Agora isso me parece tolice, & eu gostaria de inventar uma cura para isso, para tomar depois de tais encontros, que deverão acontecer todos os meses da vida de uma pessoa. É a maldição dos escritores desejarem tanto os elogios & serem tão diminuídos pela crítica ou pela indiferença. O único curso de ação sensato é lembrar que escrever é, no fim das contas, o que fazemos melhor; que qualquer outro tipo de trabalho me pareceria um desperdício de vida; que no geral obtenho um prazer infinito escrevendo; que ganho cem libras por ano; & que algumas pessoas gostam do que escrevo. Mas para Janet só o amor conta, & ela disse que seus amigos só conseguiram "se sair bem" na vida, não na arte.

Segunda,
4 de novembro

Já que voltei do clube & estou à espera de L. (que foi ver Mr. Hawkins do templo), melhor aliviar minha rabugice com caneta & tinta. Tenho uma caneta de ~~malaquita~~ vulcanite (?) que talvez possa servir para um mordedor de bebê. Não recebi nenhuma carta de Charleston, o que me leva a pensar que não querem me ver pintada de ouro, embora eu suspeite que Clive & Mary estejam se comunicando; & depois, é impossível não pensar que a frieza de Janet em relação às últimas páginas do meu romance ainda me deprime. Essa depressão, no entanto, agora assumiu a forma sadia da certeza absoluta de que nada do que eu faço importa, de modo que nos tornamos ao mesmo tempo satisfeitos & irresponsáveis... não sei se este não será um estado mais feliz do que o estado exaltado de quem acabou de receber elogios. Pelo menos não há o que temer, & o prazer absoluto de escrever parece singularmente genuíno. Prova-se tão genuíno que nenhuma quantidade de água gelada vinda de Hampstead poderia prejudicá-lo. Elogios? Fama? A boa opinião de Janet? Como são irrelevantes, todos eles! Não paro de pensar em maneiras diferentes de lidar com as minhas cenas, concebendo possibilidades infinitas, vendo a vida, ao caminhar pelas ruas, como um imenso bloco opaco de material que preciso transmutar em sua forma equivalente de linguagem. (É preciso cuidar do fogo aceso por Lottie como se fosse um gatinho moribundo – agora é meu fogo, pois o dela já morreu, claro, & levei 25 minutos para conseguir um fiapinho de chama por entre os carvões.) Nos intervalos, pensei bastante sobre o estado melancólico que chega com a proximidade da idade. Pela maneira como Janet recebeu certos comentários meus de que 60 anos era uma idade limite (para os Webb), sinto que enxerga a velhice como uma doença vergonhosa que, ao ser nomeada, faz uma pessoa se encolher. Seja como for, é óbvio que ela deve pensar nisso em seu íntimo, sem encarar as coisas, dando-lhes as costas. E parece que agora ela está sempre querendo ir pelo lado seguro. Tem uma espécie de ressentimento contra qualquer um, como por exemplo Lytton, que ri daquilo que ela considera sagrado; cai na armadilha insidiosa de acreditar que qualquer distanciamento do grandioso é algo efêmero & impertinente; & argumenta sobre isso com sentimentos pessoais, como se sua própria reputação dependesse deles. E o tempo todo sente-se muito ansiosa para estar à frente, compartilhar o que os jovens sentem. Mas se eu representar os jovens, meus sentimentos tenderão a se desenvolver em linhas tão diferentes que a única coisa que posso fazer é agitar a mão para léguas de mar.

À Souhami's, à Mudie's & ao clube.

Sábado, 9 de novembro — Dia do prefeito, entre outras coisas, & um dos dois últimos da guerra, suponho. É bem possível que dentro de uma hora Lottie nos traga a notícia de que o armistício foi assinado. As pessoas compram jornais num ritmo frenético; mas, a não ser por um ou outro zunzum em torno de um menino jornaleiro & de um grupo de moças balconistas com o *The Evening News* no trem, não se sente nada de diferente no ar. O estado geral é, talvez, o de uma abundância atordoante; tivemos um alívio atrás do outro por aqui; ouvimos os jornaleiros gritando que a Turquia se rendeu, ou que a Áustria desistiu do combate, & o espírito não sabe bem o que fazer com isso; terá sido a coisa toda tão distante & sem sentido para que as pessoas a entendam, seja no combate ou na falta dele? Katherine Murry, que vi na quarta, tende a achar que a maioria das pessoas não compreendeu nem a guerra nem a paz. Duas ou três semanas atrás ouvi um cidadão discursando com uma senhora no trem, que lhe perguntou se ele achava que haveria paz.

"Espero que não... Estamos dando tudo o que eles querem, sem receber nada em troca." Desde então é difícil ver como os cidadãos mais sanguinários poderiam espremer ainda mais a Alemanha. O Kaiser ainda usa uma coroa meio fantasmagórica. De outro modo teremos revolução, & uma espécie de despertar parcial das pessoas quanto à irrealidade da guerra, supomos. Imagine se também acordarmos?

Começamos a compor Kew Gardens esta semana – quinta foi o primeiro dia, eu acho. MacDermott entregou suas £7: depois de tentar, em vão, se esquivar um pouco. Na quarta fui até Hampstead; encontrei a casa alta & feia que dá para o vale, onde moram os Murry. Katherine estava de pé, mas rouca & frágil, arrastando-se pela sala como uma velha. O quanto está doente, não há como saber. De início ela causa uma impressão meio desfavorável; depois, mais favorável. Acho que ela tem um certo ar pueril que, apesar de bastante desfigurado agora, ainda existe. A doença, disse ela, leva embora a privacidade, de modo que não se consegue escrever... O conto longo que ela está escrevendo respira a ódio. Murry & o Monstro [L.M.][95] a vigiam & a servem em tudo, ao ponto de ela começar a odiar os dois; não confia em ninguém, não encontra "realidade" nenhuma.

Segunda,
11 de novembro

Vinte e cinco minutos atrás os canhões começaram a disparar, anunciando a paz. Uma sirene apitava no rio. Ainda estão apitando. Algumas pessoas correram a olhar pela janela. As gralhas voavam em círculos, & por um momento assumiram a aparência simbólica de criaturas executando alguma espécie de cerimônia, parte de ação de graças, parte de despedida sobre um túmulo. Um dia muito nublado & sem vento, a fumaça tombando pesadamente em direção ao leste; & também ela assumindo por um instante a aparência de qualquer coisa que flutua, acena, desfalece. Olhamos pela janela; vimos o pintor de uma casa olhar para o céu & continuar seu trabalho; um velho cambaleando pela rua carregando uma sacola de onde saía um enorme pão, seguido de perto pelo seu cão vira-lata. Até agora nem sinos nem bandeiras, apenas o lamento das sirenes & o som intermitente dos canhões.

Terça,
12 de novembro

Teríamos feito bem, eu acho, em nos satisfazer com a aparência da paz; as gralhas voando lentamente em círculos, & a fumaça tombando; mas tive de ver o Harrison, & creio que nós dois tínhamos consciência de uma inquietação que tornou natural ir a Londres. A desilusão começou depois de 10 minutos no trem. Uma gorda desleixada de veludo preto & penas & os dentes estragados dos pobres insistia em apertar a mão de dois soldados; "Graças a vocês, garotos &c &c". Já estava meio bêbada, & logo sacou uma grande garrafa de cerveja & os obrigou a tomar; depois os beijou; & da última vez que a vimos corria ao lado do trem, agitando a mão para os dois soldados impassíveis. Mas ela & gente do seu tipo tomaram conta de Londres & celebraram a paz sozinhos, à sua maneira sórdida, cambaleando pelas ruas enlameadas embaixo da chuva, enrolados em bandeiras & eloquentes ao avistarem as bandeiras dos outros. Os céus desaprovaram & se esforçaram ao máximo para dispersá-los, mas só conseguiram fazer as penas murcharem & as bandeiras caírem. Os táxis estavam lotados com famílias inteiras exibindo-se, avós & bebês; & contudo não havia nenhum centro, nenhuma forma em toda aquela emoção dispersa. As multidões não tinham aonde ir, o que fazer; eram como crianças com férias longas demais. Talvez as pessoas respeitáveis estivessem reprimindo o que sentiam; parecia não haver meio-termo entre a obscenidade bêbada & uma desaprovação um tanto azeda. Sem falar que o desconforto era uma provação para o humor de qualquer um. Levamos das 4h às 6h para chegar em casa; de pé em filas, todo mundo molhado, várias lojas fechadas, nenhuma luz disponível, & na cabeça de todos a mesma inquietação & incapacidade de se acalmar, & ao mesmo tempo uma insatisfação com qualquer coisa que se pudesse fazer.

[Fim do volume]

O restante do ano de 1918, mais as entradas dos dias 20, 22 e 24 de janeiro de 1919, foram escritas no verso de um caderno de capa dura que VW tinha começado a usar em janeiro de 1918 para fazer anotações sobre os livros que ela estava lendo ou resenhando (D12, na Berg Collection).

Sexta,
15 de novembro

Não tenho dinheiro para comprar outro caderno; além do mais, graças à espera, a questão do papel poderá mais uma vez assumir um lugar na escala dos meus prazeres; livros bons, livros baratos, livros que lhe dão vontade de terminar só para ter o prazer de comprar outro podem estar se acumulando pelas paredes das papelarias. A paz está se dissolvendo rapidamente na luz dos dias comuns. Vamos a Londres & não encontramos mais do que dois soldados bêbados; só um ou outro grupo bloqueia a rua. Dentro de um dia ou dois, será impossível que um soldado raso ameace estourar os miolos de um oficial, como vi outro dia na Shaftesbury Avenue. Mas a mudança é nítida nas mentalidades também. Em vez de sentir o dia inteiro, & ao voltar para casa por ruas escuras, que toda a população, querendo ou não, estava concentrada em um único ponto, agora sentimos que toda ela explodiu em pedaços que foram atirados com a máxima força para todos os lados. Somos, mais uma vez, uma nação de indivíduos. Alguns gostam de futebol; outros das corridas; outros de dançar; outros de... ah, enfim, estão todos correndo por aí muito felizes, tirando seus uniformes & voltando a cuidar de seus assuntos pessoais. Voltando do clube esta noite, pensei por um momento que ainda devia ser o pôr do sol, de tão intensas & brilhantes que eram as luzes em Piccadilly Circus. As ruas estão lotadas de gente bastante à vontade; & as lojas exibem luzes da máxima intensidade. Porém, isso também é deprimente. Alargamos o espírito para refletir sobre algo que era de alguma maneira universal; mas imediatamente o reduzimos às disputas do prefeito & das eleições gerais. Não se pode ler os jornais. Nosso sentido de perspectiva mudou tanto que não se pode ver, de início, que significado toda essa fofoca de partidos pode ter; não é possível se interessar por isso. Outros têm mais direito à preguiça do que eu. Prevê-se um ou dois anos de lassidão, a não ser no caso dos profissionais liberais. Esses conseguirão o que querem. As massas vão jogar futebol & críquete, & se dedicar a caçadas no campo. O primeiro efeito da paz sobre nosso grupo foi Desmond ter ficado mais solto, & a vinda de Gerald Shove a Londres, dizendo que precisa encontrar uma maneira de ganhar £500 por ano. Não irá demorar para que a multidão de intelectuais desempregados em busca de trabalho aumente de forma considerável. Desmond está fazendo o que sabe fazer com excelência: chegar no escritório cada vez mais tarde, demorar-se cada vez mais no almoço & às vezes não voltar mais depois. Isso ele pretende continuar fazendo por quinze dias, & em seguida dobrar seu casaco azul & dourado para sempre – a menos que, cortando fora os botões de metal, ele consiga fazê-lo passar por um casaco normal. Está animadíssimo, embora se deprima de vez em quando com a questão de encontrar um ganha-pão. Dizem que pretende indicar a si mesmo para o cargo de Salomon Eagle no *New Statesman*; pois a Águia quer voar mais alto. "Conheço tanta gente que escreve bem", disse ele; & se isso fosse o bastante, ele daria um ótimo editor. Depois do chá ele nos contou a última parte da Ireniad. Suponho que dê o suficiente para um livro, do início ao final. Termina, caracteristicamente, com ele prometendo ir almoçar – & aguardando onze anos até vê-la novamente. A história a relembra com muita clareza; talvez a conclusão dele esteja certa – devemos sentir pena de qualquer mulher que fique noiva de um jovem de Cambridge que nunca se apaixonou antes – um jovem de Cambridge, devo acrescentar, que já leu & sabe de cor todos os romances de Henry James.

Fui interrompida em algum momento dessa página pela chegada de Mr. Eliot. Mr. Eliot é um nome que o exprime bem – um jovem americano refinado, culto, elegante, que fala tão devagar que cada palavra parece ter um acabamento especialmente feito para ela. Mas, sob a superfície, é bastante evidente que ele é muito intelectual, intolerante, dotado de opiniões fortes & um credo poético. Lamento dizer que isso apresenta Ezra Pound & Wyndham Lewis como grandes poetas, ou, segundo a expressão de hoje em dia, autores "bastante interessantes". Admira Mr. Joyce imensamente. Escreveu 3 ou 4 poemas para darmos uma olhada – fruto de dois anos de trabalho, já que ele trabalha o dia inteiro em um banco, & a seu modo sensato, acredita que o trabalho regular faz bem a quem tem uma constituição nervosa. Tomei mais ou menos consciência de um modelo de pensamento poético bastante intrincado & altamente organizado; graças à cautela dele, & a seu cuidado excessivo no uso da linguagem, não descobrimos muito a respeito. Creio que ele acredita em "frases vivas" & na diferença destas em relação às mortas; em escrever com extremo cuidado; em observar a sintaxe & a gramática; & assim fazer esta nova poesia florir do caule da antiga. Para ilustrar as visões de Eliot, posso acrescentar o que Desmond acabou de me contar (quinta, 21 de nov.); D. lhe perguntou como diabos ele terminou inserindo ao final de um poema aquele comentário sobre sua tia & o *Boston Evening Transcript*, aquela frase sobre uma rua infinitamente longa, & "gosto de La Rouchefoucauld dizendo adeus" (ou algo dessa natureza). Eliot respondeu que eram uma referência ao Purgatório de Dante![96]

**Quinta,
21 de novembro**

Estou assoberbada com as coisas que deveria ter escrito; a paz despencou como uma enorme pedra no meu lago, & as marolas ainda se agitam em direção às margens. Terá Nelly Cecil afundado para além de qualquer lembrança? & aquele concerto na Shelley House, conduzido, tão apropriadamente, por Bruce Richmond? Pelo bem de um bom registro no meu diário, deixe-me registrar o fato de que Nelly Cecil conheceu o Kaiser em Hatfield: & disse que ele parecia um homem baixo, de terno cinza, & que "sua gente tinha medo dele... tinham medo de lhe contar que o seu carro estava atrasado... ele era romântico – muito romântico".

Seria necessário um espaço excessivo para uma descrição exata da Shelley House: em linhas gerais, é uma imitação luxuosa do século 18; mas como pessoas como St. John Hornbys nunca põem todos os ovos em uma cesta só, a renascença italiana também está representada; &, suponho, Arthur Hughes mostra que eles tratam a arte inglesa com condescendência; porém basicamente colocam toda a sua fé em George Terceiro. Qual deve ser a renda anual daquela plateia eu nem quero adivinhar; vestiam uma parte substancial dela em suas costas: as peles eram ricamente escuras; os tecidos do melhor tom de negro. E depois teve a música maravilhosa oferecida diante da sua congregação – dentre os quais, como dizem, notei a presença de Mrs. Rathbone, Pearsall Smith, Hervey Vaughan Williams & Mrs. Muir Mackenzie. Contudo, veio a paz & dissipou tudo isso; & agora onde estamos? Segundo Roger, à beira de uma revolução; isso estritamente falando, segundo Ray, & Ray, que vai disputar o Parlamento como candidata da coalizão, diz que se um dia ela se sentisse tentada a estocar alimentos, seria agora. As classes baixas

& tivemos uma conversa interessante & estranha; inibida demais para ser empolgante. Creio que há nos dois qualquer coisa meio em desarmonia... na minha arrogância, suponho que para mim eles pertençam demais ao submundo, com toda espécie de panaceias só deles, & toda essa conversa de serem artistas. Talvez o que eu queira dizer mesmo é que parecem suspeitos... Sob a superfície, imagino que desejem aprovação demais, que não se sintam seguros em relação a si mesmos, & além disso Murry espreme o cérebro, & torna-se cada vez menos próximo de encontrar algo em que acreditar. Não gosto de casais casados onde o marido admira imensamente o trabalho da esposa. Arthur Posonby veio falar no clube dia desses. Vai concorrer a qualquer coisa, & quer ganhar, mesmo que apenas para demonstrar que seu lado tem uma boa causa; disse que não se importa se for no próprio Parlamento. Um homem fraco, moderadamente inteligente, & gentil, constantemente intrigado, & preocupado também, com a estranha ordem do mundo. O fato de habitar uma classe social diferente daquela onde nasceu talvez responda por isso. Depois recebemos o Dr. Leys para o almoço na quarta (dia 27, anoto aqui para registrar). Passou 17 anos na África Oriental, &, sendo um escocês bastante autêntico & direto, conta histórias terríveis dos nativos. Como concentram, & como são despidos das superficialidades esses intelectuais profissionais! O trabalho de impressão com a nossa maquininha começou hoje, & agora preciso dar a melhor das atenções ao original de Murry, *A Fable for Critics*, que trouxe para casa na minha bolsa, com intenção de publicar.

Terça,
3 de dezembro

(Que estranho conhecimento errante me leva a achar que hoje é aniversário de Carlyle? Talvez seja porque estou lendo a respeito de Froude... vou mais longe ainda & me pergunto se mais alguém estará pensando no aniversário de Carlyle, &, se é assim, se isso lhe traz algum prazer; & também sobre a superstição estranha, que assombra o meio literário, quanto ao valor de ser relembrado pela posteridade... mas melhor eu me conter.) Preciso ler uma segunda vez o poema de Murry, que achei difícil; por motivos opostos ao que tornam Eliot difícil: Murry usa palavras em excesso; seu poema é tão intrincado & emaranhado & denso quanto uma roseira-brava; pensa em voz alta; não nos faz procurar o significado nas profundezas do silêncio, como Eliot. Temos caminhado ao longo do rio, & chegamos a nos sentar ali, de tão quente que está, ameno, leitoso, sem empolgação no ar. As gaivotas se deixavam levar corrente abaixo, por diversão, imagino; deslizam em grupinhos de três ou quatro, & então uma delas mergulha & reaparece. Conversamos sobre a origem do meu atual surto de melancolia, & L. me garantiu divinamente que aqui estou confortável & segura; novamente estabilizada, com aquele grau de fé que torna a vida possível. Mas deixo de lado a análise, na qual mergulhei o bastante. Imagino que todas as pessoas trazem tais marés espirituais dentro de si – sabe-se lá por quê. No geral, quanto mais pensamos a respeito, mais estranha a nossa própria organização parece ser.

No domingo, isto é, no dia 1 de dezembro, oferecemos um jantar formal. Para isso seis pessoas bastam. Destroem qualquer conversa íntima. Precisamos ser festivos. Recebemos Nick, Carrington, Mrs. Manus & Sanger: & creio que correu tudo bem. Fomos flexíveis & espontâneos o bastante, eu acho. Charlie contou

de Gordon Square. Concordamos em muitos pontos; & ele, pelo menos, percebe o isolamento de nosso grupinho no grande mundo hostil de McColls & Duckworths. Depois falamos sobre prosa; & como sempre um livro da estante é tirado; & sou obrigada a ler alguma passagem por cima do ombro dele. Inventam-se teorias. Quadros repousam nas cadeiras. Então eu me torno um tanto dispersa & desesperada. Wolfe[98] traz um quadro... A questão é a tira de verde bem no meio da maçã. Ela briga com o violeta da borda da batata? "Tire-a: veja como as cores se destacam aqui: – bom, tente envernizar então." "Ah sim, agora tem mais vida aí... ficou muito forte, Wolfe, muito forte."

Por fim, inevitavelmente atrasada, vou ao 17 Club, onde Mrs. Manus & L. estão no salão superior, corrigindo provas, porém Couch [? Impressor] só enviou um lote. Enfim, cheguei atrasada demais para ajudar; mas não para servir o chá a Miss Matthaie. Por que uma mulher com a inteligência dela deveria se desculpar a vida inteira por ser uma mulher sem atrativos? Ela olha de canto, como uma criança que fez algo de errado. E contudo tem mais coisas na cabeça do que todas as cabeças-rapadas juntas. Alix eu encontrei lá embaixo entoando pomposamente um discurso, parecendo horrivelmente um coronel das classes altas pregando sobre a iniquidade do bolchevismo. O tema dela é a iniquidade dos coronéis; mas o método parece basicamente o mesmo; até a voz.

Sexta, como eu dizia, passei escrevendo; & Leonard almoçando com Will A.F. & corrigindo mais provas. Tão logo terminei de compor um pouco, & de reservar a hora & meia antes do jantar para ler meu romancista americano renomado [Hergesheimer], indicado por Mr. Galsworthy, Louie admitiu Sydney Waterlow. Minha única esperança para passar o tempo era uma espécie de confiança introspectiva da parte dele; mas não tive essa sorte. Ele é próspero, complacente, confiante a tal ponto de enfrentar a desaprovação de Gordon Square sem se abalar. Está fazendo agora a ronda das visitas aos amigos, tão somente para desfrutar da nossa companhia, ele teve o cuidado de explicar, a fim de nos testar. Mary Sheepshanks fora convidada a jantar conosco para conversar sobre a revista & a traição de MacDonald. Mais pálida, talvez mais magra, desbotando imperceptivelmente para a meia-idade, com a mesma amargura contra determinado mundo – o do momento é o mundo das mulheres de alta classe, que clamam por indenização. No entanto, comparada com a variedade mais ampla das pessoas que conheço, é mais competente, mais informada & mais racional do que eu me lembrava, da época de Fitzroy Square. Apesar disso, aceita sua "noite agradável" da mesma maneira que o pobre ressentido aceita uma caridade muito menor do que ele merece.

Terça,
10 de dezembro

Domingo foi memorável para mim devido a outra visita à Shelley House – onde eu apertei a mão de Miss Sands, Katie & Elena Rathbone. Todas expressaram grande surpresa ao me verem, como se eu fosse uma ave estranha que se juntava a um bando da mesma espécie. E eu me senti bastante estranha; porém curiosamente à vontade com elas depois da fase inicial. Elena era quase uma velha amiga – uma velhíssima amiga que continua presente, lembrando o que aconteceu antes de eu seguir meu caminho & ela o dela. Ela insistiu, de modo quase afetuoso, que eu fosse visitá-los. Eu o farei cheia de apreensão. E se não tivermos nada o que conversar? Pode ser que todo aquele seu comportamento encantador,

passar sozinho, trabalhando o dia inteiro. Pelo menos ele parece fazer o que sempre tentou fazer. Recebemos algumas revelações tristes sobre a traição de certos amigos em relação à Omega. O espantoso em Roger é que, embora superficialmente desequilibrado & exagerado, no fim seu sentido de equilíbrio quase sempre está certo; ele é sempre magnânimo & sabe perdoar, não importa o peso que tenha dado a injustiças imaginárias ou quase imaginárias. O caso da Omega é que os artistas aceitaram comissões por fora da Omega. Por esse & outros motivos, a pobre loja vem sendo uma fonte de desilusão absoluta para ele – de desgaste & de adversidades. As pessoas odeiam a arte & o odeiam por ele amar a arte: essa é uma aflição frequente nas conversas dele. Eu não demonstrei que pertencia ao grupo dos eleitos, pelo menos no que diz respeito à pintura. Fomos à National Gallery esta manhã; achei "muito belo" um Rembrandt que para ele não passava de melodramático. Um pequeno El Greco expressava muito pouco para mim até ele o iluminar; até mostrar que tinha mais cores autênticas do que qualquer outro quadro dali. Depois o Ingres me parecia repulsivo; & para ele uma das concepções mais maravilhosas que existem. Sempre sinto, além disso, que gostar da coisa errada, ou não gostar o bastante das coisas certas, o abala, tal como a nota falsa ou o sentimentalismo na literatura.

Terça,
17 de dezembro

Impossível não recear que esta seja a minha última oportunidade para escrever antes de ir a Asheham na sexta, embora eu deva continuar escrevendo ali, se Deus quiser, na forma de algum novo livro. Amanhã vou ver K.M. Quinta tenho chá com os Richmond, & talvez um jantar no clube; de modo que sexta chegará sem que eu tenha nenhum intervalo entre o chá & o jantar; & mesmo hoje estou roubando um tempo que pertenceria a Sófocles, antes de Mrs. Hamilton chegar às 7h para palestrar para a Guilda. Se eu comprar um bloco de anotações, com folhas destacáveis, creio que possa capturar um número maior de ideias soltas. Sem dúvida isso é pura imaginação, mas enfim, quanto do que pertence ao espírito é dominado pela imaginação. Nessa nos pediu para ficar com as crianças por quinze dias quando o bebê nascer. Agora isso é algo iminente, & segundo ela o dia exato seria o 28. As criadas vão a Guildford por uma semana, a fim de que possamos nos ver livres de Liz & suas crias. Devemos ter uma semana completamente a sós em Asheham, o maior & mais puro dos prazeres que esse mundo pode dar; aumentado grandemente, em minha opinião, pela ausência de criadas, de modo que muitas vezes estaremos a sós na casa. Vou ler o meu romance & decidir o que fazer com ele. O livro de L. está quase pronto; em fevereiro deve estar terminado, muito provavelmente. Imprimimos o texto de *Kew Gardens*, & recebemos um orçamento de McDermott para imprimir o poema de Murry. Ele pede £4.10, o que nos parece pouco, por 200 exemplares de um livro de 24 páginas. Vamos fornecer o papel, & a capa. As possibilidades se abrem, eu acho. O tempo anda tão quente que acho que não acendemos a lareira em meu gabinete mais do que três ou quatro vezes, & isso apenas quando estávamos imprimindo à tarde. A gripe parece ter terminado, embora Lottie tenha tido um surto de tosse que durou uma ou duas horas no sábado. Bolos confeitados são possíveis de encontrar, mas até agora, não muito mais do que isso. Quanto às notícias públicas, a guerra já parece ser um acontecimento sem importância; uma de nossas artimanhas

1915

1. Lily fora criada dos Woolf em 1914 e agora trabalhava para Mrs. Hallett, depois de uma recomendação de vw.
2. Em 1914, vw alugou Asheham House, a casa de campo que alugava desde antes de casada, ao casal Sydney e Helen Waterlow. Sydney, então diplomata, fora um admirador de vw e chegou a pedi-la em casamento em 1911. Era também tradutor, editor e autor.
3. Cooperative Society, cooperativa de associados existente em diversas cidades da Inglaterra na época.
4. Este texto viria a se tornar *Noite & dia*, e Effie seria transformada em Katherine.
5. Sophia Farrell, cozinheira dos Stephen na infância de vw.
6. Flora Woolf (1886–1975), a caçula das três irmãs de Leonard Woolf.
7. O *Times* de hoje trouxe um artigo sobre as "Estrelas de Londres": "Das estrelas podemos obter um impulso oportuno para a concentração resoluta sobre as questões eternas, das quais elas são um verdadeiro símbolo, & o fulgor de Londres não". Que seja. (5 jan.) [N. T.]
8. Asheham House só possuía banheiro externo. [N. T.]
9. Women's Co-Operative Guild. Sua secretária geral era Margaret Llewelyn Davies.
10. Reverendo John Llewelyn Davies, pai de Margaret, teólogo, socialista cristão e apoiador dos movimentos pelos direitos da mulher e sufrágio feminino. Morava com a filha em Hampstead.
11. As Oficinas Omega (Omega Workshops), na Fitzroy Square, foram fundadas em 1913 por Roger Fry com o intuito de servir de fonte de renda e um novo ramo de atividade aos jovens artistas. O Foundling Hospital era uma instituição de caridade que detinha parte considerável dos imóveis em Bloomsbury, incluindo a casa na Brunswick Square onde vw morara de 1911-12. Janet é Janet Case, ex-professora de grego de vw e sua amiga.
12. Adrian, irmão mais novo de vw, morara nos cômodos do primeiro andar da casa que dividiu com a irmã em 1911 e, com Duncan Grant, decorara a sala de estar com imagens de tenistas nus em tamanho real.
13. Em 1915 fora publicada uma seleção de cartas, *Maternity: Letters from Working Women* [Maternidade: Cartas de mulheres trabalhadoras], pela campanha da Women's Guild a favor de um plano nacional de assistência materno-infantil.
14. Imobiliária responsável pela Hogarth House, que os Woolf desejavam alugar em Richmond.
15. Alice fora a primeira mulher de S. Waterlow. Os dois se divorciaram em 1912 e ela casou-se com Orlando Williams, um secretário da Câmara dos Comuns.
16. Naquele mês, a J. Lyons & Co. fora acusada de fornecer carne imprópria para consumo humano às tropas em treinamento. A empresa acabou sendo condenada no dia 15 de março.
17. Marjorie Strachey (1882–1964), professora e escritora, a mais

jovem das irmãs de Lytton, apelidada de "Gumbo".
18 Cecil N.S. Woolf (1887–1917), o quarto dos irmãos de LW. Tornou-se oficial dos Royal Hussards, regimento real de hussardos, no início da guerra e foi morto na Batalha de Cambrai em 1917. Philip, outro irmão de LW, também serviu no mesmo regimento.
19 Mary Herbert Fisher, irmã da mãe de VW (1841–1917). Hervey, o sétimo de seus filhos, jamais se casou.
20 Adrian Leslie Stephen (1883–1948), irmão caçula de VW, com quem ela havia morado de forma não muito harmoniosa na Fitzroy Square após o casamento de Vanessa, em 1907, e depois novamente em 1911 na Brunswick Square até ela mesma casar-se, em 1912. Depois de se formar no Trinity College, Adrian estudou Direito, mas permaneceu sem profissão até quatro anos depois de seu casamento, em 1914, com Karin Costelloe – quando ele e a esposa foram estudar medicina.
21 A Fabian Society é uma sociedade britânica socialista cujo objetivo é fazer avançar a social-democracia via mudanças graduais, e não pela revolução.
22 Sidney e Beatrice Webb, economistas, fundadores do jornal *New Statesman*.
23 A Hogarth House ocupava metade de uma casa que fora construída como uma única residência; a outra metade chamava-se Suffield House.
24 Soldados do Territorial Army, exército voluntário criado antes da guerra.
25 A Terceira Geração era uma obra de VW da qual não há registro, que poderia ser a mesma que Poor Effie's Story [A história da pobre Effie]. Ambas viriam a se tornar Noite e dia.
26 Josiah C. Wedgwood (1872–1943), parlamentar. O divórcio dele e da esposa Ethel, que o abandonara em 1913, foi postergado até o fim da guerra e mal recebido pela imprensa.
27 Philip Morrell, parlamentar, casado com Lady Ottoline, patrona das artes.
28 Casa que Lytton Strachey alugou de 1913 a 1915.
29 Entre as traduções para o português, está "A violação da madeixa", incluída em *Alexander Pope: Poemas*. Tradução, seleção e notas de Paulo Vizioli. São Paulo: Nova Alexandria, 1994. [N. T.]
30 Julia Margaret Cameron (1815–1879), tia-avó de VW, pioneira da fotografia.
31 London School of Economics and Political Science, fundada por Sidney e Beatrice Webb em 1895 com fundos da Fabian Society para o progresso e o avanço do socialismo. A escola, entretanto, nunca foi administrada pelos fabianos e desde 1900 fazia parte da University of London.
32 Traduzido como "Ensaio sobre a Crítica", foi incluído em *Alexander Pope: Poemas*. Tradução, seleção e notas de Paulo Vizioli. São Paulo: Nova Alexandria, 1994. [N. T.]

33 Karin E.C. Stephen (1889-1953) formara-se com distinção em Filosofia no Newham College, em Cambridge, e era surda. Sua irmã mais velha, Rachel, casara-se com Oliver Strachey.

34 Sylvia Milman e suas irmãs Ida, Enid e Maud eram netas do historiador e deão da Catedral de St. Paul, Henry Hart Milman (1791-1868), e amigas dos Stephen desde a época de Kensington.

35 Trocadilho entre Webb e *web*, que significa "teia". [N.T.]

36 Jean Thomas, proprietária de um asilo para doenças nervosas e mentais no Cambridge Park, Twickenham, onde VW havia sido internada mais de uma vez. VW a conhecia não apenas pela sua profissão, mas porque era sua amiga. VAD é sigla para Voluntary Aid Detachment, destacamento de voluntárias para servirem como enfermeiras ao Exército britânico.

37 Oliver Strachey (1874-1960), um dos irmãos de Lytton; Rachel ("Ray"), irmã de Karin Stephen, foi sua segunda mulher.

38 Desmond MacCarthy (1877-1952), jornalista e crítico de teatro, um Apóstolo. Conhecia os Stephen desde antes da morte de Sir Leslie. Casado com Mary J. Warre-Cornish (Molly). Henry James (1843-1916), o notório escritor de origem americana, que morou por quase quarenta anos na Inglaterra e se naturalizaria britânico naquele ano de 1915.

39 Marie Woolf (c. 1848-1939), mãe de LW, viúva desde 1892 de Sidney Woolf. Criara nove filhos. Clara (1885-1934) era a segunda de suas três filhas.

40 *A viagem* fora aceito por Gerald Duckworth (meio-irmão de VW) para publicação em 1913. Provavelmente por causa do colapso que ela sofreu anteriormente, o lançamento fora adiado; agora o livro estava na fase das provas, e finalmente saiu em 26 de março de 1915.

41 Os McCabe foram relojoeiros famosos em Londres de 1778 a 1883.

42 Até 1917, o jornal *New Statesman* incluiu um suplemento de periodicidade variável listando, analisando ou resumindo todas as publicações governamentais (os "Blue Books").

43 Este conto, com "A marca na parede" de VW, constituiu a *Publicação n. 1* da Hogarth Press em 1917.

44 Segundo romance de LW, *The Wise Virgins: A Story of Words, Opinions, and a Few Emotions*, foi publicado em 1914. Contém alguns retratos não muito favoráveis de LW, VW e seus amigos, e por isso talvez VW tenha adiado sua leitura, dado seu estado de saúde.

45 Ethel Sidgwick, autora de *Duke Jones, A Sequel to A Lady of Leisure*, 1914.

46 Ver cena inicial de *Mrs. Dalloway*, publicado em 1925.

47 Aqui a escrita é interrompida e na página seguinte há o título *The Hours* [As horas] e a frase "She came" ("ela veio").

48 Um "slip" era uma espécie de veste que se usava sob o colete e que fornecia uma faixa branca à abertura do pescoço do colete

propriamente dito. Os meios-irmãos Duckworth de VW, grandes defensores das normas sociais, o usavam durante o dia na cidade.

49 Mary Hutchinson, casada com St. John Hutchinson, e que durante muitos anos teria um relacionamento com Clive Bell.

50 O sonho dos Woolf de produzir uma revista, apesar de recorrente, não se concretizou.

1917

1 Trilha apelidada por VW com base nos apelidos carinhosos usados na intimidade por ela e o marido: VW era o Mandril e LW o Mangusto.

2 VW anotou à margem: 6 ago. 1918. ovos 4/6 a dz.

3 Marca de cigarro que custava 11d o maço, provavelmente recomendada por Katherine Mansfield, que estava morando não muito longe da estação South Kensington.

4 Uma das diversas aeronaves do Royal Naval Air Service identificadoras de submarinos que a partir de 1915 estavam estacionadas em Polegate, Eastbourne.

5 O Ram era o bar em Firle.

6 J. D. Hoper, de Rugby, cuja esposa herdara Asheham House e as terras em torno. Estas eram administradas pelo oficial de justiça da região, Mr. Gunn, da fazenda vizinha, Itford.

7 VW alugara para os Mayor a Little talland House, em FIrle, quando ela se mudou para Asheham.

8 VW anotou na página ao lado: Qua. 19: comprei 6 ovos de Mrs. W. 3 Will. Há 2 aqui (qua. manhã). Qui: 6 ovos de Mrs. Att: Há 5 na qui. manhã

9 VW se refere ao diário de 1915, apresentado no início deste volume. [N. T.]

10 LW tinha sido convocado ao serviço militar em 1916 e sido dispensado graças a cartas do Dr. Maurice Wright, atestando que ele sofria de "tremor nervoso hereditário", e do Dr. Maurice Craig (especialista em psicologia clínica que já tinha sido consultado antes por causa de VW), atestando que a interrupção de cuidados de LW poderia ser altamente prejudicial à condição de saúde instável de sua mulher. Os dois médicos agora escreveram mais cartas atestando que LW não estava apto ao serviço militar.

11 Trissie Selwood, irmã de Mabel, era a cozinheira de Vanessa Bell em Charleston e muito amiga das criadas de VW.

12 O 1917 Club, assim batizado em homenagem à Revolução Russa, foi criado para reunir pessoas interessadas na paz e na democracia. Situava-se na Gerrard Street, no Soho.

13 John Middleton Murry (1889–1957), crítico, editor e autor, um dos líderes do mundo de jornalismo literário e promoção que VW chamava de "o Submundo". Estava morando com Katherine Mansfield, com quem se casaria em 1918. Ele e Katherine eram convidados frequentes de Philip e Ottoline Morrell em Garsington.

14 As velhas discussões giravam em torno da sede de VW por vida social e a ansiedade de LW de que

15 Mudie's Select Library, biblioteca perto do British Museum.

16 Aldous Huxley (1894–1963) ainda não havia publicado nada além de alguns poemas e um pequeno livro de poesia. O olho branco era resultado de uma ceratite ocular que sofrera em 1911 e que o deixara incapacitado para o serviço militar. Na época trabalhava como professor temporário em Eton, depois de haver passado um ano morando em Garsington.

17 A romancista Mary Augusta Ward, que escrevia sob o nome de casada, Mrs. Humphry Ward, era irmã da mãe de Aldous Huxley. Ela foi a presidente fundadora da Liga Nacional Feminina Antissufrágio (Women's National Anti-Suffrage League). Seu único filho, Arnold, depois de uma carreira inicial brilhante no Parlamento, tornou-se jogador compulsivo e meteu-se em sérias dificuldades financeiras.

18 Não se sabe ao certo as causas desse desentendimento, ocorrido quando Roger Fry e Vanessa Bell estavam apaixonados, em maio de 1911. Até então, ele e Ottoline haviam sido bastante íntimos, mas ele a acusou de espalhar que ele estava apaixonado por ela, o que ela negou com veemência. O incômodo que ele sentia em relação ao assunto talvez se devesse ao fato de ele estar apaixonado por Vanessa. O fato é que as relações entre ele e Ottoline depois se tornaram tensas, apesar de educadas.

19 *Eminent Victorians*, que seria publicado pela Chatto & Windus em 1918.

20 Os ataques aéreos inimigos em Londres costumavam acontecer nas noites de lua cheia.

21 VW invariavelmente passava o primeiro dia de seu período menstrual de cama; é difícil dizer se isso era ditado pela necessidade, por conselho médico ou costume da época.

22 Maynard Keynes havia levado Clive Bell quando foi tomar o chá em Hogarth House com VW (sua primeira visita) em 28 de julho de 1917; os dois fofocaram sobre Katherine Mansfield. Clive tinha certeza de que VW repetiria a conversa para Katherine, que fora jantar com os Woolf na noite seguinte, e por causa disso estava ressentido com VW.

23 Como opositor meticuloso do serviço militar, Adrian Stephen tivera de se dedicar ao trabalho no campo; tinha 1.95 m de altura e não era muito robusto, e o esforço extenuou seu coração.

24 A mãe de LW e outros membros de sua família estavam morando em Staines.

25 Bella, irmã de LW, era viúva de Richard Lock; Mr. Lock "apesar de algum impedimento" devia ser o seu sogro. Flora e Clara eram as outras irmãs de LW e Alice e Sylvia, suas cunhadas.

26 Há entradas escritas nos dias 29/10 e 30/10 no diário de Asheham, pois ela foi para lá.

27 Mrs. Eckhard era a sogra de Sydney Waterlow; LW se hospedara na casa dela em Manchester.
28 Quanto ao negócio do Ceilão, ver entrada do dia 16 de outubro de 1917.
29 Alix Sargant-Florence estava ajudando LW com as pesquisas para um relatório que acabou se transformando no livro *Empire and Commerce in Africa* – ver 10 em dezembro de 1918.
30 LW recebera a encomenda de escrever um livro sobre o movimento das cooperativas para a Home University Library; o livro deveria ter sido lançado em novembro, mas os editores, Williams & Norgate, adiaram-no até quando a guerra acabasse. Margaret Llewelyn Davies sugeriu que LW o publicasse imediatamente pela George Bell & Son como um livro de 1/–. O livro acabou sendo publicado pela Allen & Unwin com o título *Co-operation and the Future of Industry* em janeiro de 1919.
31 VW perdera o "pobre & velho Tim" em 22 de abril de 1917.
32 Faith M.J. Henderson, n. Bagenal, irmã mais velha de Nicholas Bagenal, estava ajudando temporariamente com a produção de vestidos da Omega.
33 Em 1916 Clive Bell transferiu seu aluguel da casa no 46 da Gordon Square para Maynard Keynes; mas a casa era ocupada também por amigos que precisavam de pouso em Londres. O próprio Clive manteve um quarto para si e, às vezes, para Vanessa.
34 Cf. *O quarto de Jacob*, que seria escrito quatro anos depois: "No doubt we should be, on the whole, much worse off than we are without our astonishing gift for illusion". Tradução livre [N. T.]
35 Aqui, AOB quebrou a entrada ao inserir uma data inexistente no manuscrito: Segunda, 12 de novembro. [N. T.]
36 *Noite e dia*.
37 Estavam imprimindo *Prelúdio*, de Katherine Mansfield.
38 Ao longo do ano anterior, VW vinha presidindo os encontros mensais da Women's Co-operative Guild, que aconteciam na Hogarth House. Era sua responsabilidade selecionar palestrantes, que ela escolhia tanto em meio aos amigos como na sede da guilda. Ela manteve esse cargo por quatro anos.
39 O "pequeno impressor" era Mr. McDermott, dono de uma pequena gráfica independente, The Prompt Press, em Richmond, cujos conselhos técnicos LW havia solicitado. J. Riddell era funcionário da St. Bride Foundation Printing School.
40 As opiniões de VW expostas em "Flumina Amem Silvasque", sua resenha de *A Literary Pilgrim in England*, de Edward Thomas, publicada em 11 de outubro de 1917 no TLS, foram calorosamente rejeitadas por diversos leitores, que enviaram cartas ao jornal. Ela concordou com o ponto de vista de Thomas de que Matthew Arnold era o "poeta do jardim e da terra elegantemente cultivada". Escreveu (trad. livre): "uma visão geral da poesia de Arnold verifica que seu pano de fundo consiste em um gramado

ao luar, com um rouxinol triste, mas não apaixonado, cantando os pesares da humanidade no alto de um cedro".

41 Casa da grande incentivadora das artes Lady Ottoline Morrell, que nela recebia personalidades do meio artístico e cultural, como Aldous Huxley, Siegried Sassoon e T.S. Eliot. [N. T.]

42 Dorothy E. Brett (1883–1977), filha do 2º visconde de Esther, estudou na escola de arte Slade, onde fez amizade com Carrington e Mark Gertler (v. entradas de 21 dez. 1917 e 7 jun. 1918). Agora ela residia de modo semipermanente em Garsington.

43 Fredegond Shove, n. Maitland (1889–1949), poeta, filha da prima de vw Florence Fisher e do historiador F.W. Maitland, biógrafo do seu pai. Estudou no Newham College, em Cambridge, e em 1915 casou-se com o economista Gerald Shove, que por se opor veementemente à guerra obtivera trabalho na fazenda de Philip Morrell.

44 Editora e importadora de livros.

45 *Crophead*: como Virginia Woolf chamava as moças que cortavam o cabelo curto, principalmente as artistas, como Dora Carrington. [N. T.]

46 AOB quebrou essa entrada e abriu uma nova, inserindo uma data não existente no original, 24 de novembro. [N. T.]

47 Quarteirão em Londres que ganhou esse nome porque ali, nos idos tempos, ficava a Imprensa do Rei. Foi durante muitos anos local da sede do jornal *The Times*. [N. T.]

48 Trecho entre parênteses escrito com outra caneta. vw explica que foi escrito uma semana depois.

49 Cada página era composta letra por letra e linha por linha em uma prancha, ou forma, de metal. Quando o trabalho era concluído, a forma era fortemente travada antes de ser entintada e depois impressa.

50 Um dos mais prósperos e antigos edifícios das "Livery Companies" de Londres, descendentes das antigas guildas medievais. Fish Hall estava sendo usado então como hospital militar.

51 Prima de vw, Margaret ("Marny") Vaughan (1862–1929), irmã de "Toad" (ver 9 out. 1917). Fazia trabalho filantrópico junto aos pobres de Londres.

52 Na madrugada do dia 3 de novembro de 1912, houve um incêndio no andar superior da loja de John Barker em Kensington, onde dormiam vinte criadas, resultando em cinco mortes. As investigações revelaram que as recomendações de segurança da prefeitura de Londres, realizadas um ano antes, não haviam sido seguidas por causa das despesas envolvidas.

53 "The End of General Gordon" era o último dos quatro estudos que compunham o livro *Eminent Victorians* [Eminentes Vitorianos].

54 AOB inseriu uma data: 10 de dezembro. [N. T.]

55 AOB inseriu uma data: 11 de dezembro. [N. T.]

56 AOB inseriu uma data: 12 de dezembro. [N. T.]

57 O primeiro livro de Mary MacCarthy se chamava *A Pier and a*

58 Robert C. Trevelyan (1872–1951), poeta e acadêmico. Nos anos 1890 dividira uma casa com Roger Fry.
59 O 1917 Club era um clube de socialistas e esquerdistas com sede no Soho londrino que fora fundado em dezembro de 1917 por Leonard Woolf e alguns de seus amigos.
60 A festa mencionada pode ser uma ocorrida após o Natal no n. 46 da Gordon Square, na qual Marjorie Strachey exibiu sua versão da comédia *Reigen* (*La Ronde*), de Arthur Schnitzler.
61 *Ad Familiares*, um livreto de 28 páginas impresso pela Pelican Press em out. 1917, continha treze poemas. Um deles, de 1909, era dedicado "A V.S. com um livro"; foram reimpressos com o acréscimo de quatro outros poemas pela Hogarth Press em dezembro de 1921. A expressão "bancar a corujinha", frequentemente usada por VW, parece querer dizer "exibir-se". *Georgian Poetry 1916–1917*, terceiro volume de uma série editada por Edward Marsh, saiu pela The Poetry Bookshop em novembro de 1917.

1918

1 VW inicia um novo caderno para 1918, que durará até julho.
2 A caminho do palácio de Hampton Court no Bushy Park – que também é propriedade da Coroa – há um lago de peixes. Em seu centro existe uma fonte ornamental com uma estátua dourada da deusa Diana, que remonta à época de Charles II.
3 Provavelmente objetores da guerra.
4 O Representation of the People Act (1918) concedeu o direito de votar às mulheres acima de 30 anos de idade.
5 A biografia *John Keats, His Life and Poetry, His Friends, Critics and After Fame*, de Sir Sidney Colvin.
6 Substituto da manteiga feito à base de castanhas.
7 Clive Bell e Mary Hutchinson.
8 Arnold e Rosalind Toynbee; e Samuel Solomonovitch Koteliansky (1882–1955), um judeu ucraniano que foi para a Inglaterra com uma bolsa de pesquisa da Universidade de Kiev por volta de 1910 e jamais voltou à Rússia. Era íntimo do círculo de Katherine Mansfield e traduziu diversas obras para a Hogarth Press, sozinho e em cotraduções com LW e VW.
9 *The Complete Masques*, de Ben Jonson. [N. T.]
10 Dr. Thomas Arnold era o terceiro dos quatro indivíduos tratados em *Eminent Victorians*, de Lytton Strachey; os Arnold, na pessoa de sua neta Mrs. Humphry Ward, de fato colocaram objeções (ver 12 jul. 1918).
11 O "velho Pattle" era pai de sete filhas, uma das quais casou-se com Dr. Jackson e era avó de VW; a caçula casou-se com John Warrender Dalrymple, 7º baronete.
12 "The Old Way", do capitão Ronald A. Hopwood (1868–1949), foi publicado no *Times* em 16 set. 1916 e

republicado no livro *The Old Way and Other Poems*, editado por John Murray no mesmo ano.

13   A terceira filha do tataravô de VW, James Pattle, casou-se com H. Thoby Prinsep, em cuja família muitos tinham sido funcionários da Companhia das Índias Ocidentais e, depois do motim de 1858, do serviço público indiano. Lady Strachey foi uma defensora pioneira do sufrágio feminino.

14   Espécie de cadeira sobre rodas inventada por James Heath, de Bath, por volta de 1750. Era usada principalmente por inválidos e idosos.

15   Em 16 jan. o subsecretário parlamentar do Colonial Office rejeitou os pedidos do comitê do qual LW era porta-voz. Eles tinham solicitado a abertura de um inquérito quanto aos métodos usados para suprimir os levantes no Ceilão em 1915.

16   Harold Wright (1883-1934), jornalista, editor da *Granta* e editor da revista *War and Peace*. A revista era financiada por Arnold Rowntree (1872-1951), então parlamentar do Partido Liberal e diretor da Westminster Press, que também publicava o *The Nation* e outros jornais liberais.

17   Nicholas Bagenal (1891-1974) era oficial dos Irish Guards desde 1916. [N. T.]

18   Tinha havido levantes na região leste de Londres quando a falta de margarina fez com que as donas de casa cercassem a zona do Ministério da Alimentação. O racionamento dos gêneros de primeira necessidade foi decretado no dia 25 de fevereiro; o açúcar já estava sendo racionado.

19   A "British Sex Society" sem dúvida era a British Society for the Study of Sex Psychology, fundada em 1914. As ideias e escritos de Sigmund Freud começaram a se tornar conhecidos na Inglaterra antes da guerra. LW lera *A interpretação dos sonhos* e resenhara *A psicopatologia do cotidiano* em 1914.

20   Em outubro de 1917, os Lawrence tinham recebido ordens do exército para deixarem a Cornualha, onde viviam havia 18 meses numa casinha perto de Zennor. A sugestão de que os Woolf assumissem o contrato de aluguel deles – e o das duas casas adjacentes – foi de Koteliansky.

21   Desmontar as formas já impressas e recolocar cada letra da fonte em sua caixa apropriada, para uso futuro.

22   O primeiro livro da escritora Enid Bagnold (1889-1981), *Diary Without Dates*, era sobre sua experiência como enfermeira durante a guerra e foi publicado no início de 1918. Desmond MacCarthy, que estava bastante impressionado com ela, esperava convencer VW a revisar o livro para o *TLS*, ao que ela resistiu. O príncipe romeno era Antoine Bilbesco (1879-1951), rico, erudito e amigo de Proust, que servira como conselheiro da missão diplomática romena em Londres. Enid Bagnold estava apaixonada por ele.

23   A "Ireniad" parece ser uma longa saga escrita por Desmond MacCarthy sobre sua corte & subsequente evasão de Irene Noel. Em 1915 ela se casou com Philip Baker.

24 "Criadores do Século XVIII", em tradução livre. Trata-se de uma série de estudos biográficos editada pelo historiador (Arthur F.) Basil Williams (1867-1950) e publicada entre 1915 e 1928.

25 Uma das cuidadoras de vw depois de sua tentativa de suicídio em 1913; ela acompanhou vw de Dalingridge Place a Asheham em novembro e por fim foi dispensada em fevereiro de 1914.

26 O artigo é "Mr. Conrad's Crisis". As etiquetas para mel foram preparadas a partir de xilogravuras feitas por Carrington.

27 Alix não iria dividir a casa de Faith Henderson em Hampstead com Saxon, e sim com James Strachey. A empregada de Faith, Mrs. Bridgeman, continuou na casa durante esse período.

28 *Penny bazaar*, mercado onde todos os produtos custavam um centavo. [N. T.]

29 Modalidade do jogo de cartas "paciência" também conhecida como paciência Canfield. É jogada com um ou mais jogadores.

30 Stanley Unwin (1884-1946), presidente da editora George Allen & Unwin Ltd.

31 Isto é, admiradores de Henry James.

32 vw escreveu no diário de Asheham nos dias 24/3, 26/3, 27/3, 29/3, 30/3, 2/4, 3/4, 4/4.

33 Em novembro de 1917, o tanque de guerra, que era ainda uma inovação, foi inserido em uma campanha para aumentar as vendas dos títulos bancários de guerra e dos certificados bancários de poupança com a inauguração dos "bancos de tanques" itinerantes, onde estes podiam ser adquiridos pelo público. Em Richmond, Surrey, a Semana do Tanque se deu entre 18–23 março de 1918.

34 "Lines written in Early Spring, 1798". Em tradução livre do trecho: "o que o homem fez do homem". [N. T.]

35 J. C. Squire, editor literário do *New Statesman*, cujo pseudônimo era "Solomon Eagle" ("Águia de Salomão").

36 Durbins era a casa em Guildford projetada especialmente por Roger Fry em 1909. Ele foi editor do jornal de história da arte *The Burlington Magazine* de 1913-1919.

37 Louise E. Matthaei (1880-1969), classicista e diretora do Newham College, Cambridge, de 1909-1916. A "nuvem" era a sua origem germânica.

38 Harriet Shaw Weaver (1876-1961), mulher de finanças e opiniões independentes. Era a proprietária do *The Egoist*. Havia conseguido publicar *Retrato do artista quando jovem*. Agora estava ansiosa para ver *Ulysses* publicado. T.S. Eliot sugerira que procurasse os Woolf.

39 The Manpower Act de abril de 1918 permitia que o governo recrutasse homens de até cinquenta anos de idade, e incluía os irlandeses pela primeira vez em seu escopo.

40 Em 18 de abril, vinte das mais importantes obras da Royal Academy foram colocadas sob os cuidados das autoridades da National Portrait Gallery numa câmara especialmente construída no metrô embaixo da agência central dos Correios.

Doze outras obras foram incluídas em maio.

41 Maynard Keynes tinha comprado em um leilão em Paris *Cheval du Pâturage*, de Delacroix, e *Pommes*, de Cézanne, aproveitando a queda dos preços por causa da guerra.

42 O Rowntree Trust tencionava que *The International Review*, com LW como editor, substituísse *War and Peace*, editado por Harold Wright. Este era parcialmente deficiente físico desde a infância e sofria além disso de asma e doença cardíaca.

43 Desmond MacCarthy era agora tenente da Royal Naval Volunteer Reserve.

44 Início de trecho escrito com a letra de LW. [N. T.]

45 Em alemão, no original: "É um crime contra o pan-germanismo".

46 Por volta de 1916, havia grupos na Inglaterra, especialmente de soldados nas trincheiras, que se autodenominavam "never-endians". Acreditavam que a guerra literalmente jamais terminaria e que se tornaria a condição permanente da humanidade, uma parte do clima aceito da experiência moderna. [N. T.]

47 Fim do trecho escrito com a caligrafia de LW. [N. T.]

48 Entre julho e agosto de 1910 VW passou seis semanas na casa de repouso particular de Miss Jean Thomas em Twickenham, que atendia pacientes com doenças nervosas. Ela retornou no verão de 1913, mas não ficou mais que quinze dias.

49 A dra. Sophia Frances Hickman, uma jovem e brilhante médica que trabalhava então no Royal Free Hospital, desapareceu em 15 ago. 1903; em outubro daquele ano o seu cadáver em decomposição foi encontrado no Richmond Park, sob os rododendros. Seu desaparecimento levou a uma das mais proeminentes investigações do início do século XX.

50 Como Peter Walsh em *Mrs. Dalloway*.

51 Casa de fazenda próxima a Charleston onde Roger Fry havia se hospedado por algumas semanas no verão de 1918 a fim de ficar perto de Vanessa Bell.

52 O "submundo" é um termo usado por LW e VW que se refere, grosso modo, a escritores, jornalistas e literatos de classe social inferior; há uma sugestão de desprezo implícita – talvez por considerá-los, quem sabe, amadores.

53 Conscientious Objector, "Objetor de Consciência". [N. T.]

54 Em abril Vanessa revelou a VW que estava grávida; e que sua cozinheira, Trissie Selwood, no verão pediria demissão para se casar. Ela não tinha nenhuma outra criada, e o problema de manter a casa em Charleston a preocupava. VW propôs enviar Lottie e Nelly a Charleston por três meses em julho. A relutância de LW em aceitar o acordo, as dúvidas das criadas e o desespero crescente de Vanessa causaram diversos problemas. No fim, Nelly ficou em Charleston por algum tempo e Vanessa buscou outras soluções.

55 O congresso de 1918 da Women's Cooperative Guild rejeitara por 399 contra 336 votos uma moção

intitulada "Uma paz popular", que clamava, entre outras coisas, por negociações imediatas de armistício, desarmamento universal, substituição mundial do capitalismo pelo trabalho em regime de cooperação e um governo popular. Dr. Fergusson era o médico dos Woolf.

56 Rupert Brooke (1887–1915), um dos "poetas-soldados". Morreu de septicemia em 1915 e viveu por volta de 1910 um relacionamento conturbado com Ka Cox.

57 *The History of Rasselas, Príncipe da Abissínia*, romance de Samuel Johnson (1759).

58 Sarah Emily Duckworth (1828–1918), "Tia Minna", a irmã rica de Herbert Duckworth, primeiro marido de Julia, mãe de VW.

59 VW grafou erroneamente "5 de julho", a semana anterior.

60 No dia 9 jul. o *Times* publicou uma longa carta do duque de Rutland sugerindo que os bispos orientassem os clérigos a lerem a Oração pela Chuva na igreja, tendo em vista os efeitos desastrosos de dois meses de seca nas plantações.

61 Lytton Strachey fizera graça da dedicação de Arthur Clough a Florence Nightingale em *Eminent Victorians*. Dr. Arnold of Rugby, outro dos retratados no livro, fora avô de Mrs. Humphry Ward. Sir Walter Raleigh, professor de literatura inglesa em Oxford, fora a figura mais influente no desenvolvimento intelectual de Lytton antes de ele estudar em Cambridge – mas ele não publicou nenhuma defesa de *Eminent Victorians* no TLS.

62 Na carta (n. 951, para Vanessa Bell), assim diz VW: "Quanto a minhas visões estéticas, não posso lhes fazer justiça, pois estou escrevendo enquanto espero o jantar, e nos subúrbios uma janela aberta deixa entrar todo o tempo as vozes apaixonadas de homens e mulheres. Temos uma professora de música aqui ao lado; & também o mortuário de Richmond, que responde pelo número extraordinário de caixões que vemos por aí. Caixões no almoço, caixões quando voltamos de Londres; & o cavalheiro da casa ao lado morreu de gripe. [...] Cheguei à conclusão de que existe uma qualidade no seu quadro que, embora perceptível, no momento me ultrapassa, mas o principal é que meus sentimentos estéticos são tão subdesenvolvidos que é melhor começar pelo começo. Mas você acha que esse processo semiconsciente de passar a desgostar muitíssimo de uma cor e de gostar cada vez mais de um quadro aponta para alguma espécie de instinto de vida tentando ganhar existência? Humildemente espero que sim." [N. T., tradução livre da carta]

63 Teria feito mais sentido se VW tivesse escrito aqui "Leonard" em vez de repetir "Alix".

64 Elisabeth (Bessy) des Amorie van der Hoeven (1874–1957) era casada com Robert Trevelyan. Crompton Llewelyn Davies (1868–1935), um dos irmãos de Margaret, era amigo próximo dele. Bessy permaneceu na sua própria casa durante a ausência de Bob.

65 A resenha de *The Collected Poems of Rupert Brooke: With a Memoir* foi publicada em 8 de agosto de 1918. Os amigos próximos do poeta e seus contemporâneos, assim como vw, achavam que a biografia escrita por Edward Marsh (1872–1953), um homem consideravelmente mais velho que ele e que conheceu Brooke apenas no fim de sua vida, era parcial e distorcida. James Strachey fora amigo de Brooke de longa data.

66 John Waller Hills havia sido tenente na infantaria ligeira de Durham; fora ferido em setembro de 1916.

67 Lytton Strachey & Carrington estavam morando na Mill House desde o Natal.

68 Ela termina o caderno e inicia outro, D13 segundo a catalogação da Berg Collection. [N. T.]

69 Papel provavelmente produzido por Roger Fry para as capas da Hogarth Press. Quanto aos quadros, provavelmente seriam de Vanessa Bell.

70 Em 13 de julho de 1918, *The Nation* publicou uma crítica não assinada de *Counterattack and other Poems*, de Siegfried Sassoon (1886–1967). O autor (que era Middleton Murry) chamou os versos ("isso não é poesia") de gritos incoerentes de sofrimento que apelam mais para os sentidos do que para a imaginação. Os Morell, ardorosos admiradores de Sassoon, ficaram indignados e Philip escreveu uma carta ao jornal protestando contra aquela "calúnia". Os poemas foram escritos em sua maior parte quando Sassoon, condecorado com a Cruz de Guerra, esteve internado numa casa para neurastênicos na Escócia por ter publicado uma carta aberta dirigida ao seu comandante, em que se recusava a continuar no exército como um protesto contra a condução política da guerra.

71 Há também uma entrada em 31 de jul. 1918 no diário de Asheham.

72 County Garage a Slaughter Estas eram empresas onde se podia alugar um taxi ou um cabriolé.

73 Há também entrada em 3 de ago. 1918 no diário de Asheham.

74 Há outra entrada no mesmo dia, no diário de Asheham.

75 Há entradas seguidas no diário de Asheham de 31 de julho a 6 de outubro, com exceção dos dias 9 a 12 de setembro. [N. T.]

76 O conto "Êxtase" ("Bliss"), de Katherine Mansfield, foi publicado pela primeira vez no número de agosto de 1918 da *English Review*.

77 Duas poetas americanas que gozavam de grande sucesso de público.

78 William Horace de Vere Cole (1881–1936), figura pitoresca, fora muito amigo de Adrian quando este e vw moravam em Fitzroy Square. Cole foi o idealizador do "Dreadbought Hoax", quando vw, Adrian e outros se vestiram de príncipes da Abissínia e enganaram os comandantes do navio Dreadnought, em 1910.

79 10 de agosto de 1912.

80 The International Prisoners of War Agency, estabelecida pela Cruz Vermelha em 1914.

81 Os avós maternos de Karin (Pearsall Smith) eram quacres americanos que se estabeleceram na Inglaterra. Seu pai era anglo-irlandês e católico; depois que a mãe o abandonou para viver e depois casar-se com Bernhard Berenson, Karin e a irmã Rachel ficaram aos cuidados da sua avó americana. As duas passaram uma temporada nos Estados Unidos com os Berenson em 1908.

82 Karin estava grávida de seis meses. Sua primeira filha, Ann, nascera em jan. 1916.

83 VW confundiu as datas das quintas-feiras duas vezes: foi a Charleston no dia 29 de agosto.

84 Provavelmente uma versão deturpada de "Blind Love" de Laurence Housman (1865–1959), publicado em *The Heart of Peace and Other Poems*, 1918. "… There's a grumble of guns on the hill, lass;/But under it, where I lie,/ The ground of my grave is still, lass;/ And stiller beneath am I." (Trad. livre: No morro os tiros trovejam, rapaz;/Mas sob ele, onde repouso,/ A terra do meu túmulo está em silêncio, rapaz;/E em maior silêncio sob ela eu estou.")

85 Em novembro de 1915, quando mais de mil cópias de *The Rainbow*, de seu amigo D.H. Lawrence, foram apreendidas pela polícia para que fossem destruídas, Bunny Garnett estava hospedado em Paris. Jane Harrison e Hope Mirrlees também estavam em Paris, aprendendo russo.

86 Uma carta agradecendo os anfitriões. Cf. Mr. Collins, de *Orgulho e preconceito*, de Jane Austen.

87 Provavelmente referência ao sensacionalismo ou frieza de muitos dos jornais de A. Harmsworth – entre eles estavam o *Daily Mirror* e o *Times* [N. T.]

88 Maynard Keynes alugara um coche para Nessa pelo fato de ela estar grávida. A companhia de balé de Diaghilev tinha começado uma temporada no London Coliseum no início de setembro, o programa incluía artistas de sala de concerto como Clarice Mayne e "That".

89 A mãe e dois irmãos de Fisher haviam morrido nos últimos dois anos.

90 Alfred Milner (1854–1925), então ministro da Guerra.

91 Como resultado natural do Representation of the People Act de 1918, que estendia o direito de voto para as mulheres acima de 30 anos e as acima de 21 caso fossem chefes de família ou casadas com chefes de família, a Câmara dos Comuns passou uma lei em 23 out. 1918 tornando as mulheres elegíveis ao Parlamento.

92 Stocks era a casa no campo, em Hertfordshire, de Mrs. Humphry Ward, uma opositora vociferante do sufrágio feminino. Seu *A Writer's Recollection* foi lançado em out. 1918. Belgravia é um bairro afluente de Londres.

93 VW teria dito a Mark Gertler que Vanessa não admirava Mary Hutchinson; a disseminação dessa história provocou grandes problemas tanto para Clive como para Vanessa, que desejava manter uma boa relação tanto com Clive como com Mary.

94 *Cranford*, registro da vida cotidiana de uma cidadezinha no início do século XIX feito por Mrs. Gaskell e publicado em forma de livro em 1853.

95 Lester Moore era o novo nome de Ida C. Barker, amiga de Katherine Mansfield. Ela então morava com Katherine e John Murry em The Elephant, sua casa em Portland Villas.

96 "When evening quickens faintly in the street,/ Wakening the appetites of life in some/ And to others bringing the *Boston Evening Transcript*,/ I mount the steps and ring the bell, turning/ Wearily, as one would turn to nod good-bye to Rouchefoucauld,/ If the street were time and he at the end of the street,/ And I say, "Cousin Harriet, here is the *Boston Evening Transcript*." De *Prufrock and other Observations*, 1917. Faber, London, Harcourt Brace Jovanovich, New York.

97 Andrée Desirée Jeanne MacColl, mulher do pintor e crítico de arte D.S. MacColl. Era uma grande amiga de Roger Fry. Mr. Cox era um dos mais antigos empregados da London Library.

98 Edward Wolfe (1897–1982), pintor, trabalhou na Omega com Roger Fry.

© Editora Nós, 2021

Direção editorial SIMONE PAULINO
Assistente editorial JOYCE DE ALMEIDA
Projeto gráfico BLOCO GRÁFICO
Assistente de design STEPHANIE Y. SHU
Preparação ANA LIMA CECILIO
Revisão ALEX SENS, GABRIEL PAULINO

Imagem de capa: © National Portrait Gallery. Londres, c. 1917.

*Texto atualizado segundo o novo
Acordo Ortográfico da Língua Portuguesa.*

1ª reimpressão, 2023

Dados Internacionais de Catalogação na Publicação (CIP)
de acordo com ISBD

---

w913d
Woolf, Virginia
   Os diários de Virginia Woolf: Diário I – 1915–1918 /
Virginia Woolf
   Título original: *The diary of Virginia Woolf*
   Tradução: Ana Carolina Mesquita
   São Paulo: Editora Nós, 2021
   344 pp.

ISBN: 978-65-86135-17-6

1. Autobiografia. 2. Diários. 3. Virginia Woolf.
I. Mesquita, Ana Carolina. II. Título.

	CDD 920
2021-1215	CDU 929

Elaborado por Vagner Rodolfo da Silva, CRB-8/9410

Índice para catálogo sistemático:
1. Autobiografia 920
2. Autobiografia 929

Todos os direitos desta edição reservados à Editora Nós
Rua Purpurina, 198, cj 21
Vila Madalena, São Paulo, SP | CEP 05435-030
www.editoranos.com.br

Fontes NEXT, TIEMPOS
Papel PÓLEN BOLD 70 g/m²
Impressão SANTA MARTA